Michael Weithmann

Xanthippe und Sokrates

Eros, Ehe, Sex und Gender im antiken Athen

Ein Beitrag zu höherem historischem Klatsch

Deutscher Taschenbuch Verlag

Originalausgabe
Dezember 2003

www.dtv.de

Umschlagkonzept: Balk & Brumshagen
Umschlagbild: ›Sokrates, von seiner Frau Xanthippe mit Wasser übergossen‹ (um 1655), Reyer van Blommendael zugeschrieben (© akg-images)
Gesamtherstellung: Druckerei C. H. Beck, Nördlingen
Gesetzt aus der Aldus 9,5/11,25'
Gedruckt auf säurefreiem, chlorfrei gebleichtem Papier
Printed in Germany · ISBN 3-423-34052-5

Inhalt

Anhang

»Ein verheirateter Philosoph gehört in die Komödie, dies ist mein Satz. Und Sokrates, jener boshafte Sokrates, hat sich, scheint es, *ironice* nur deswegen verheiratet, um diesen Satz zu demonstrieren.«

Friedrich Nietzsche

Eros, Sex und Gender im antiken Athen

Als zänkisches Eheweib schlechthin ist Xanthippe, die Frau des Sokrates, in die Geschichte eingegangen und ihr Name ist gar populärer als der des großen griechischen Philosophen. Hat Sokrates seine Lehre wirklich im permanenten Ehekrieg mit seiner streitsüchtigen Gattin entwickelt? Entfloh er einem Alltag voller Zank und Familienproblemen und erdachte sich eine Welt der Ideen vom Wahren, Guten und Schönen? Ist die abendländische Philosophie etwa unter dem erhobenen Nudelwalker jenes enragierten eheweiblichen Hausdrachens entstanden? Die Tradition von Platon bis Nietzsche scheint das zu bestätigen. Doch wer war Xanthippe wirklich?

Das Vorliegende ist von einem Historiker geschrieben, der versucht, aus den – schon sei's gesagt – wenigen antiken Quellen ein in sich stimmiges Lebensbild des Paares Xanthippe und Sokrates, eingebettet in seine Zeit – die der attischen Demokratie – zusammenzustellen. Neu dabei ist die Verknüpfung von Sokrates mit Xanthippe, seiner späten Gattin und Mutter der gemeinsamen drei Söhne. Eine Biographie ihrer Persönlichkeit, die über den bekannten Treppenwitz der Geschichte hinausgeht, steht bis heute aus. Dieser Frau ist von der mehr als 2000-jährigen Überlieferung jedenfalls übel mitgespielt worden. In diesem Zusammenhang mag die Feststellung, Geschichtsschreibung und Tradition seien seit jeher »männlich dominiert«, quasi durch die maskuline Brille hindurch geschrieben worden, wie ein Allgemeinplatz wirken. Seit zwei Jahrzehnten bemüht sich, ausgehend von Simone de Beauvoirs berühmtem, bereits 1949 aufgestelltem Diktum »On ne naît pas femme, on le devient« »Man wird nicht als Frau geboren, man wird es«, die moderne Gender-Forschung (es existiert kein deutsches Begriffsäquivalent), historische Ereignisse, Sachverhalte, aber auch Personen geschlechtsspezifisch zu deuten.

Die Gender-Forschung stellt die Geschlechterideologie, die Unterschiede zwischen Frauen und Männern als »naturgegeben« begründet ansieht, grundsätzlich in Frage und begreift Geschlecht, eben Gender, als soziales und kulturelles Konstrukt. Die alte Frage, ob geschlechtstypisches Verhalten von der Biologie vorbestimmt ist oder von der Umwelt und der Erziehung erworben wird, löst die praktische englische Sprache mit zwei Begriffen: Während »Sex« (von lateinisch *sexus*) für die unveränderlichen biologischen Unterschiede steht, bezeichnet »Gender« (von lateinisch *genus*) das unterschiedliche Rollenverhalten von Frauen und Männern. Verschiedenheiten der Geschlechter, welche Ergebnisse gesellschaftlicher Normen und Strukturen darstellen, werden in *gender-studies* erforscht. Ihrem Ansatz zufolge besteht also eine signifikante Distinktion zwischen dem biologischen »natürlichen« Sex und dem soziokulturellen Geschlecht, dem Gender. Wenn Gender sich dieser Definition zufolge auf die gesellschaftlich und kulturell geprägte Geschlechtsrolle von Frauen und Männern bezieht, die anders als das biologische Geschlecht *(Sex)* erlernt wird, ist sie in dieser Eigenschaft auch historischen Entwicklungen unterworfen. Die Definition von Männlichkeit bzw. Weiblichkeit unterliegt demnach einem spezifischen kulturellen und sozialen Einfluss einer bestimmten historischen Epoche.

Und gerade auf dem Feld der antiken Frauenforschung sind in jüngster Zeit Ergebnisse und Thesen veröffentlicht worden, die zumindest dem männlichen historiographischen Beobachter durchaus überraschende neue Einsichten zu bieten vermögen. Es ist faszinierend nachzuvollziehen, wie gängige antike Texte oder andere Primärquellen aus dem Bereich der Archäologie, die man(n) schon längst von allen Seiten kritisch erörtert und erschlossen glaubte, in der sowohl zeitgenössischen wie modernen weiblichen Interpretation einen ganz anderen Charakter, ja eine ganz andere Aussagekraft erhalten. Die Fragen, die in diesem Zusammenhang über die Situation der antiken Frau gestellt werden, sind dabei – und dies ist das Grundproblem jeglicher Geschichtsschreibung – von den Problemen und Anliegen der jeweiligen Gegenwart beeinflusst. Das betrifft besonders Bewertungen über die soziale Stellung der Frau und ihren Status im politischen Leben. Und selbstverständlich unterliegt auch die moderne Deutung der antiken Sexualität unseren gerade in den letzten Dekaden stark gewandelten westlichen Vorstellungen.

In Bezug auf Xanthippes Leben, über welches die Quellen noch viel spärlicher fließen als über ihren *post mortem* hochberühmten Gatten, und besonders bezüglich des immerhin 14-jährigen gemeinsamen Ehestandes soll der geschlechtsspezifische historiographische Ansatz zur Anwendung kommen – im Folgenden verkörpert durch die plakative Scheidung der Geschichte der antiken athenischen Demokratie aus männlicher und weiblicher Perspektive.[1]

Die schmale Quellenbasis bringt es mit sich, dass mit Konjekturen, Kombinationen und Hypothesen gearbeitet werden muss. Neuentdeckte Daten und Fakten dürfen nicht erwartet werden. Wo die Grenze zur reinen Spekulation überschritten wird, erfolgt dies unter genauer Kennzeichnung des Sachverhalts. Sollte dadurch eine breitere Diskussion über die gesellschaftliche Position der Frau im antiken Griechenland im Allgemeinen und über die historische wie fiktive Figur »Xanthippe« im Speziellen ausgelöst werden, wäre der Zweck erfüllt.

Sokrates' Athen:
Der männliche Blick

Krieger, Krämer, Kaufleute: Die siegreiche Polis

Über dem Getriebe der Stadt, hoch oben auf dem Burgberg der Akropolis, strahlte der neu errichtete Prachtbau des Parthenon, des ebenmäßigen Tempels der Göttin Athene, der ewig »jungfräulichen« *(parthenos)* Hüterin der Stadt und ihrer Bürger. Mit kräftigen, noch frischen Farben bemalt, war das Heiligtum weithin über die Halbinsel Attika sichtbar und tauchte lange, bevor die attische Küstenlinie ins Gesichtsfeld trat, vor den auf den Hafen Piräus zusteuernden Schiffen wie eine Verheißung auf. Im Tempelinneren, der Cella, erhob sich zwölf Meter hoch, aus Holz gestaltet und mit Gold und Elfenbein bekleidet, die Statue der Göttin, gewappnet mit Helmkrone und Schulterpanzer, mit Speer und Rundschild und mit einem unergründlichen Gesichtsausdruck, der den Betenden Scheu, Furcht und Freude gleichermaßen einflößte. Hinter dem Bildnis der Herrscherin lag der Eingang zum Schatzhaus des Stadtstaates, das wohlgefüllt war mit Wertgegenständen aller Art, mit Edelmetallen, Edelsteinen, kostbaren Möbelstücken, Purpurstoffen und Truhen voller Drachmen, allesamt Abgaben der Bundesgenossen, die Athen als Oberhaupt des attischen Seereiches anerkannten.

Dieses Bild des Wohlstands und des Friedens hätten sich der Steinmetz Sophroniskos und seine Frau Phainarete niemals träumen lassen, als im Jahr 469 (oder 470) ihr Sohn geboren wurde, dem sie den Namen Sokrates gaben. Denn noch war der Krieg mit den Persern nicht beendet, der 490 mit dem Zangenangriff der persischen Flotte und eines noch gewaltigeren Landheeres auf Hellas begonnen hatte. Zwar waren sich die alten griechischen Rivalen Sparta und Athen der drohenden Gefahr 481 endlich bewusst geworden, hatten sich in einer Kampfgemeinschaft zusammengeschlossen und in den Schlachten am Thermopylen-Pass und auf dem Meer vor der Insel Salamis die Feinde zurückgeschlagen – aber um welchen Preis! Das Gros der Spartaner war auf dem Felde geblieben und die

Athener zogen sich Hals über Kopf auf die Schiffe zurück und mussten ohnmächtig mit ansehen, wie die Truppen des persischen Großkönigs Xerxes ihre Stadt verwüsteten und die Akropolis, Tempel und Wohnstätten in Flammen aufgehen ließen.

Zehn Jahre waren erst vergangen, nachdem Sokrates' Eltern ihre ausgebrannte Heimatstadt wieder betreten hatten. Doch trotz der Zerstörung ihrer Stadt waren die Athener zuletzt siegreich geblieben und wurden von einer Welle der Euphorie und des Willens zum Wiederaufbau erfasst. Aus gekalkten Steinen und mit Ziegeldächern versehen erstanden die Häuser wieder neu und an die Stelle der zugrunde gegangenen einfachen Tempel traten neue und größere Anlagen. Themistokles, der Sieger von Salamis, ließ zuerst aus den Trümmern eine neue Stadtmauer wiedererrichten, die höher und fester war und ein weitaus größeres Gebiet umfasste als die vorhergehende. Dass die Spartaner gegen diese Befestigung lautstark Einspruch erhoben, bedeutete hingegen kein gutes Zeichen für die Zukunft. Schon kurz nach dem Abzug der Perser brachen also die alten Rivalitäten zwischen Sparta und Athen um die Hegemonie, die Vorherrschaft in Hellas, erneut auf.

Der attische Seebund, 477 mitten im noch unentschiedenen Krieg gegen Xerxes gegründet, hatte sich bewährt. Unter der Führung Athens schlossen sich die reichen ionischen Städte an der Küste Kleinasiens und die vorgelagerten Inseln zu einer Bundesgenossenschaft zusammen. Als Mittelpunkt diente die kleine Insel Delos, wo die Abgaben der Verbündeten im Apollon-Tempel eingelagert wurden. Nach dem Ende des Perserkrieges blieb der Bund bestehen, erweiterte sich auf bis zu 400 Mitglieder vom Ionischen Meer im Westen bis Kleinasien im Osten und verhalf Athen zu einem beispiellosen wirtschaftlichen Aufstieg. Die Ägäis verwandelte sich praktisch zu einem athenischen Binnensee. Der Stadt, die vor dem Krieg nur eine *polis*, ein kleiner unabhängiger Stadtstaat unter zahlreichen anderen freien und autonomen Gemeinwesen (Plural: *poleis*) Griechenlands gewesen war, eröffneten sich nun gewaltige, geradezu weltpolitische Perspektiven. In der Organisation des Bündnisses, besonders in der Festsetzung der »Ausgleichszahlungen« der Bündnispartner, bewährte sich der Staatsmann Aristides, den man mit dem Beinamen »der Gerechte« ehrte. Zwar waren alle Bündnispartner formal gleichberechtigt, doch mit der Überführung der gemeinsamen Bundeskasse von Delos auf die Akropolis im Jahre 454 meldete Athen deutlich seinen Vormacht- und Führungsanspruch an.[2]

Erziehung zum »Schönen und Guten«

Sokrates' Eltern waren in Alopeke ansässig, einem der Demen Athens. Als Demos bezeichnete man ursprünglich einen Weiler, dann einen Stadt- und Wahlbezirk mit lokaler Selbstverwaltung. Ende des 5. Jahrhunderts zählte man in ganz Attika 139 Demen. Alopeke lag zwar außerhalb der Stadtmauern, ein paar Kilometer südlich des Diomeia-Tores an der Straße zum Küstenort Phaleron, genoss aber dieselben kommunalen Rechte wie ein innerstädtischer Bezirk. An diesem Weg, der nordöstlich weiter in Richtung des Pentelikon-Massivs führte, wo der weiße Marmor gebrochen wurde, hatten sich seit alters her Steinmetzen und Bildhauer niedergelassen. Der Beruf des Steinmetzen (*lithourgos,* vgl. *lithos,* der Stein) wies Sophroniskos als Demiourgen, als Handwerker, aus. Er gehörte damit einem der vier Stände (Großgrundbesitzer, Adel, Bauern, Handwerker) an, die persönlich frei waren und eigenen Geschäften nachgehen konnten. Da wir annehmen dürfen, dass gerade in der Zeit der Baukonjunktur nach dem Perserkrieg kein Mangel an Aufträgen geherrscht hat, dürfte Sokrates' Elternhaus nicht arm oder bedürftig gewesen sein. Von 460 bis 457 wurden die zwei »Langen Mauern«, die Athen über nahezu zehn Kilometer hinweg mit dem Hafen Piräus verbanden, hochgezogen. In ihrem Schutz konnte sich im Ernstfall die gesamte Bevölkerung Attikas verschanzen. Wir können uns gut vorstellen, dass Sophroniskos an diesem arbeitsintensiven Bauvorhaben als Bauführer oder Polier teilgenommen hat. Für die geachtete Stellung des Sophroniskos spricht sein freundschaftlicher Umgang mit der hochherrschaftlichen Sippe des Aristides, die ebenso in Alopeke ansässig war. Die Rede, die der Staatslenker Perikles im Jahre 454 zum Bau der »Langen Mauern« hielt, war Sokrates wohl vertraut. Allerdings kann er sie nicht selbst gehört haben, da ihm als damals 16-Jährigem der Zutritt zur Volksversammlung noch verwehrt war. Aber Sophroniskos war sicherlich dabei und hat sie seinem Sohn weitergegeben.[3]

Sokrates' Mutter Phainarete war als Hebamme tätig und steuerte beträchtlich zum Familieneinkommen bei. Ein Babyboom, wie noch nach jedem Krieg der Weltgeschichte, sicherte ihr Arbeit und Lohn buchstäblich bei Tag und Nacht. Sie selbst scheint aber vor bzw. nach Sokrates keine weiteren Kinder bekommen zu haben. Sokrates rühmte sich selbst als »Sohn einer Hebamme, der hoch berühmten und mannhaften, der Phainarete«.[4]

Als zukünftigem Steinmetz und Bildhauer, der auch steinerne Inschriftentafeln (Epigraphik) zu verfertigen hatte, war die Kenntnis der Schrift für den kleinen Sokrates unerlässlich. Staatliche Schulen gab es in Athen zwar nicht, aber ein großes Angebot von privaten Lehrern sorgte dafür, dass jeder Freie mit Hilfe von Tonscherben, Wachstäfelchen und Griffeln Schreiben und Lesen erlernen konnte. Die Kosten dafür hielten sich in Grenzen, zumal die meisten *grammatisteis* (Schreiblehrer) Sklaven oder Unfreie waren. Anspruchsvoller waren die Sport-, Musik- und Literaturlehrer, welche die älteren Kinder in eigenen Lehranstalten unterrichteten. Zur Leibeserziehung (Laufen, Springen, Werfen, Ringen) trat man nackt *(gymnos)* an, der Ausbildungsort dafür hieß folglich »Nacktstätte« (*gymnaseion*, lat. Gymnasium). Derjenige, der die Burschen auf dem Übungsplatz anleitete, war der *paidagogos*, der »Knabenführer«. Da zur körperlichen Ertüchtigung zunehmend auch geistige und musische Lehrinhalte traten, wandelte sich der Begriff des Gymnasiums allgemein zur »höheren Bildungsanstalt«. Analog ging die Bezeichnung *palaistra*, womit ursprünglich eine Ring- und Boxkampfschule gemeint war, auf eine Schule über, an welcher Literatur, Musik, Arithmetik, Geometrie und Astronomie geboten wurden. Bei der Unterweisung in der Musik achtete man auf Rhythmus, Balance, Tanz- und Körpergefühl. An Instrumenten standen Flöten in verschiedenen Ausführungen und die *kithara*, die saitenbezogene Leier, zur Verfügung.

Der Unterricht in Literatur orientierte sich an den Werken Homers, dem Kampf um Troia (›Ilias‹) und den Abenteuern des Odysseus (›Odyssee‹), den Götter- und Heldengeschichten Hesiods und den Sinnsprüchen der Sieben Weisen. Dieses Weltbild war jedem, auch dem einfachen Athener, zumindest in Grundzügen präsent. Überall in seiner Umgebung, in Tempeln, auf dem Marktplatz, an

Wegkreuzungen und Friedhöfen, stieß er auf Symbole der Götterwelt und auf Allegorien der glanzvollen Vorzeit der Halbgötter und Heroen, wie sie Homer beschrieben hatte. Intensiver hatten sich die »Gymnasiasten« mit diesem Stoff zu befassen. Doch Lehrbücher in Form von Schriftrollen waren teuer und selten, da der aus gepressten Pflanzenfasern gewonnene Beschreibstoff Papyros aus Palästina und Ägypten eingeführt werden musste. Verse, Epen, Geschichten und Fachtexte wurden daher in der Regel ohne schriftliche Stütze über Generationen hinweg mündlich tradiert. Ein professioneller *grammatikos* (Lehrer) hatte den gesamten Kanon memoriert im Kopf und gab sein so gespeichertes Wissen, laut in eingängigen Hexametern deklamierend, an seine Schüler weiter, die dies wiederum auswendig zu lernen hatten.

Einen eigenen, höheren Lehrstand bildeten die *Sophisten* (Weisheitslehrer), hochgeachtete (und mitunter recht blasierte) Gelehrte, die sich ihre Dienste teuer bezahlen ließen. In den Genuss ihrer Vorlesungen kamen daher meist nur junge Wohlbetuchte der oberen Klassen. Der berühmteste sophistische Vertreter in Athen war Protagoras, der den programmatischen Satz »Der Mensch ist das Maß aller Dinge« formulierte.[5]

Pädagogen und Päderasten

Das altgriechische Bildungssystem war untrennbar verbunden mit dem Phänomen der Päderastie (griechisch *pais*, der Junge, *eran*, lieben, verlangen). Der Ältere, der Mentor, widmete sich seinem anvertrauten, gleichgeschlechtlichen Zögling auch in erotischer Hinsicht, was nicht unbedingt, aber doch häufig, sexuelle Beziehungen einschloss. Die Tugend, die Tapferkeit und das Wissen des bereits Gereiften sollten auf diese Weise auf das *pais*, den Jungen, übergehen. Und zugleich sollte dadurch der Knabe auf sein späteres, durchaus heterosexuelles, Geschlechtsleben vorbereitet werden. Im Idealfall rief die menschliche Zuwendung und Verantwortung des Älteren die Dankbarkeit des Heranwachsenden hervor, woraus die geistig-seelische Verbundenheit von Liebendem *(erasthes)* und Geliebtem *(eromenos)* entstand. Ging die Kameradschaft über das rein Ethische hinaus ins Sinnliche über, wurde dies gesellschaftlich so lange respektiert, wie der Eromenos noch nicht sichtbar mit Bartwuchs und Körperbehaarung die Pubertät hinter sich gelassen hatte. Auf die Antike bezogen, zählten die umworbenen Knaben etwa zwölf bis 17 Jahre. Zahlreiche Abbildungen auf attischen Vasen und Schalen geben das Werben älterer Männer um schöne Jünglinge mit Gesten und Geschenken im Gymnasion und der Palaistra wieder. Merkmale der hellenischen Pädophilie sind folglich die altersmäßige Asymmetrie der wechselseitigen Beziehungen und der Verzicht auf Dauerhaftigkeit.

Was von unserer modernen westlichen, und daher primär von christlich-protestantischer, puritanischer, Warte aus betrachtet sonderbar, ja pervers erscheinen mag, präsentiert freilich eine kulturelle Erscheinungsform, die über den ganzen Erdball verbreitet war und ist. Es ist die, um mit heutigen Worten zu sprechen, »Macho-Homoerotik«, die in den zutiefst männlich orientierten Gesellschaften des latino-katholischen Raumes und des muslimischen Kulturkreises verwurzelt ist, mithin Gesellschaften, die in der Öffentlichkeit auf scharfe männlich-weibliche Segregation Wert legen. In diesen Kulturen ist es für Männer völlig normal, in der Jugend eine homo-erotische/-sexuelle Phase zu durchlaufen. Der Begriff »Macho« bringt uns dem Phänomen insofern näher, als Päderastie im griechischen Sinne stets das Signum einer ausgesprochenen Krieger-Gesellschaft bedeutet! Männerfreundschaften organisierten sich in Bünden (griech. »Hetärien«, von *hetairos,* der Gefährte), die militant der Verteidigung und dem Krieg dienten. In der Schlachtreihe, dem Kampfverband der »Phalanx«, stehend, sorgt sich der erfahrene, ältere Krieger, der Liebende *(erasthes),* um den jungen unerfahrenen Geliebten (*eromenos*). So legt Platon in einem Dialog des ›Gastmahls‹ dem Teilnehmer Phaidros die Worte in den Mund: »Ja, gelänge es, einen Staat oder ein Heer aus Liebenden und Geliebten zu bilden, so lebten sie aufs beste in ihrer Gemeinschaft ... Seite an Seite kämpfend würden sie auch als kleine Schar siegen«. Und: *»den geliebten Freund im Stich lassen, ihm nicht beizustehen in der Gefahr, nein so erbärmlich ist keiner.«* Die auf Päderastie beruhende Homoerotik galt demnach als das stärkste Bindungselement innerhalb einer Hetärie, eines (Männer-)Bundes, der sich im Kriegsfall als Kampftruppe *(Phalanx)* zur Wehr setzte. Analog galt dies für den *agon,* den sportlichen Wettkampf.[6]

Im ›Gastmahl‹, einem der zentralen Werke Platons, das wir weiter unten eingehender behandeln werden (s. S. 145), versuchen sechs Teilnehmer, unter ihnen auch Sokrates, den Begriff *eros* (Liebe, im weitesten Sinne) zu erläutern. Aristophanes erzählt dazu den Mythos von den ursprünglich auf Erden lebenden drei Arten eines vollkommenen menschlichen Doppel-Geschlechts, das in einem Körper entweder zwei männliche oder zwei weibliche Merkmale, aber auch weibliche und männliche Merkmale in Zwitterform *(androgynos)* vereinigte. Nachdem diese Doppelwesen mächtig wurden und gegen den Olymp rebellierten, wurden sie von Zeus zur Strafe zweigeteilt. Seitdem suchen die unvollständigen menschlichen Geschlechter sich wieder zu vereinigen und zu vervollständigen. *Eros* bedeute nun das Bestreben, die andere Hälfte wieder aufzufinden und durch Vereinigung mit ihr den alten perfekten Zustand wieder herzustellen. Diejenigen, die ursprünglich der androgynen (mann-weiblichen) Vollform angehörten, sind seitdem auf der Suche nach dem »entgegengesetzten Geschlecht«, während die anderen sich mit dem jeweils gleichen Geschlecht, männlich oder weiblich, zu vereinigen trachten. Nach diesem Mythos, der schon bei Homer erschien, wären also Hetero- wie Homosexualität gleichberechtigte und keineswegs abseitige Arten des menschlichen Vereinigungsverlangens.[7]

Einen weiteren Mythos bringt man bevorzugt mit der Päderastie in Zusammenhang. Es handelt sich um Ganymedes, einen jugendlichen Königssohn, der in Homers ›Ilias‹ als »Schönster unter den Sterblichen« von den Göttern in den Olymp entrückt wurde, um Zeus als Mundschenk zu erfreuen. Erst spätere Dichter wie Pindar deuteten diese Geschichte päderastisch und bezeichneten den mit ewiger Jugend ausgezeichneten Ganymed als Geliebten *(eromenos)* des Zeus. Der Mythos, der sich auch großer Beliebtheit in der Bildenden Kunst erfreute, diente somit als eine Art olympischer Rechtfertigung der Knabenliebe. In einer weiteren Gastmahl-Darstellung, derjenigen Xenophons (s. u. S. 182), nimmt denn auch kein Teilnehmer groben Anstoß an der schwärmerischen Liebe, die der erwachsene Kritoboulos für den jungen Klinias, einen stadtbekannten Schönling, hegt, und der von Sokrates humorig unter dem Siegel der Verschwiegenheit preisgegebenen Novität, Klinias sei von dem Älteren geküsst worden. Daraus lässt sich übrigens schließen, dass es sich wirklich »nur« um erotisch angehauchte Kumpanei, nicht etwa um Homosexualität gehandelt hat. Gegen Ende dieses Gastmahls plädiert denn auch Sokrates für die »tugendhafte« Liebe der Seelen zueinander und verwirft die »Körperliebe« als schnell vergehende Leidenschaft. Aus dem Kontext wird ersichtlich, dass sich das Gesagte ausschließlich auf Männer und Jünglinge bezieht. Ganymed, so Sokrates, sei nicht seiner schönen Gestalt, sondern seiner edlen Seele und seines Verstandes wegen von Zeus in den Olymp aufgenommen worden. Den Schluss von Xenophons Gastmahl bildet die Schilderung der Kopulations-Szene eines als Dionysos und Ariadne verkleideten Pärchens auf offener Bühne, also eines dezidiert heterosexuellen Aktes, der die Symposanten »heim zu ihren Weibern« trieb. Ein kurioser Schluss nach all den mehr oder weniger verhüllten päderastischen Allusionen – und ein Symptom, dass die Befriedigung der männlichen »Körperliebe« eben doch in die Zuständigkeit der Frauen fällt.[8]

Die ganze Unterhaltung des xenophontischen Gastmahls oszilliert allerdings zwischen Scherz und Ernst, zwischen Witzen und persönlichen Andeutungen und Anspielungen an die Zeitgeschichte, die wir modernen Interpreten aufgrund des Quellenmangels nicht mehr verstehen. Es wäre jedenfalls verfehlt, all die arkanen Hinweise auf päderastische Beziehungskisten und Neckereien der Symposanten hölzern für bare Münze zu nehmen. An der Tatsache der Knabenliebe an sich ändert dies natürlich nichts.

Die griechische Pädophilie, wie sie uns in Vasenmalerei, Liebeslyrik und – wenn auch eher angedeutet – in Platons ›Gastmahl‹ und Xenophons Persiflage gegenübertritt, war eine typische Lebensform der »höheren Stände«, die in den Adelsgesellschaften des 7. und 6. Jahrhunderts entstanden war. In der archaischen Kriegergemeinschaft Spartas blieb sie als militante Konvention unverändert bestehen, während sich in Athen die Bürger, die im 5. Jahrhundert an politischem Einfluss gewannen, an den überlieferten aristokratischen Gepflogenheiten orientierten und dabei das Statussymbol der Knabenliebe übernahmen. Nur freie Bürger und solche, die sich die kostspieligen Geschenke für ihre *eromenoi* zu leisten vermochten, konnten sich der moralisch akzeptierten Päderastie hingeben. All dies blieb aber auch in Athen auf eine kleine Eliteschicht, die *leisure class,* beschränkt. Aus den zeitgenössischen volkstümlichen Komödien wissen wir aber, dass die Masse der einfachen Bürger das Verlangen und das Werben erwachsener Männer um schöne Knaben für affektiert und dekadent erachtete. Der Komödienschreiber Aristophanes bediente in dieser Hinsicht gekonnt seine Zielgruppe, indem er in fast jedes seiner Stücke derb-humoristische Szenen einbaute, in welchen die Knabenliebe aufs Gröbste diffamiert und der Lächerlichkeit preisgegeben wurde. Zumindest an diesen Stellen war höhnisches Gelächter der breiten Masse über die degenerierten »Oberen« vorprogrammiert.

Freilich war auch die Päderastie der griechisch-römischen Antike diversen Reglements unterworfen. Geduldet wurde nur die so genannte inter-crurale Kopulation, bei der sich der Liebhaber zwischen den Oberschenkeln des Geliebten befriedigte. Der *eromenos* sollte dabei möglichst teilnahmslos wirken, wie es auch auf Vasenbildern wiedergegeben und vom xenophontischen Sokrates in die Worte gekleidet wurde: »Denn der Knabe teilt ja nicht mit dem Mann die Liebesfreuden, wie es die Frau tut, sondern betrachtet nüchtern einen Liebesberauschten.«[9] Sexualakte, in welchen der Jüngere in irgendeiner Weise penetriert wurde, galten als moralisch verwerflich und blieben Untergebenen und Sklaven vorbehalten. Gleichgeschlechtliche Verhältnisse hatten mit Fortschreiten der Geschlechtsreife beim Geliebten abrupt zu enden. Was darüber hinausging, wurde als anstößig empfunden, da bei einem Verhältnis mit einem Älteren die erzieherische Funktion wegfiel und nur noch der Sexualakt übrig blieb. Einen absoluten Tabubruch bedeutete es nämlich, ein Verhältnis zu einem freien Knaben aus rein hedonistischen Gelüsten einzugehen. Der pädagogische, erzieherische Gedanke hatte immer den absoluten Vorrang einzunehmen! Man sollte dies nicht idealisieren, aber in dieser Hinsicht unterlag die hellenische Päderastie einer strengen sozialen Kontrolle! Die Ehre des aus freien Verhältnissen stammenden Knaben wurde nicht angetastet. Nur wenige Jahre später wechselte er von der Position des Begehrten in die des Begehrenden. Er machte also die Erfahrung beider Seiten.

Im Idealfall endeten gleichgeschlechtliche sexuelle Intimitäten mit Erreichen der genannten Altergrenze beim Geliebten und gingen über in eine dauerhafte, lebenslange Kameradschaft *(hetairia)* ohne sexuellen Charakter[10]. Die Hellenen kannten daher nur den Begriff der *paiderastia* (Knaben-/Jungenliebe) und nicht den der Homosexualität. Pädophilie hatte erzieherischen Vorbildcharakter in Kindheit und Jugend, als Paradigma für eine längere oder gar lebenslange Paarbildung waren ihnen gleichgeschlechtliche Beziehungen wesensfremd. Als erwachsener Mann galt nur (und auch hier gibt es auffallende Parallelen zur »latino-katholischen« und muslimischen Gesellschaft), wer sich geradezu offensiv heterosexuell gebärdete, also über eine Ehefrau und zahlreiche Kinder und einen *oikos* (Haushalt) verfügte. Das schloss natürlich nicht aus, dass homoerotische bzw. -sexuelle Begierden nebenher und weiter über die Pubertät hinaus bestanden. Die antiken Schriftsteller nahmen in dieser Hinsicht auch kein Blatt vor den Mund. Wir werden dazu, wie überhaupt zur antiken Definition der Sexualität, später Stellung nehmen.[11]

Wir wissen nicht, auf welche Weise der junge Sokrates über die elementare Bildung (Schreiben, Lesen, Sport) hinausgekommen ist, die er später im Dialog ›Kriton‹ als allgemeine Unterweisung in den »Geistesübungen und Leibeskünsten« bezeichnet hat, ob er zusätzlich das *gymnasion* oder die *palaistra* besucht hat.[12] Am Kostenfaktor dürfte dies nicht gescheitert sein, da unter der Staatsführung des Perikles diese höheren Schulen mit öffentlichen Mitteln betrieben wurden und somit keine oder nur geringe Studiengebühren verlangt wurden. Was soll den Knaben also gehindert haben? Notwendige Mitarbeit im heimischen Atelier? Sein Vater dürfte auf Kinderarbeit nicht angewiesen gewesen sein. Vielleicht ist Sokrates sogar schon als Heranwachsender mit den teuren Sophisten in Kontakt gekommen, etwa als Begleiter eines reicheren Mitschülers. Seine späteren luziden Diskurse mit sophistischen Gesprächspartnern lassen jedenfalls auf eine lange und intensive Beschäftigung mit deren Denk- und Argumentationsmethode schließen. Die kuriose Tatsache, dass der erwachsene Sokrates in den überlieferten Texten als ein (übrigens auch in der äußeren Erscheinung) grober und ungeschliffener Klotz erscheint, der den Leuten durch – vermeintlich – dumme Fragen auf die Nerven fällt, darf uns jedenfalls keineswegs zu der Annahme verleiten, Sokrates sei ein ungebildeter Mensch gewesen. Denn das war nichts anderes als ein genialer Kunstgriff Platons, um die formal

Gebildeten, also die Sophisten, durch den sich bewusst »unverbildet« stellenden Sokrates blamieren zu können. Was die sexuelle Komponente der hellenischen Päderastie betrifft, so dürfte der heranwachsende Sokrates die gleichen Erfahrungen als *eromenos* eines Mentors wie jeder frei geborene Jüngling Athens gemacht haben. Sie zählten zum gängigen Erziehungsprogramm und stellten nichts Außergewöhnliches dar.

Die erste Demokratie der Welt

Sokrates wuchs also in einer Umgebung auf, die durchaus einen sozialen Aufstieg meisterte. Dazu kam bald die politische Anerkennung, die den athenischen Handwerkern – also auch Sophroniskos –, qualifizierten Facharbeitern und kleinen Gewerbetreibenden zuteil wurde. Die athenische Staatsform der Demokratie, der Herrschaft der freien Bürger, hatte bereits eine über 100-jährige Tradition. Seit Solons Verfassung von 594 galt als Bürger, wer über Grund- und Hauseigentum verfügte. Die Größe bzw. der Wert und Ertrag des Eigentums waren für die politischen Rechte des einzelnen Bürgers maßgebend. Solon teilte die Bürgerschaft dementsprechend in vier Stände ein, denen im Kriegsfall bestimmte Leistungen abverlangt wurden, was übrigens ein deutlicher Hinweis ist, dass die Demokratie aus einer Epoche des Krieges, der inneren und äußeren Gewalt, herausgewachsen ist. Der erste Stand, die aristokratischen Großgrundbesitzer, war für die Bezahlung von Söldnern, Schiffen, Verteidigungsbauten und allgemein für die Truppenverpflegung zuständig, der zweite Stand, auch er von Adel, hatte ein Pferd mit Ausrüstung zu stellen, diente also als Reiterei (*hippeis*, Reiter), der dritte Stand, die attischen Bauern (Zeugiten), bildete den Kern des Heeres, das schwer bewaffnete Fußvolk (Hopliten) mit Helm, Brustpanzer, Beinschienen, Schwert, Rundschild und Speer, der vierte Stand, in den mit der Zeit auch besitzlose, aber persönlich freie Lohnarbeiter (Theten) aufgenommen wurden, leistete Kriegsdienst auf den Kriegsschiffen, zumeist als Ruderer in den mit Rammsporn ausgerüsteten Triremen. Und da es gerade die athenische Flotte war – 200 Dreiruderer (Triremen), 40 Meter lange spornbewehrte Schiffe mit drei übereinander angeordneten Reihen von Ruderbänken an jeder Seite –, die den Erfolg Athens absicherte, errang die Klasse der Theten auch politisches Gewicht.

Zur Volksversammlung, der *ekklesia,* waren alle Stände zugelassen. Man berief dort die Archonten, die höchsten Beamten für ein Jahr, die allerdings dem ersten Stand angehören mussten, sowie den Rat *(boule)* der 400 ein, in welchem die wichtigsten innen- und außenpolitischen Fragen entschieden wurden. Die Mitgliedschaft war unter Solon auf die ersten drei Stände beschränkt. Im Volksgericht, der *heliaia,* hatten aber wieder alle Stände das Sagen, während im obersten Gericht, dem Areopag, der sich als Wächter der Gesetze verstand, der Adel unter sich blieb.

90 Jahre nach Solon verkündete Kleisthenes den Grundsatz der *isonomia,* des »gleichen Rechtes für alle Staatsbürger«, und eröffnete auch den Theten den Zugang zur Ratsversammlung, dem eigentlichen Organ der Regierungsgewalt, der auf 500 Mitglieder aufgestockt wurde. Die *boule* bestimmte während eines Jahres 10 aufeinander folgende geschäftsführende Ausschüsse (Prytanien), welche unter einem täglich wechselnden Vorsteher den Staat führten. Ein sehr sachliches, aber auch kompliziertes System also, das streng darauf achtete, das gesamte Staatsvolk (den *demos*) proportional in die politische »demokratische« Entscheidung mit einzubeziehen, und argwöhnisch jeglichen Versuch der Herrschaft eines Einzelnen (die Monarchie) oder einiger Weniger (die Oligarchie) zu vereiteln trachtete. Diese Versuchung war bei den Aristokraten und den Reitern, denen nach wie vor das Archontat und die höchsten Beamtenstellen vorbehalten blieben, nie auszuschließen.

In Sparta, der Vormacht des Peloponnes, fanden sie stets einen Rückhalt, denn dort herrschte seit 200 Jahren unangefochten die Aristokratie. Die Konkurrenz zwischen Sparta und Athen beruhte nicht nur auf der Auseinandersetzung um die außenpolitische Vorherrschaft in Griechenland, sondern gründete – eher noch tiefer – auf dem unüberbrückbaren Gegensatz zwischen den Staats- und Gesellschaftsformen der Demokratie und der Oligarchie. Um aristokratische oder oligarchische Umsturzversuche von vorneherein zu vereiteln, richtete man in Athen das Scherbengericht ein, den *ostrakismos,* benannt nach den Tonscherben *(ostraka),* auf welche die Staatsbürger die Namen missliebiger oder der »Tyrannis« verdächtiger Persönlichkeiten ritzen konnten. Fand sich eine Mehrheit, musste der Betreffende für eine bestimmte Zeit ins Exil gehen, behielt aber seine Ehre. Der Ostrakismos kam häufig zur Anwendung, was als Zeichen für das zwischen den Ständen herrschende Misstrauen und die Labilität der demokratischen Ordnung gewertet werden darf. Auch verdiente Mitbürger wie Aristides und Themistokles wurden nicht von der Verbannung verschont.

Während des Krieges gegen die Perser stieg der Einfluss der vom Rat gewählten zehn Feldherren, der Strategen, denen zunehmend politische und administrative Befugnisse übertragen wurden. Sie bestimmten einen Ersten Strategen, der den Staat repräsentierte und führte. Andererseits gewannen auch der dritte und der vierte Stand, die als Hopliten und Ruderer an vorderer Front standen, weiter an politischem Gewicht. Folgerichtig stützte sich Perikles (ca. 495–429), der als erfolgreicher Stratege gegen Perser und Spartaner Macht und Einfluss gewonnen hatte, in erster Linie auf diese zwei Stände. 461 setzte er Diäten, das waren aus der Staatskasse gezahlte Tagesgelder, durch, die auch den werktätigen Mitgliedern des Rates und des Geschworenengerichts die Teilnahme ohne Einkommenseinbuße ermöglichte. Zwei Obolen Sitzungsgeld pro Tag waren zwar nicht die Welt, bedeuteten aber schon einen gewissen Anreiz für die weniger Wohlhabenden, sich aktiv in der Polis zu engagieren. Praktisch war damit die Mehrheit der dritten und vierten Klasse gesichert. Mit der Zulassung der Zeugiten, der dritten, sich aus Bauern und Handwerkern zusammensetzenden Zensusklasse, zu den höchsten Staatsämtern – auch zum Archontat – vollendete Perikles die attische Demokratie. Wie wir aus den Quellen wissen, fielen die wichtigsten Entscheidungen tatsächlich in der Volksversammlung, unter starker Beteiligung gerade der »kleinen Leute«. Die Ekklesia trat wöchentlich auf der Pnyx, einem dem Eingang zur Akropolis zugewandten Kalkhügel, zusammen und war beschlussfähig, wenn 6000 Bürger anwesend waren. Bei der Abstimmung galt die einfache Mehrheit. Die Vielzahl von Gremien, Ausschüssen, Versammlungen und Ämtern band den Großteil der Vollbürger in die Staatsgeschäfte ein und gab ihm das Gefühl, die Politik aktiv mitzugestalten.

Das neue Bürgerrechtsgesetz des Jahres 451 setzte fest, dass nur ein Mann, dessen beide Elternteile aus Athen, bzw. Attika, stammten, Staatsbürger Athens sein durfte und in den Genuss aller politischen Freiheiten kam. Auch diese Maßnahme stärkte in erster Linie Zeugiten und Theten, die als Bauern und Handwerker ortsfest und eher immobil waren, während der Adel international orientiert war und Verwandtschaftsverhältnisse mit anderen griechischen Poleis pflegte. Nachkommen athenischer Adliger mit spartanischen, korinthischen oder thebanischen Müttern, auch wenn sie noch so vornehm und reich waren, wurden damit vom perikleischen Bürgerrecht ausgeschlossen. Im Gegenzug dazu stiegen nun die Heiratschancen für die Söhne und Töchter autochthoner, »echt« attischer Familien, ungeachtet ihres Standes und ihres Vermögens.

Das restriktive Bürgerrecht zeigt uns auch deutlich, dass nur ein Teil der attischen Bevölkerung in den Genuss der demokratischen Ordnung kam. Für die Mitte des 5. Jahrhunderts rechnen wir für Athen und sein Einzugsgebiet, die Halbinsel Attika, mit einer Einwohnerzahl von 300 000 Menschen. Davon waren etwa ein Drittel rechtlose Sklaven (meist Kriegsgefangene und deren Nachkommen), die als Diener(innen) in den Häusern beschäftigt waren, am Webstuhl saßen, Wasser trugen, Bauern und Händlern zur Hand gingen oder, schlimmer, in den Steinbrüchen oder in den Bergwerken Laurions schufteten. Auch wenn sie freigelassen wurden (was recht häufig vorkam) oder sich freikaufen konnten, erhielten sie kein Bürgerrecht. Eine weitere generell ausgeschlossene Gruppe waren die Metöken (Mitbewohner), meist Söldner, Künstler oder Kaufleute aus anderen griechischen Gegenden, die mitunter in Athen zu großem Wohlstand gekommen waren. Ihre Zahl bewegte sich um die 50 000. Sie hatten eine jährliche *metoikia* (Metöken-Abgabe) von zwölf Drachmen zu leisten. Relativ zahlreich waren selbstständige metökische Frauen, zumeist Gunstgewerblerinnen, die uns noch beschäftigen werden. Obgleich sie gut verdienten, hatten sie nur sechs Drachmen jährlich abzuführen. Von den verbliebenen 150 000 Athenern waren etwa 120 000 Familienangehörige. Die Frauen darunter blieben, gleich welcher Herkunft, wir sehen es im nächsten Kapitel, vom politischen Leben ausgeschlossen. Nur die 30 000 Männer, also 10 Prozent der Bevölkerung, erfreuten sich der demokratischen bürgerlichen Rechte.[13]

Wir wissen nicht genau, welcher Zensusklasse Sophroniskos angehörte, in Frage kommt jedenfalls nur der dritte oder vierte Stand. Sein Sohn Sokrates, der bei der 451 vollendeten Verfassungsreform des Perikles 19 oder 20 Jahre alt war, bekleidete später mehrere höhere Staatsämter und kämpfte als schwer bewaffneter Hoplit. Er wurde demnach als Zeugit (dritter Stand) eingestuft und war somit Staatsbürger mit vollem aktivem und passivem Wahlrecht.

Jugend im »Goldenen Zeitalter«

Sokrates wuchs in der Aufbruchstimmung des »perikleischen Zeitalters« auf, in einer Epoche, die wir heute als die politische und kulturelle Blütezeit des Klassischen Griechenland bezeichnen. Perikles, um 495 als Spross der adeligen attischen Familie der Alkmäoniden geboren, entwickelte sich zum Verfechter der radikalen Demokratie. Mit rhetorischen Fähigkeiten und einer guten Portion politischen Glücks ausgestattet, wurde er von 443 bis 429, also 15-mal, im Jahresrhythmus immer wieder als Erster Stratege ins faktisch höchste Staatsamt gewählt. Geschickt verstand er es, seine Position durch fürsorgliche Wohltaten bevorzugt bei der Wählermasse der unteren Bevölkerungsschichten abzusichern. Die Theten bildeten, modernen Schätzungen gemäß, immerhin mehr als ein Drittel der gesamten Wählerschaft in der *ekklesia*. Die Ironie, dass der vornehme Perikles auf demokratische Weise eine quasi monarchische Stellung einnahm, hat der zeitgenössische Geschichtsschreiber Thukydides treffend kommentiert: »Athen ist dem Namen nach eine Volksherrschaft, in Wirklichkeit jedoch die Alleinherrschaft des ersten Mannes.«[14] Perikles war es gelungen, sich sowohl 448 mit dem Perserreich zu verständigen als auch 445 mit den Spartanern Frieden zu schließen. Beide Seiten grenzten ihre Hegemonialräume ab: Sparta sollte über das Festland herrschen, Athen über das Meer. Um diesen Anspruch zu untermauern, kreuzten 60 voll bemannte athenische Triremen ständig über die Ägäis und das Ionische Meer – und sicherten dabei den unteren Einkommensklassen Lohn und Verdienst als Matrosen und Ruderer. Der bisher föderalistische attische Seebund wandelte sich zum zentralisierten attischen Seereich mit Athen als Mittelpunkt und Oberhaupt. Obwohl keine äußere Bedrohung mehr bestand, mussten die Mitglieder des Bundes weiterhin ihre Abgaben abliefern, was von ihnen immer mehr als Zwang zur Tributzahlung empfunden wurde. Jedes Jahr kamen auf diese Weise 460 Talente – das entspricht neun Tonnen Silbers – in die Bundeskasse. In allen Poleis des attischen Reiches herrschte die athenische Form der Demokratie. Falls sich ein Mitglied gegen die Steuern wehrte oder gar einen Abspaltungsversuch unternahm, was hin und wieder vorkam, reagierte Athen mit der Zerstörung der Stadt und der Versklavung ihrer Einwohner.

Der Reichtum, der aus dem Seehandel zwischen Italien, Nordafrika, Ägypten, Kleinasien und dem Schwarzen Meer gewonnen wurde, konzentrierte sich in Athen. Sein Hafen Piräus, den der berühmte Städtebauer Hippodamos von Milet mit neuen Molen, Lagerhallen und Werften ausgestattet hatte, avancierte zum größten Umschlagplatz im östlichen Mittelmeer. Die Kontore und Emporien (Handelsspeicher) füllten sich mit Gebrauchs- und Luxuswaren aller Art. In Attika gediehen zwar Korn, Wein und Honig, doch vermochte die heimische Landwirtschaft die Bevölkerung bei weitem nicht zu ernähren. Wein und Olivenöl konnten ausgeführt werden, aber dafür waren Importe von Getreide aus den kleinasiatischen Seestädten, aus Ägypten und dem Schwarzmeergebiet, ja selbst aus dem Perserreich lebensnotwendig. Im Gegenzug lieferten die athenischen Werkstätten hochwertige Produkte, Waffen und Werkzeug aus Metall, Schmuck, Kunstgegenstände und Keramik.

Ein Exportschlager waren die berühmten attischen Tonvasen im rotfigurischen Stil, Amphoren (Vorratsbehälter), *kratere* (Gefäße zum Mischen von Wein mit Wasser) und flache Trinkschalen, allesamt reich bemalt mit Szenen aus der Mythologie und dem Alltag. Große Manufakturen mit angestellten Kunsthandwerkern produzierten diese im gesamten mediterranen Bereich hoch geschätzten Waren. Besonders dankbare Abnehmer waren die Städte der Etrusker in Mittelitalien. Fließend war der Übergang vom Gebrauchshandwerk zum Kunsthandwerk auch in der Bildenden Kunst und Plastik. Steinmetzen wie Sophroniskos und der junge Sokrates meißelten nicht nur Quader und Säulentrommeln zurecht, sondern widmeten sich ebenso künstlerisch wertvollerer Arbeit und stellten Skulpturen, Grabmäler und Reliefs für den Hausgebrauch her. In hoher Blüte stand die Technik des Bronzegusses. Besonders begehrt waren lebensgroße Figuren von berühmten Athleten und Wettkämpfern, die übers Meer bis ins griechisch kolonisierte Unteritalien und Sizilien verschifft wurden.

Der größte Teil der Einnahmen Athens aber wurde durch Zwischenhandel, durch Hafenzölle, Stapelgebühren und Gewinne aus Vorkaufsrechten erzielt. Ein immer umfangreicherer und zunehmend prekärer werdender Anteil am Staatshaushalt kam den Abgaben und Tributen der Bundesgenossen des Seereichs zu. Unter Perikles bediente sich Athen skrupellos dieser Einnahmen, um all die prächtigen Bauwerke zu finanzieren. Hoch entwickelt war die Geldwirtschaft. Athenische Drachmen mit der Eule, dem Sinnbild der Weisheit, und der Stadtgöttin Athene, waren im gesamten Ostmittelmeerraum in Umlauf. Das Silber für die Münzen wurde in Laureion an der Südspitze der attischen Halbinsel abgebaut. Die dortigen Minen enthielten silberhaltiges Blei.

Athen hatte den Idealstatus der griechischen Polis erreicht: *eleutheria,* Freiheit nach außen, *autonomia,* innere Selbstständigkeit, und *autarkia,* die wirtschaftliche Unabhängigkeit.[15]

Treffpunkt der Geistesgrößen

Kultur und Politik gingen eine beispiellose Symbiose ein. Perikles selbst förderte Kunst und Wissenschaft. Zu seinen bedeutendsten Zeitgenossen, denen er freundschaftlich verbunden war, gehörten Sophokles und Herodot. Sophokles (496–406) bekleidete zusammen mit Perikles höchste Staatsämter. Als Dramendichter führte er 442 mit ›Antigone‹ die attische Tragödie zur Vollendung. Das Schicksal Antigones, stellvertretend für die Menschheit, geht auf das unergründliche Walten der Götter zurück, dem sich der Mensch zu unterwerfen habe. Mit dieser Auffassung vertrat Sophokles wohl die innere Überzeugung des göttergläubigen Demos, der von »Sophisterei«, Kritik und Hinterfragen nichts wissen wollte. Theateraufführungen waren Angelegenheiten des ganzen Volkes. Vorstellungen vor 20 000 Menschen waren die Regel. Mitunter drei Tage hintereinander ließen die Zuschauer Komödien (der modernen Gattung der *comedy-soap* gar nicht unähnlich), derb-burleske Satyrspiele und ernste Tragödien an sich vorüberziehen. Anlässe gab es genug:

Feier- und Gedenktage und religiöse Festwochen wie die Panathenäen zu Ehren der Stadtmatrone Athene im Spätsommer und die Dionysien zu Ehren des Theater- und Weingottes Dionysos im Frühjahr. Die Stücke waren Tagesgespräch in der Stadt und ihr Inhalt allen Athenern, gleich welchen Standes, vertraut. Beliebt waren Wettkämpfe, bei welchen die Schauspiele vom Publikum bewertet wurden. 60 Jahre lang erhielt Sophokles unbestritten jeweils die ersten Preise. Dem etwas jüngeren Euripides (um 480–406), auch er ein Athener, wurde dagegen von den Zeitgenossen nur vier Mal der Sieg im Dramenwettstreit zuerkannt. Umso höher wird er heute bemessen: Seine Tragödien ›Medea‹ (431), ›Elektra‹ (ca. 413), die ›Troerinnen‹ (415) und ›Iphigenie auf Tauris‹ (ca. 412) sind aus dem Kanon der abendländischen Literatur nicht wegzudenken.[16]

Unter allen Dramen bieten die Komödien uns Heutigen den besten Zugang zur Mentalität der athenischen Bürgerschaft des 5. Jahrhunderts. Lebendig und unmittelbar tritt uns hier das öffentliche Leben entgegen, große Politik genauso wie Tagesaktualitäten, Alltagssorgen und Menschlich-Allzumenschliches. Aristophanes (um 445–386) hat es am besten verstanden, Wünsche und Hoffnungen, aber auch den Neid und den Spott seiner athenischen Mitbürger in Komödienverse zu verwandeln. Große Persönlichkeiten wie Perikles (karikiert als »Zwiebelkopf«) und kleine Fische wie Sokrates (als schwärmerischer »Luftgänger« und angeblicher Sophist) wurden vor der feixenden Menge gleichermaßen bloßgestellt. Noch aus dem Abstand von zweieinhalbtausend Jahren erwecken die ›Wespen‹ (422), die ›Wolken‹ (423) oder die grandiose Sex-Komödie ›Lysistrate‹ (411) den Anschein unmittelbarer Frische. Der Grad an politischer Meinungsfreiheit, wie er in der attischen Komödie zum Vorschein gekommen war, ist bis heute einmalig in der Weltgeschichte geblieben.[17]

Der weit gereiste Herodot (um 485–425) beschrieb den gesamten damals bekannten bewohnten Erdkreis – die Ökumene – und gilt seit Cicero als der »Vater der Geschichtsschreibung«. Seine Darstellung der Perserkriege ist noch ganz vom Walten höherer Mächte bestimmt, die allen geschichtlichen Ereignissen zugrunde lägen. Bei seinem Nachfolger, dem Athener Thukydides (um 460–396), aber ist Geschichte bereits das Resultat menschlichen Strebens und Handelns. Herrschaft, Macht, Ruhm und Besitz sind die Triebkräfte der politischen Entwicklung, meisterhaft und objektiv dargestellt anhand seines Werkes über den Peloponnesischen Krieg von 431 bis 411.

Phidias, ein gebürtiger Athener, war Berater Perikles' in Bildender Kunst und Architektur. Seine Bildwerke des thronenden Zeus in Olympia und der stehenden Athene im Parthenon waren kolossale Standbilder aus Marmor, Holz, Gold und Elfenbein. Nur kleine Nachbildungen in Statuettenform vermitteln uns heute eine ungefähre Vorstellung von ihrer Wucht und Wirkung. In zahlreichen Plastiken von Gottheiten, Heroen und Irdischen stellten Phidias und seine Schüler den männlichen wie weiblichen Körper in anatomisch verstandener Proportion und Bewegung dar. Ihr Ziel war die Darstellung der *kalokagathia,* der menschlichen Schönheit nach außen *(kalos)* und des inneren Guten und Edlen *(agathia).* Im Gegensatz zum klassizistischen Verständnis vom »reinen Marmor« waren die Statuen ursprünglich reich bemalt, mit Glasaugen versehen, in manchen Fällen sogar bekleidet.

Schon die unmittelbare Nachwelt, und in ganz besonderem Maße die Römer, hat das Wirken all dieser in Athen tätigen Künstler in den Rang des »Klassischen« im Sinne von vorbildlich, mustergültig im Streben nach Schönheit, Ausgewogenheit, Harmonie erhoben. Wir sind heute geneigt, das »klassische« Athen des Perikles und des Phidias als Idee des 18. und 19. Jahrhunderts, als sentimentale neuzeitliche, also »klassizistische«, Rekonstruktion der Antike zu werten. Doch es lässt sich nicht übersehen, dass das, was wir »griechische Klassik« des 5. vorchristlichen Jahrhunderts nennen, auch in der historischen Realität der selbstbewusste Ausdruck einer Politik und Kultur war, die zwar selbst nicht wissen konnte, dass sie von Nachgeborenen dereinst »klassisch« genannt werden würde, die aber alles aufbot, um in der Welt und für die Nachwelt ein Maß zu setzen, das bis heute nachwirkt.[18]

Die Sophisten: Gefährliche Gedanken

Auch auf intellektuellem und geistigem Gebiet brach eine neue aufklärerische Zeit an. Grundsätzliche Fragen nach der Religion, dem Zusammenleben der Menschen, der Gesellschaft und der Entstehung des Staates wurden gestellt. Die Sophisten widmeten sich ihnen mit kühler wissenschaftlicher Rationalität. Der alte Götterhimmel geriet darüber ins Wanken. Der Mensch selbst sei das »Maß aller Dinge« und könne sich fortentwickeln. Der Denker Protagoras wirkte in diesem Sinne als Ratgeber des Perikles und beeinflusste die Gesetzgebung. Dass gerade Sokrates zum Wendepunkt in der Philosophie werden sollte, dürfte freilich weder ihm selbst noch seinen Freunden, Kumpanen und Förderern zu Lebzeiten klar gewesen sein. Und doch bezeichnet die moderne Philosophiegeschichte die griechischen Philosophen, die Sokrates vorangegangen waren, beziehungsreich als »Vor-Sokratiker«. Doch bereits Protagoras und die Sophisten waren zur Vermutung gelangt, dass es »eine wahre rechte Ordnung« gäbe, ein gleichsam verborgenes Maß, das der Natur, allem Leben und eben auch dem Gemeinwesen der Menschen zugrunde läge. Viele Denker suchten diesem »Ideal«, wie es später Platon formulierte, näher zu kommen, auch Sokrates. Die althergebrachte Religion mit ihrer Unzahl von Göttern, Göttinnen, Halbgöttern und Heroen trat dabei immer mehr in den Hintergrund.

Christian Meier, dem wir ein lesbares modernes Standardwerk zur Geschichte Athens verdanken, stellte als Signatur der perikleischen Zeit ein »eigentümliches Bewusstsein menschlichen Könnens« fest, eine Art menschlichen Machbarkeitswahns: »Denker machten sich daran, ganze Gesellschaftsordnungen auf dem Reißbrett zu entwerfen, Sophisten behaupteten, ihre Schüler in die Lage versetzen zu können, in Wirtschaft und Gesellschaft alles zu erreichen, was sie nur wollten. Sie könnten auch vor Gericht die schwächere Seite zur stärkeren machen.«[19]

Bei der Masse der leicht beeinflussbaren einfachen Athener freilich stieß das kritische In-Frage-Stellen der alten Mythen- und Götterwelt auf Unverständnis und Skepsis. Solange der Stadtstaat prosperierte, Diäten zahlte und Theatervorstellungen organisierte, nahm man zwar die überspannten Theorien der sophistischen Supergescheiten und auch die des Querdenkers Sokrates mit einem Kopfschütteln hin. Aber sobald Unglück über die Stadt kam, sei es eine Missernte, eine Seuche oder ein verlorener Feldzug, waren die Schuldigen schnell gefunden. Hatten nicht diese Besserwisser die Strafe der Götter herausgefordert und damit das ganze Gemeinwesen in die Krise gestürzt? Zutiefst war man überzeugt, dass auf die *hybris*, die Überheblichkeit der Menschen, unweigerlich die *nemesis*, die Rache der Götter, folgte. Mit der Anklage der *Asebeia* (Asebie), der Gottlosigkeit, waren Demagogen in der Volksversammlung daher schnell bei der Hand. Gerade weil dieser Vorwurf so unklar und verschwommen war, eignete er sich vortrefflich, durch Aufputschen von Emotionen politische Gegner und kritische Geister auszuschalten. Keiner war dagegen gefeit, weder der Philosoph Protagoras noch der mächtige Perikles selbst. Und für Sokrates sollte diese Anklage letztlich gar tödlich enden.

Denn der Erfolg, der Athen binnen einer Generation zur ökonomischen, politischen und kulturellen Weltmacht aufsteigen ließ, wurde manchen Zeitgenossen offenbar zunehmend unheimlich: Provozierte man damit nicht den sprichwörtlichen *phtonos*, den Neid der Götter auf zu viel irdisches Glück? Widersprach die demokratische Volksherrschaft nicht der alten göttlichen Ordnung von der Herrschaft der Besten? Auf dem Göttersitz Olymp herrschte mit dem Blitze schleudernden Zeus, seiner Gattin Hera, seinem Meeresbruder Poseidon und dem Unterweltgott Hades und all ihren nachgeordneten männlichen und weiblichen Gottheiten doch eine ausgesprochen aristokratische, also oligarchische Gewalt! Ist es gut, dass das menschliche Individuum, der bindungslose Einzelmensch (altgriechisch *idiotes*, der Idiot) frei zu handeln, zu gestalten, ja zu erkennen vermag, so wie es die neuen Philosophen in Athen forderten? Und überhaupt, was ist denn das Gute, das Gerechte, die rechte Ordnung? Fragen, mit welchen sich besonders Sokrates beschäftigen wird, und die er dann bei jeder sich bietenden Gelegenheit seinen Mitbürgern vorgelegt hat.[20]

Der Parthenon: Ein Programm der Volksherrschaft

Im Jahr 438 war nach zehnjähriger Bauzeit der Parthenon-Tempel auf der Akropolis vollendet. Während der Panathenäen desselben Jahres wurden das Kultbild der Göttin im Inneren geweiht und das Schatzhaus gefüllt. Der begnadete Bildhauer Phidias hatte den reichen Skulpturenschmuck gestaltet. Über 50 teils einzelne, teils zu Gruppen geordnete Plastiken schmückten die beiden Giebelfelder.

Die überlebensgroßen Giebelfiguren stellten im Osten die Geburt der voll gerüsteten Athene aus dem Haupt des Zeus dar, im Westen den Wettstreit des Meeresgottes Poseidon mit der Göttin um das attische Land. Um die Außenwand der Cella zog sich ein Fries, der die Panathenäen, den großen Festzug der Athener zum Hauptfest der Göttin Athene, zeigte. Die dramatisch bewegten Skulpturen und Reliefs aus Marmor waren polychrom – vielfarbig – bemalt. Neu und gewagt war die Aufhebung des traditionellen religiösen Gegensatzes von himmlischer und irdischer Welt. Götter, Heroen und Athener erschienen gleichermaßen selbstbewusst in fast ununterscheidbarer *kalokagathia*. Kein Wunder, dass dieses Bildprogramm von Spartanern, aber auch von Athens Bündnispartnern als anstößig und arrogant empfunden wurde!

Die Propyläen, die monumentale Toranlage zur Akropolis, wurden ein paar Jahre später vollendet. Über eine breite, auf die säulenbestandene Propyläenfront zuführende Treppenrampe gelangte der Besucher ins Innere des Akropolisbezirks. Ein einzigartiger, weit über Griechenland hinaus bewunderter Festplatz der Götter war geschaffen worden, der sich allmählich mit kleinen Kultstätten, Altären, Weihegeschenken und Statuen füllte. Zugleich aber auch ein Symbol der Vormacht Athens in ganz Hellas und ein Beweis, zu welch großartiger Gemeinschaftsleistung die Demokratie fähig war. Perikles selbst hat Athen und seine politischen und künstlerischen Leistungen als Vorbild und »Schule von ganz Hellas« dargestellt. Am steilen Südabhang der Akropolis begann man danach mit dem Bau des Dionysos-Theaters. Das gewaltige Halbrund für 20 000 Zuschauer sollte nicht nur der Aufführung von Komödien und Tragödien dienen, sondern auch die Volksversammlung *(ekklesia)* aufnehmen, die bisher auf der Pnyx getagt hatte. Im quadratischen Pfeilersaal des 442 fertig gestellten Odeions nebenan wurden Musikaufführungen veranstaltet. Am Nordabhang lagen wichtige Staatsgebäude wie die Amtshäuser der Archonten und Prytanen.[21]

Plutarch, der Biograph des Perikles, lässt keinen Zweifel daran, dass der Wieder- und Neuaufbau Athens einer gigantischen Beschäftigungspolitik diente: »Die Vielfalt der Arbeiten machte es möglich, dass jedem Alter und jedem Stand reicher Gewinn zuströmte.« Und zweifellos war auch Sokrates, der dem Beruf des Vaters nachgefolgt war, an diesem Bauprogramm, das den Handwerkern Athens eine langjährige Hochkonjunktur bescherte, beteiligt. In der Tat gibt Diogenes Laertios, ein spätantiker Autor, der über Sokrates berichtet, folgenden Hinweis: »Von ihm (Sokrates) seien auch, sagt man, die mit Gewändern bekleideten Chariten auf der Akropolis.« Die drei Chariten (die Römer nannten sie die drei Grazien) waren Begleiterinnen der Liebesgöttin Aphrodite. Von dem Bildwerk ist ansonsten nichts bekannt.[22]

Aber nicht nur auf dem Burgberg der Akropolis wurde emsig gebaut, auch die Agora zu ihren Füßen, der Marktplatz und bürgerliche Mittelpunkt der Stadt, mit seinen Heiligtümern, Hallen, Versammlungshäusern, dem Rathaus *(bouleuterion)* und dem Volksgericht wurde neu gestaltet. Die *stoa,* eine säulenumgebene Wandelhalle, schmückten prächtige Malereien, die neben mythologischen Szenen wie dem Kampf um Troia und der Amazonenschlacht auch reale Ereignisse aus den Perserkriegen zeigten. Trophäen und Beutestücke erinnerten an athenische Siege. Die Stoa war ein wirklich »öffentliches Gebäude«. Hier trafen sich die Bürger zwanglos zum Müßiggang, zur Unterhaltung und zum politischen oder philosophischen Palaver. Großzügiger Ausschank von Wein, der gewöhnlich mit Quellwasser gemischt wurde, verhalf zu den nötigen Gedankensprüngen. Zu Füßen der Kolonnaden dieser *stoa poikile* (der bemalten Stoa) boten Garküchen gegrillten Fisch, gekochtes Meeresgetier, gebratene Fleischspieße und heiße Getreidebreie an. Beliebt war eine warm oder kalt genossene Paste aus zermatschten und bereits etwas in Gärung übergegangenen Sardellen. Dazu reichten Gemüse- und Obsthändler Oliven, Feigen, Trauben, Granatäpfel, Kapern und Zwiebeln. Das nahe *nymphaion* (Brunnenhaus) spendete frisches Wasser. Der Markt funktionierte nach dem Prinzip der Branchensortierung, wie heute noch im orientalischen Bazar üblich. Das heißt, die verschiedenen Gewerbe konzentrierten sich je für sich in eigenen Winkeln und Gassen: Schuster, Gerber, Tuchmacher, Anbieter von Schmuck, Hausrat, Feuerholz usw. Westlich über dem weiß gepflasterten Marktplatz wuchs der Hephaistos-Tempel in die Höhe, der, heute Theseion genannt, die Zeitläufte fast unverändert überdauert hat. Hephaistos, der göttliche Schmied, war der Schutzpatron der Handwerker.[23]

Sokrates: Leben im »phallokratischen System«

Sokrates durchmaß genau während dieser Zeit, die wir heute als die Blüteperiode der griechischen Klassik werten, das entscheidende Lebensalter zwischen 18 und 30. Im 19. und 20. Lebensjahr galt der frei geborene junge Athener als Ephebe, als bereits wehrfähiger Jüngling, der in der *boule* feierlich in den Demos aufgenommen wurde. Als Ephebe unterzog er sich einer Art militärischer Grundausbildung und wurde von staatlichen Lehrern auf seine Bürgerpflichten und -rechte vorbereitet. Die Unterweisung in Religion, »guter Lebensführung« und Rhetorik stand dabei im Vordergrund. Erst nach Absolvierung der *ephebeia* erhielt er – mit durchschnittlich 20 Jahren – das volle Bürgerrecht. Da Sokrates in den uns bekannten Zeugnissen stets als Vollbürger auftritt, hatte auch er das Ephebenstadium durchlaufen. Er trieb demnach Sport in den Gymnasien, nahm an Feldmärschen, Nachtwachen und anstrengenden Wehrübungen mit Helm, Brustpanzer, Schwert, Schild und Wurfspeer teil und gehorchte seinen Ausbildern. Die gemeinsame, gleichsam kasernierte Unterbringung aller Epheben quer durch alle vier Stände und ihre gemeinsamen Erfahrungen schweißte eine ganze Generation in enger Vertrautheit zusammen und legte den Grund für lebenslange Freund-, aber auch Feindschaften. Für das perikleische Zeitalter rechnen wir für zwei Jahrgänge zusammen mit etwa 500 bis 700 Epheben – eine gerade noch überschaubare Zahl, welche die persönliche Beziehung untereinander garantierte. Innerhalb der politischen Klasse Athens kannte man sich demnach persönlich und namentlich. Und da die *Ephebeia* eine öffentliche Angelegenheit war, wusste man um die Stärken, Schwächen und Besonderheiten seiner Mitbürger gut Bescheid. Mit Erlangung der Bürgerrechte stellte der athenische Bürger bereits die Weichen für die Zukunft, vermählte sich, gründete seinen *Oikos,* einen eigenen Hausstand, und bereitete sich darauf vor, öffentliche Ämter zu übernehmen. Ob auch Sokrates diesem Trend folgte, wissen wir nicht.

Jeder Biograph seiner Person wird nämlich mit der Tatsache konfrontiert, dass Sokrates selbst keine einzige Zeile überliefert hat! Wir kennen ihn, sein Tun und seine Lehre nur aus zweiter und dritter Hand. Der 40 Jahre jüngere Historiograph Xenophon (ca. 430–354) hat ihn immerhin noch gekannt und liefert eine knappe Lebensbeschreibung in seinen Memoiren. Er bemüht sich darin, Sokrates als frommen Menschen und guten Bürger darzustellen, der völlig zu Unrecht verurteilt worden war. Das sokratische Denken blieb dem eher praktisch begabten Xenophon dabei unzugänglich, so dass er sich eher auf Äußerlichkeiten kaprizierte. Mit Xenophons Bericht beginnt die Legendenbildung vom »bedürfnislosen«, mitunter skurrilen Denker, der, »wenn der Markt sich füllte, dort zu sehen war« und der »immer dort war, wo er mit den meisten Menschen zusammen sein konnte. Und er sprach meistens, und wer nur wollte, dem stand es frei, ihm zuzuhören.« Auch für Xanthippes schlechte Reputation zeichnet Xenophon letztlich verantwortlich. Wir kommen auf seine Werke über Sokrates weiter unten noch einmal zurück.[24]

In der Komödie ›Die Wolken‹ des Aristophanes steht Sokrates zwar im Mittelpunkt, allerdings in sehr kuriosem, satirischem Zusammenhang. Der Komödiendichter ist jedoch der einzige unmittelbare Zeitzeuge von Sokrates' politischem bzw. philosophischem Wirken. Die Uraufführung seiner ›Wolken‹ wird ins Jahr 423 gesetzt und beschreibt bereits den älteren, 47-jährigen Sokrates. Auch dies werden wir näher beleuchten (s. S. 77). Zwar haben mehrere von Sokrates' Hörern und Schülern wie der Athener Antisthenes, Euklides von Megara und Phaidon von Elis nach seinem Ableben Schriften und Biographien ihres Lehrers verfasst. Aus ihnen hätte man am ehesten ein Porträt des echten Sokrates gewinnen und etwas über seinen Beruf, seine Lebensumstände, ja vielleicht auch seine häuslichen Verhältnisse erfahren können. Doch sind diese Werke nicht erhalten oder nur in Fragmenten bekannt.

Überaus problematisch sind die Aussagen Platons über seinen Meister. Platon (427–347), des Sokrates engster Schüler, dürfte als knapp 20-jähriger Mann in den Bannkreis des Philosophen getreten

Abb. 1 Büste des Sokrates. Rom, Museo Nazionale di Terme

sein, zu einem Zeitpunkt, als Sokrates bereits das 60. Lebensjahr überschritten hatte. Platon trug nach Sokrates' Tod seine Lehre in einer Serie von »sokratischen Dialogen« vor und präsentierte damit kein fertiges, in sich stimmiges System. Seine damaligen Schüler nahmen wie die heutigen Leser seiner Schriften am Entstehungsprozess der Philosophie teil. Platons vier Dialoge, in denen Sokrates als Handelnder auftritt, haben das letzte Lebensjahr des Philosophen zum Inhalt, nämlich die gegen ihn erhobene Anklage (›Eutyphron‹), seine Verteidigungsrede (›Apologie‹), seine Weigerung der Flucht (›Kriton‹) und schließlich seinen Todestag (›Phaidon‹). Diese vier platonischen Dialoge bilden einen annähernd zusammenhängenden Lebensbericht, aber eben beschränkt auf das Ende. Am ehesten glaubt man dem authentischen Sokrates in den Frühdialogen Platons entgegenzutreten, etwa im ›Laches‹, der ein lebendiges Bild der sokratischen Gesprächsführung vermittelt. Doch ist kaum zu entscheiden, was nun Sokrates wirklich gesagt hat und was ihm Platon in den Mund legt. Denn unverkennbar stellt der platonische Sokrates eine literarische Kunstfigur dar, die – sicher mit echten biographischen Details ausgestattet – keineswegs an die Auffassung des historischen Sokrates gebunden ist, sondern in erster Linie Platons eigene Überzeugungen wiedergibt.

Bereits Aristoteles, der 367 nach Athen kam und in engem Kontakt zu Platon stand, hat betont, dass Sokrates von Platon quasi instrumentalisiert worden ist, um dessen Ideenlehre in einem realistischen Umfeld (z. B. bei einem Symposion, einem Trinkgelage) zu veranschaulichen. Als historische Zeugnisse für den Lebensweg des Sokrates sind die Dialoge jedenfalls nur mit kritischer Einschränkung verwertbar. Doch wenn sie auch nur vorsichtige Rückschlüsse auf den historischen Sokrates erlauben, geben sie doch ein zusammenhängendes Bild seiner Philosophie, seiner Lehre von den Urbildern (Ideen), auf welche wir freilich an dieser Stelle nicht näher eingehen können. Dem aus Platons Werken gut rekonstruierbaren sokratischen Gedankengebäude stehen also nur spärliche Hinweise über das Leben seines Schöpfers gegenüber.[25]

Den Endpunkt der antiken Überlieferungsgeschichte über Sokrates bildet das Sammelwerk ›Leben und Meinungen berühmter Philosophen‹ des Diogenes Laertios, eines Autors der römischen Kaiserzeit, der im ausgehenden 3. nachchristlichen Jahrhundert eine Geschichte der griechischen Philosophie verfasste. In seiner ansonsten recht simplen, mit Anekdoten und Fabeln angereicherten Kompilation stoßen wir auf zahlreiche biographische Hinweise, die aus verloren gegangenen Werken (wie des Duris von Samos und des Sophisten Timon, beide um 300 v. Chr.) sowie uns unbekannten Quellen, vielleicht sogar von den oben genannten Sokratikern, stammen.[26]

Im Wesentlichen beruht unsere Kenntnis über Sokrates' Leben und Werk auf Schriften Platons und Xenophons. Beider Werke sind zwar in derselben Zeitepoche des beginnenden 4. Jahrhunderts v. Chr., aber unabhängig voneinander entstanden. Platons Hauptgewicht liegt eindeutig auf dem erkenntnistheoretischen Denken und der philosophischen Methode seines Meisters. Da er vorgibt, ihn wörtlich zu zitieren, überlässt er es dem Leser bzw. Hörer, sich eine eigene Meinung über Sokrates zu bilden. Dessen reale Lebensumstände interessieren ihn in diesem Zusammenhang nicht. Xenophons Tendenz, Sokrates a priori zu rehabilitieren, ist dagegen unübersehbar. Er legt Wert darauf, aus Sokrates' Denken und dem daraus abgeleiteten Vorbild praktische Ratschläge für »gutes Tun« und richtige Lebensführung zu bieten. Dabei kommt nun manchmal, sozusagen zur Auflockerung, auch Sokrates' Familie vor. Xenophons hausbackener Text richtete sich mit dieser Intention an eine viel breitere Zielgruppe als die schwierigen platonischen Sokrates-Dialoge, die stets auf einen kleinen Kreis »Eingeweihter« beschränkt blieben. Die Überlieferung beider, Platons und Xenophons, Schriften lief in der Folgezeit daher auch über ganz verschiedene Traditionsstränge. Die Figur von Platons Sokrates unterscheidet sich beträchtlich von derjenigen des Xenophon, ja bisweilen hat man den Eindruck, dass beide Autoren von verschiedenen Personen sprechen.

Der moderne Biograph sieht sich der Aufgabe gegenüber, die diversen, voneinander abweichenden Sokrates-Versionen zu einem Subjekt zusammenzufassen. Falls der Leser dabei den Eindruck gewinnt, dass diese Kompatibilität nur sehr geschraubt und vor dem Hintergrund von Konjekturen und Spekulation erfolgt, so hat er recht! In besonders widersprüchlichen Fällen behelfen wir uns mit dem Hinweis auf den »platonischen Sokrates« und sein Pendant, den »xenophontischen Sokrates«.[27]

Der junge Sokrates

Sokrates' Kindheit und Jugend fiel in eine Phase wirtschaftlichen und politischen Aufschwungs, von der er durchaus profitierte. Im Jahre 450 wurde er nach absolvierter Ephebenzeit als 20-jähriger Vollbürger in die Klasse der Zeugiten aufgenommen. In der Masse der Einwohnerschaft Athens zählte er damit zur Mittelschicht, die zu allen Staatsämtern Zugang hatte. Und sicher hat er das Gewerbe des Vaters weiter betrieben, arbeitete als Steinmetz und fertigte Bildwerke für die Akropolis an. Sein Leben lang ist sein Bezug zum Handwerk und zur *techne* (Kunstfertigkeit) eng geblieben. Mit Meistern ihres Fachs, seien es Schuhmacher, Zimmerleute oder Schmiede, unterhielt er sich gerne und versuchte, ihr Können zu ergründen. Seit 448, als man sich mit dem Perserreich geeinigt hatte, war Athen ein gigantischer Bauplatz geworden. Und die Baukonjunktur stieg weiter, als 445 endlich auch mit Sparta ein 30-jähriger Friede geschlossen wurde. Sokrates war damals 25 Jahre alt. Gehen wir davon aus, dass seine Eltern zu diesem Zeitpunkt bereits gestorben waren, was hinderte Sokrates also daran, das gut gehende Geschäft zu verkaufen oder zu verpachten? Der Erlös ermöglichte ihm auf jeden Fall ein bescheidenes, aber ausgesorgtes freies Leben. Wir müssen doch bedenken, dass körperliche Arbeit im Sinne von Werktätigkeit nicht dem Ideal des freien Mannes in der Antike entsprach. Wer es sich leisten konnte, sollte sich der schöpferischen Muße, dem Denken und dem Wohl des Gemeinwesens hingeben. Und genau so handelte Sokrates. Er verließ Alopeke und zog in die Innenstadt Athens, näherte sich den Kreisen, mit welchen er nach wie vor engen Umgang pflegte und denen er sich als bezahlter Lehrer anzudienen beabsichtigte. Dass er kein Geld für den Unterricht angenommen habe, wird zwar von Platon und Xenophon geradezu emphatisch behauptet, ist aber wohl nur ein gut gemeinter Trick, um ihn umso mehr von den berechnenden Sophisten abzugrenzen.

Seine rege Teilnahme am öffentlichen Leben dürfen wir voraussetzen. Wie jeder am Gemeinwesen interessierte Bürger wurde er mit einem der zahlreichen Ämter betraut. Mit Ausnahme der höheren Beamtenposten waren diese Aufgaben in der Regel nicht mit hohem und zeitintensivem Arbeitsaufwand verbunden, sondern galten als Ehrenpflicht, die sogar noch mit mäßigen, aber regelmäßigen Staatsgeldern (Diäten) vergolten wurde. Kostgänger der Polis zu sein galt – im Gegensatz zu »banausischer« Arbeit – nicht als ehrenrührig. Die Einnahme einer der höheren Stellen, sei es als Ratsvorsitzender, Richter oder Geschworener, stand dem Bürger in der Regel aber erst mit dem 30. Lebensjahr offen.

Manche moderne Autoren wollen Sokrates in diesen seinen jüngeren Jahren bereits zum Ratgeber des Perikles hochstilisieren, doch gibt es dafür keinen Hinweis. Der Stratege entstammte einer der vornehmsten Familien Attikas, galt als wenig leutselig und hielt – seiner radikaldemokratischen Politik zum Trotz – Distanz zum Demos. Der politischen Überzeugung nach war der junge Sokrates ein ausgesprochener Nutznießer der radikalen Demokratie und damit wohl auch ein Anhänger des Perikles und seiner Partei. Mit den Jahren kamen ihm indessen – wie vielen ursprünglichen Demokraten – Bedenken an der »Volksherrschaft«. Dabei erhebt sich die Frage, ob der jüngere Sokrates all die genannten politischen und künstlerischen Größen Athens persönlich gekannt hat bzw. ob er diesen näher bekannt war. Für seine erste Lebenshälfte müssen wir dies bezweifeln. Sein Hervortreten und öffentliches Bekanntwerden als Philosoph fand erst später, vermutlich nach der Ära des Perikles (sie endete 429), statt. Die Jahre davor dürfte sein Leben sich auf der Agora, in der Volksversammlung, und einigen kleinen Ämtern abgespielt haben. Wie viele seiner Mitbürger nahm er die Bauarbeiten auf der Akropolis in Augenschein und war als gelernter Steinmetz immerhin in der Lage, die dort eingesetzte *techne* fachmännisch zu beurteilen. Der Besuch der Theatervorstellungen, etwa der Aufführung der ›Antigone‹ des Sophokles im Jahr 442, war selbstverständlich. Sokrates war damals 28 Jahre alt, stand also in der Blüte seiner Jahre.

Symposien und Bordelle

Von Frauen war bisher nicht die Rede, aus gutem Grund. Lange vor Erreichen der Pubertät, etwa mit sieben bis zehn Jahren, verließ nämlich der junge männliche Athener die Obhut der weiblichen Familienmitglieder und hielt sich in den folgenden 15 bis 20 Jahren hauptsächlich unter seinesgleichen auf. Die strenge Geschlechter-

Segregation, die wir unten eingehender behandeln werden, verhinderte den Umgang der Jungen mit gleichaltrigen Mädchen. In Athen lag das Alter für die Eheschließung bei Männern relativ hoch, geheiratet wurde mit 25, eher mit 30 Jahren – ganz im Gegensatz zu dem der Frauen (s. u.). Und wie lebten die Jungmannen dann ihre sexuellen Impulse, die sich gerade in dieser Lebensspanne voll entwickeln, aus? Päderastie, wie wir sie oben beschrieben haben, mag ein Ventil gewesen sein, doch an erster Stelle standen Akte mit Freudenmädchen und Besuche in Bordellen. Den Quellen nach zu schließen herrschte in Athen kein Mangel an *pornai* (»Käuflichen«, Einzahl *porne*). Prostitution wurde von freien wie von unfreien Frauen ausgeübt. Sklavinnen konnten sich auf diese Weise eigenes Geld zum Freikauf verdienen. Als Freigelassene scharten sie wiederum unfreie Mädchen und Frauen um sich und organisierten Bordelle und Salons. Dort erschloss sich dem männlichen Kunden die gesamte Palette menschlicher Sexualität.

Freudenhäuser standen in Athen unter staatlichem Reglement. Um den Hafen Piräus herum waren sie besonders dicht massiert. Auch das innerstädtische Viertel Kerameikos war wegen seiner Bordelle und Tavernen mit Hinterzimmern bekannt. Die Fülle des Angebots ließ den Preis schwinden und gestattete auch Armen und Arbeitssklaven den Zutritt. Brutalitäten wurden nicht geduldet. In solchen Fällen durften auch »Schöne und Gute«, die einen beträchtlichen Kundenanteil stellten, von Sklaven rüde hinausgeprügelt werden. Die florierende Halbweltszene ist übrigens ein Zeichen dafür, dass sich athenische Bürger keineswegs gewaltsam und ohne Einwilligung an ihren eigenen Sklavinnen oder Dienstmädchen vergreifen durften, wäre doch sonst diese ausgeprägte Bordellszene gar nicht nötig gewesen. Das Sex-Gewerbe erfreute sich zwar keiner hohen Achtung (wie in Korinth, wo 100 Dienerinnen des Aphroditetempels »heilige« Liebesdienste anboten), wurde aber geduldet. Man hielt es für notwendig, um die ehrsamen Bürgerfrauen und -töchter vor dem männlichen Triebleben zu bewahren.

Bei diesem Thema sollten wir im Auge haben, dass die hygienischen Standards der griechisch-römischen Antike sehr hoch verortet und übertragbare Geschlechtskrankheiten eigentlich unbekannt waren. Die menschlichen Ausscheidungs- und Sexualorgane waren noch nicht (wie später im Christentum) tabuisiert, man wusch sie nach jedem »Gebrauch« mit Wasser und Essig und ölte sich ein. Erst das Christentum des Barockzeitalters sollte dem abstrusen und krankheitsförderndem Gedanken verfallen, körperliche Verschmutzung mit geistiger Reinheit gleichzusetzen.[28]

Angewandte »Phallokratie«

Eine besondere Einrichtung für Männer war das Symposion, dessen Übersetzung »Zusammen-Trinken« schon auf seine Funktion hinweist. Sie reichte vom ungehobelten Wettsaufen bis zum würdevollen, streng ritualisierten geregelten Festbankett in Anwesenheit berühmter Persönlichkeiten. Xenophon hat den Verlauf eines »normalen« Umtrunks beschrieben. Die Teilnehmer säuberten, parfümierten und bekränzten sich und nahmen auf den kreisförmig angeordneten *Klinen* (Sofas) Platz. Zuerst wurden Speisen gereicht. (Die eher euphemistische Übersetzung lautet daher »Gastmahl«.) Währenddessen traten junge Akrobaten, Tänzerinnen und Gaukler auf. Dann floss der Wein – und das nicht knapp – wenn auch, zumindest anfänglich, stets mit gekühltem Wasser vermischt. Geistreiche Gespräche wie auf dem berühmten, von Platon beschriebenen Symposion mit Sokrates waren eher die Ausnahme. Die Teilnehmer würfelten und spielten *kottabos,* wobei es galt, den Weinrest aus der Schale so herauszuschleudern, dass er eine aufgehängte Scheibe traf, die dann scheppernd zu Boden ging. Man rezitierte Verse, griff zur Lyra, trank sich zu und warf sich mit gelöster Zunge wohl auch, wie an heutigen Männer-Stammtischen üblich, Wahrheiten an den Kopf. Xenophon berichtet sodann, dass die Zecher von der Performance eines Sexualaktes der Tänzer und Tänzerinnen derart betört waren, »dass die Jüngeren erregt versprachen, auf der Stelle zu heiraten, während die Älteren zu ihren Gattinnen eilten«. Doch hier hat der sittenstrenge Xenophon schwer untertrieben. Denn nicht selten mündete, wie uns zahlreiche attische Vasenbilder anschaulich vor Augen führen, die ausgelassene Fröhlichkeit in sexuelle Ausschweifungen mit eigens dazu gemieteten Prostituierten oder Hetären. Und die Bilder lassen keinen Zweifel übrig, dass dabei keine Spielart des Sexualverkehrs ausgelassen wurde.

Wir werden uns mit dem Hetärenwesen, das eine bedeutende Stellung im athenischen Sozialgefüge und der männlichen Kommunikationskultur einnimmt, noch weiter unten eingehender beschäftigen. *Hetairai* (»Gefährtinnen«, »Freundinnen«) bilden sozusagen die Luxus-Klasse der Prostitution. Auch bei ihnen steht Sex im Mittelpunkt ihres Wirkens, aber flankiert von Erotik, *charis* (Anmut) und ausgeübt erst nach raffinierter Zurückhaltung. Ihre Fähigkeiten als Musikantinnen, Tänzerinnen und geistreiche Gesprächspartnerinnen machten sie teuer und beschränkten ihre Dienste auf wohlhabendere Kreise.

Manchmal formierten sich die Symposanten im Anschluss an das Gelage zu einem *Komos*, einem Umzug. In früheren Zeiten bezeichnete man damit einen rituellen Festzug zu Ehren des Weingottes Dionysos, doch zu Sokrates' Zeiten waren die *Komoi* bereits zu nächtlichen Streifzügen grölender Bezechter mit Randale und allerlei Unfug entartet. Die *Komasten* machten auch vor Einbrüchen in Privathäusern und der Entweihung heiliger Bezirke nicht Halt. Schlägereien vor Schänken verwandelten ganze Straßenzüge zu dunklen *no-go-areas.* Gegen lärmende Zusammenrottungen vor Bordellen wehrten sich die Freudenmädchen mit faulem Obst und vollem Nachtgeschirr. In den nächtlichen Umtrieben kam eine Art jugendlicher Subkultur zum Vorschein, bei der gerade die wohlhabende, in den Tag hinein lebende Klasse der Jeunesse dorée eine tonangebende Rolle spielte. Sokrates gehörte zwar nicht direkt dazu, bewegte sich aber in deren Dunstkreis.

Für die jüngeren, unverheirateten Symposanten bedeuteten diese Exzesse eine Art Initiationsritus. Einerseits lernten sie, Wein als »Rauschtrank« ritualisiert und auf Symposien beschränkt zu sich zu nehmen (weshalb es in der mediterranen Kultur keinen Alkoholismus »nordeuropäischer« Prägung gab und gibt), zum anderen eröffnete sich ihnen der Zugang zum anderen Geschlecht, wenn auch in einer grotesken, vom heutigen Standpunkt als frauenverachtend zu verurteilenden Weise. Aber gerade für sie, die jüngeren Männer, galten Symposien mit erfahrenen Hetären als keineswegs verwerflich. Man rechtfertigte die Orgien sogar mit religiösen Argumenten, nämlich als Erscheinungen des dionysischen Sinnenrausches. Warum sollte sich der junge Sokrates an diesen Trinkgelagen und

Gruppensex-Runden nicht beteiligt haben? Nur von älteren, verheirateten Familienoberhäuptern verlangte der Moralkodex eine gewisse Zurückhaltung.[29]

Xenophon überliefert uns auch einen Besuch des Sokrates bei der Hetäre Theodote (der Name bedeutet »Gottesgabe«). Den Umständen zufolge war der Philosoph damals aber schon älter und suchte keinen Liebesdienst, sondern wollte sich – in Begleitung seiner Schüler – von ihrer weiblichen Schönheit überzeugen. Theodote war nämlich eine stadtbekannte Edel-Kurtisane, die einen gepflegten Salon unterhielt. Als er ankam, stand sie gerade kostbar gewandet einem Maler Modell. Sokrates verwickelte sie in ein liebenswürdiges Gespräch über die Methoden des »Männerfangens«: »Bei Hera, Theodote, wovon bestreitest du denn deinen Unterhalt? Wenn ich jemanden zum Freunde gewonnen habe und er mir Gutes erweist, so ist dies mein Einkommen.« Bei aller Ironie verfolgt der darauf folgende typisch sokratische Dialog aber doch den Zweck, hinter die Kulissen des Hetärendaseins zu blicken. Dass Sokrates sich in diesen Kreisen auskannte, beweist seine Antwort auf Theodotes Frage, wie sie das Verlangen eines Mannes nach ihr steigern könne: »Du magst die Verlangenden reizen durch ein möglichst züchtiges Betragen und ihnen zum Schein entgegenkommen und dich dann wieder kalt zeigen, bis sie dich heftig begehren.« Ein sehr lebensnaher Rat![30]

Und wie steht es mit der männlichen Homosexualität, einem beliebten Topos, mit welchem das alte Hellas heute so gerne identifiziert wird? Wir haben oben schon angedeutet, dass die Praxis der Knabenliebe (Päderastie) nicht unbedingt mit dem modernen Begriff der Homosexualität und schon gar nicht mit dem der homosexuellen (Lebens-)Partnerschaft korreliert. Doch lässt sich die Fülle gleichgeschlechtlicher Akte, die uns antike Abbildungen und Literatur übermitteln, selbstverständlich nicht leugnen. Ein beliebtes Metier bildeten in der Antike (ähnlich wie heute) zudem Tratsch-Geschichten und *soapcomedies* aus dem beliebten Metier der Verleumdung und der üblen Nachrede, zur besseren Merkfähigkeit in Verse *(silloi)* und Epigramme gegossen. Johann Wolfgang von Goethe delektierte sich köstlich daran, während die biedermeierlichen Gelehrten des 19. Jahrhunderts diese »Entartungen« entsetzt aus ihrem Idealbild der griechischen Klassik verbannten. So landete ein Gutteil der

Abb. 2 Liebespaar. Weinkanne aus Lokri, um 430 v. Chr. Staatliche Museen zu Berlin, Antikensammlung

antiken Überlieferung hinter den Gittern von »Giftschränken«, Texte verfänglichen Inhalts wurden »purgiert« und damit verfälscht oder als »unbedeutend« marginalisiert.

Was die Antike auf dem weiten Feld der menschlichen Sexualität zu bieten hatte, muss freilich auf lebensunerfahrene Geisteswissenschaftler und linkische Stubengelehrte geradezu monströs gewirkt haben. Nicht genug sämtlicher physiologisch irgendwie möglicher mann-weiblicher Vereinigungsarten, hatte man noch, sittlich empört, Knabenliebe und das Treiben der Urninge (so der im 19. Jahrhundert gebräuchliche Begriff für männliche Homosexuelle) zur Kenntnis zu nehmen. Kein Zweifel, in Athen, wie später in Rom, florierten Bordelle, die hetero- wie homosexuellen Verkehr in bunter Fülle und quasi durcheinander offerierten. Analog zu den weiblichen Prostituierten *(pornai)* boten männliche *pornoi* (Käufliche) ihre

Dienste an. Sie traten, wie auf Vasenmalereien ohne Umschweife dargestellt, in Symposien und Trinkgelagen auf (übrigens meist zusammen mit weiblichen Pendants) und zeigten sich ihren Freiern in allen erdenklichen Posen gefügig. Ihr wichtigstes Merkmal ist, dass sie immer als Unfreie, als Sklaven oder als Fremde (Metöken) charakterisiert werden, während ihre gleichgeschlechtlichen Mieter allen Rausch- und Ekstase-Zuständen zum Trotz niemals die Attribute des Freien, des Bürgers, verlieren. Dem aufmerksamen Betrachter der betreffenden Vasenbilder fällt auch auf, dass den Freien generell die Rolle des Aktiven, den *pornoi* aber die des Passiven zukommt.

Doch an dieser Stelle sind wir gehalten, die antike Auffassung der Sexualität per se näher zu definieren. Sie mag für heutige westliche (protestantisch-puritanische) Ohren befremdlich klingen, dürfte aber den Pascha-Gesellschaften des Nahen Ostens oder den Machos Lateinamerikas nicht völlig fremd erscheinen. Hüten wir uns vor eurozentrischer Betrachtung und vermeiden wir vor allem, unsere »modernen« Vorstellungen vom Sexualleben als selbstverständlich auf die Vergangenheit zu übertragen. Michel Foucaults luzide Forschungen über die ›Geschichte der Sexualität‹ (1976–1984) haben hier – unbeschadet seiner überkandidelten »Diskurs-Analyse« – bahnbrechend gewirkt. Foucault erkannte im griechischen Denken über die Sexualität in erster Linie die »diätetische« Sorge um den Körper, die »Sorge um sich selbst«. Sexualität sollte möglichst mit der Gesundheitsvorsorge korrelieren. Dazu diente eine Lebensführung nach bestimmten Grundregeln zu Leibesübungen, Essen, Trinken, Schlafen und den sexuellen Beziehungen *(aphrodisia)*. Im Fokus stand der richtige Zeitpunkt *(kairos)* und das rechte Maß, nicht das wie oder mit wem. Wenn die griechischen Philosophen zu Enthaltsamkeit auf sexuellem Gebiet rieten, hätte das nichts mit einer moralischen Verurteilung des Geschlechtstriebes zu tun gehabt, sondern mit dessen Macht, den Menschen in die Abhängigkeit seiner Leidenschaften zu bringen. Dem richtigen »Gebrauch der Lüste« dienten die verschiedenen philosophischen Lebenslehren, um so zu einem Körper und Geist beherrschenden freien Subjekt zu werden.

In die großen weltgeschichtlichen Zusammenhänge eingebettet, konstruiert sich nach Foucault jede menschliche Gesellschaft ihren eigenen Moralkodex und ihre eigenen Verhaltensregeln für sexuelles Handeln. Der Diskurs der Geschlechter findet zwar auf biologischer Grundlage statt, wird aber auch von kulturellen Einflüssen gesteuert. Die moderne Gender-Forschung folgte dieser Aussage mit ihrer Unterscheidung zwischen dem biologischen Geschlecht (Sexus), das essenziell (»Macht der Hormone«), quasi »natürlich« und somit kulturübergreifend und ahistorisch ist, und andererseits dem kulturell konstruierten Geschlecht (Gender), das von der Kulturprägung abhängig und damit Veränderungen unterworfen ist. Ein beliebtes Beispiel ist die von der Antike bis in die Jetztzeit gängige Konstruktion des Weiblichen als des »schwachen Geschlechts« (= Gender), obgleich es biologisch das eindeutig stärkere Geschlecht (= Sexus) ist. Diese Konstruktion dient(e) dem patriarchalischen Machterhalt.[31]

In der griechisch-römischen Antike bestimmten neben der augenscheinlichen Geschlechterdifferenz die realen Machtverhältnisse die sexuellen Beziehungen. Selbstbestimmte Sexualität stand nur dem Freien (Mann), in Athen nur dem Bürger zu. Wie er sie gestaltete, unterlag keiner Einschränkung – mit einer entscheidenden Ausnahme: Er musste immer den aktiven Part übernehmen, niemals den passiven. Aktiv zu sein hieß im übertragenen Sinne, über Eigentum und Macht zu verfügen, einen Rang einzunehmen, zumindest erwachsen und Oberhaupt einer Familie und eines *oikos* zu sein und über das Bürgerrecht zu verfügen. Und in rein sexuellem Sinne hieß aktiv zu sein zu penetrieren, und zwar im Wortsinn! Als »unmännliche« Sexualpartner standen dem »Aktiven« neben Frauen auch *paides* (noch nicht ins Mannesalter eingetretene freie Knaben, s. o.) sowie Unfreie, Sklaven und *pornoi* zur Verfügung. Dies waren die Passiven, die Penetrierten. Mit ihnen aktiv zu verkehren galt dem antiken Freien als normale Form männlicher Triebabfuhr. Für den männlichen Rezeptiven prägte die Antike den Begriff *kinaidos*, im Sinne von weich, weibisch, duldend. Per definitionem konnte ein *kinaidos* kein freier Bürger sein. Manche wurden umworben, gut bezahlt und erreichten den Status von Freigelassenen oder von Metöken.

Wie Unfreie und Sklaven beiderlei Geschlechts ihre eigene Sexualität unter- und miteinander auslebten, war dem antiken Staat egal, solange die öffentliche Ordnung nicht beeinträchtigt wurde. Sklaven und Unfreie galten prinzipiell als unmündig und kamen ihr Leben lang nicht aus dem Stadium des *pais*, des »unfertigen« Kindes, heraus.

War der Freie also keinerlei Beschränkung in Bezug auf das Geschlecht der/des Penetrierten unterworfen, galt hingegen die passive Rolle für ihn als höchst unehrenhaft, als Zeichen von Machtlosigkeit und Verrat am System des Patriarchats. Verdächtigte konnten froh sein, wenn sich nur Hohn und Spott über sie ergossen, wozu die Komödie als beliebtes Medium fungierte. Über Kinaiden aus dem unfreien oder dem Metöken-Stand riss man garstige, aber letztlich gutmütige Witze und Zoten, aber wehe, ein erwachsener freier Bürger geriet in Verdacht. In Athen endeten dementsprechende Anklagen mit dem Verlust des Bürgerrechts, Einziehung des Vermögens und der Verbannung. Normwidrig und strafbar war also nicht der gleichgeschlechtliche Verkehr an sich, sofern er sich zwischen freiem Aktiven und unfreiem Passiven abspielte, sondern die freiwillige Übernahme des Kinaiden-Parts durch einen Freien. Denn dadurch geriet die männliche Machtordnung ins Wanken. Diese Rechtsvorschrift macht uns auch klar, dass es homosexuelle Partnerschaften von gleichberechtigten athenischen freien Bürgern offiziell nicht gegeben haben kann, obgleich sich die antiken Schreiberlinge in allerlei Verdächtigungen und Andeutungen tummeln. Auch Sokrates blieb davon nicht verschont (s. u.).

Moralische Wertvorstellungen von sexuell normal und anormal waren der Antike fremd. Manche Sexualpraktiken wurden zwar als wunderlich oder auch unzüchtig empfunden und auf Vasenbildern oder in der Literatur entsprechend grell karikiert, aber deswegen nicht als »widernatürlich« verurteilt. Solange der freie Mann das gesellschaftlich geforderte Diktat des aktiven Handelns befolgte, war alles Tun wertfrei und folgte der natürlichen und sozialen Norm. Asozial und staatsschädigend aber verhielt er sich, wenn er freiwillig seine ihm von der Natur eingeräumte Machtposition verließ und die – im Wortsinne – untergeordnete Rolle einnahm und sich auf die Ebene von Unmündigen, Frauen, Sklaven oder Kindern begab. Nur dies galt im antiken Sinne als »sexuell pervers«! Die Auswertung der Quellen zu diesem Thema führt zwar einerseits zu dem Ergebnis, dass männliche Prostituierte, Kinaiden und die sexuelle Ausbeutung von Sklaven im Athen des Sokrates zwar einerseits einen nicht zu unterschätzenden Anteil am maskulinen Triebleben einnahmen, dass aber andererseits der Sexualkontakt mit Frauen generell die weitaus vorherrschende Art und Weise des maskulinen Geschlechter-»Diskurses« (um den Begriff Foucaults zu verwenden) repräsentierte.

Wäre dem nicht so gewesen, wäre Aristophanes' Komödie ›Lysistrate‹ doch völlig ins Leere gelaufen. Die Quintessenz des Stücks ist der Ehestreik, in den Athenerinnen und Spartanerinnen treten, um durch Verweigerung des Liebesakts ihre Gatten zum Friedensschluss zu bewegen (Lysistrate bedeutet »Heeres-Auflöserin«). Keinem der Schauspieler, die bereits auf der antiken Bühne mit grotesk erigiertem künstlichem Riesen-Phallos herumwankten (ein beliebtes Accessoire auch bei modernen ›Lysistrate‹-Inszenierungen), gibt Aristophanes die Idee ein, sich gleichgeschlechtlich zu befriedigen. Offensichtlich lag den mittleren und unteren Schichten des Demos – das war des Aristophanes' sonst keiner Obszönität abgeneigte Fangemeinde – ein solcher Gedanke fern. Auch hier schimmert die soziale Komponente durch, denn »schöne und gute« Knabenliebe, sündteure Hetären und der kostenpflichtige Besuch von Prostituierten waren eher Phänome der Oberschicht und schon aus Kostengründen nicht auf den werktätigen und lohnabhängigen Teil des Demos übertragbar. ›Lysistrate‹ wortwörtlich genommen würde also bedeuten, dass der Großteil der athenischen Bürger in monogamen, auf ihre Ehefrauen beschränkten Beziehungen lebte.

Trotzdem: Aus dem bisher Gesagten ergibt sich, dass unser westlich-europäisches Modell der Sexualität mit seiner klaren Unterscheidung von männlich und weiblich, hetero- und homosexuell sich überhaupt nicht auf die Antike, auf Hellas und Athen, anwenden lässt. Daraus sind in der Forschungsgeschichte seit dem 19. Jahrhundert zahlreiche Missverständnisse entstanden. Die Gender-Forschung versucht gegenwärtig, die antiken Verhältnisse von Sexus und Gender, Macht und Ohnmacht, Aktivität und Passivität zu klären. Auf sie geht übrigens der nicht unpassende Begriff der »Phallokratie« als Bezeichnung der antiken Ordnung des Geschlechtslebens zurück.[32]

Zurück zum jungen Sokrates: Zwei Besonderheiten dürften ihn

damals von Gleichaltrigen seines Standes unterschieden haben. Seine außerordentliche Bildung befähigte ihn, an Diskussionen verschiedener Thematik teilzunehmen und sich mit den etablierten Sophisten zu messen. Dies machte ihn für höhere Kreise interessant. Die von Platon geschilderten Dialoge Sokrates' mit Protagoras dürften um die Jahre 445 und 444 stattgefunden haben. Damals befand sich der ungefähr 40-jährige Philosoph Protagoras auf dem Höhepunkt seiner Laufbahn, wirkte als Erzieher der beiden Söhne des Perikles und war infolgedessen häufiger Gast im Hause des Ersten Strategen und dessen Lebensgefährtin Aspasia. Sokrates fungierte in dieser Runde freilich zunächst nur als einer unter zahlreichen Zuhörern, Fragenden, Stichwortgebern und Diskutanten. Aber immerhin, im Bannkreis des großen Sophisten Protagoras wuchs er als 30-Jähriger in die Sphäre der Denker und »Philosophen« (wörtlich: Liebhaber der Weisheit) hinein.

Das andere Spezifikum ist folgendes: Für den freien Athener war es so selbstverständlich, als 25- bis 30-Jähriger zu heiraten und Nachkommen zu zeugen, dass dies in den Quellen in den meisten Fällen gar nicht eigens belegt wurde. Man war bestrebt, sich fortzupflanzen und sein Eigentum – seinen ererbten *oikos* – und seine gesellschaftliche Stellung über Generationen zu erhalten, denn ohne gleichberechtigte Nachkommen zu sterben bedeutete auch den sozialen Tod. Ehemündigkeit des Mannes war mit der Volljährigkeit gegeben. Den Kern des *oikos* bildete ein heterosexuelles Ehepaar. Ein solches ging aus langfristig vereinbarten Verträgen von Sippen hervor, aus materiellen Überlegungen zweier Familien, aber auch aus Zuneigung und Liebe. Um einen privilegierten Status vererben zu können, setzte das athenische Epigamie-(Heirats-) gesetz das Bürgerrecht beider Partner voraus. Ein nüchterner Vertrag regelte Rechte und Pflichten. Als rechtsgültig galt nur die Monogamie. Sie schloss Lebensgemeinschaften von Vollbürgern mit Metökinnen oder Sklavinnen zwar nicht aus, doch wurde Kindern aus diesen Verbindungen das Bürgerrecht vom Staat rigoros verwehrt.

Dass Sokrates – nach den uns vorliegenden Zeugnissen – jedoch während seiner *vita activa* zwischen 20 und 40 unvermählt blieb, hat ihn von Gleichaltrigen deutlich unterschieden. Denn Ehelosigkeit war kein erstrebenswertes Ziel und galt als keineswegs gottgefällig. Sokrates selbst, immerhin ein Zeugit, mit einem kleinen Vermögen ausgestattet und berechtigt, von der Polis Tagesgelder zu beziehen, hatte doch durchaus etwas zu vererben. Und Töchter aus freiem Hause, die sogar noch Vermögen mitbrachten, gab es genug.

Der Begriff des *oikos* (Mehrzahl *oikoi*) ist uns schon mehrfach begegnet. Er ist zentral für das Verständnis der griechischen Polis und bezeichnet die enge Lebens-, Wirtschafts- und Rechtsgemeinschaft einer Familie bzw. Sippe. Mehrere *Oiken* bildeten eigene Kultgemeinschaften, Nachbarschaftsbünde oder Phratrien (Bruderschaften). Diese wiederum setzten sich zu Phylen (Stämme, Bezirke) zusammen, von welchen es in Athen zehn gab. Der Staat verstand sich als dicht verwobenes Netzwerk aller *oikoi* zum Schutz gegen äußere Bedrohung und zur Wahrung des inneren Friedens. So ließen nicht so sehr die mitunter verqueren Gedankengänge, sondern seine Unbeweibtheit und das Fehlen eines Hausstandes Sokrates in den Augen der Zeitgenossen zuallererst als Sonderling und Kauz erscheinen. Der Verlust bzw. Verzicht auf einen eigenen Haushalt kam einer sozialen und politischen Deklassierung gleich.[33]

Machtrausch und Krieg

Athens Prosperität erreichte in dieser Zeit ihren Zenit. Doch die innergriechischen Widersprüche ließen sich nicht länger unterdrücken. Da war einerseits das Attische Seereich, dessen Mitglieder – selbstbewusste und wohlhabende Poleis wie Samos – gegen die immer unverhüllter auftretende Suprematie Athens aufbegehrten, und da schwelte seit langem subtil, aber dominierend der alte Antagonismus zwischen Sparta und Athen. War Athen zu übermütig geworden? Wieso bedrohte Perikles seine schwankend gewordenen Bundesgenossen mit Vernichtungskrieg und Versklavung von Frauen und Kindern? Die Insel Samos wehrte sich 441 gegen die Bevormundungen und wurde von Perikles' Flotte belagert und erstürmt. Über ihre Bürgerschaft brach 439 ein gnadenloses Strafgericht herein. Auch Sokrates soll »als junger Mann« zusammen mit dem gleichaltrigen Anaxagoras-Schüler Archelaos längere Zeit auf Samos geweilt haben. Waren sie Teilnehmer dieser Flottenoperation? Er wäre dann knapp über 30 Jahre alt gewesen, also im besten Hopliten-Alter.

Warum suchte Athen nach der Niederwerfung des samischen Aufstands und der Einschüchterung der Verbündeten Streit mit dem benachbarten Handelszentrum Korinth, mit dem man sich doch bisher trotz aller Handelskonkurrenz ganz gut arrangiert hatte? Wieso trieb man diese reiche Stadt in die Hände der Spartaner? Das ganze im Vertrag von 445 fein abgestimmte griechische Bündnissystem geriet dadurch aus den Fugen. Sicher, Sparta war eine formidable Militärmacht, immer unter Waffen stehend, immer exerzierend, aber nicht expansionistisch. Solange das eigene Territorium, im Wesentlichen der Peloponnes, nicht von fremden Mächten tangiert wurde, verhielt sich Sparta unaufgeregt und ruhig. Anders Athen. Die kleinste Unterbrechung der Handelsströme konnte schnell zur Krise ganzer Wirtschaftszweige führen. Man war verwundbar und von der Verbindung nach außen abhängig. Perikles wusste dies. Was war dann der Grund für die sich verschärfende provokative Außenpolitik? Wartete er auf einen günstigen Augenblick, um in einem Präventiv-Krieg Sparta und den Peloponnesischen Bund niederzuwerfen, um Athen endlich unangefochten die Hegemonie über ganz Hellas zukommen zu lassen? Schon die Zeitgenossen waren sich uneinig über Perikles' Ziel und entsprechend umstritten war seine Kriegspolitik in Athen und selbst bei der eigenen demokratischen Klientel.

Nicht zu übersehen waren die Auflösungstendenzen innerhalb der athenischen Bürgerschaft, in der die alten Narben zwischen Oligarchen und Demokraten wieder aufrissen. Der Erste Stratege überschritt das 60. Lebensjahr und hob sich immer mehr vom Alltag ab. Böses Blut machte sein illegitimes Zusammenleben mit der angeblichen Halbwelt-Dame Aspasia aus Milet, deren Einflüsterungen man alles Mögliche, ja selbst den Krieg gegen Samos, zuschrieb, und misstrauisch beäugte man seinen Umgang mit den blasierten Intellektuellen Protagoras, Anaxagoras und auch diesem seltsamen Sokrates. Neue Führungspersönlichkeiten erhoben sich auf konservativer und demokratischer Seite und dazwischen eine schillernde Figur namens Alkibiades, ein begabter, aber skrupelloser Alkmäonidenspross. Klar ersichtlich ging die attische Demokratie im Inneren turbulenten Zeiten entgegen. Haben nicht schon immer angeschlagene Regierungen innenpolitische Schwierigkeiten mit außenpolitischen Abenteuern zu kompensieren versucht? Bis heute sind jedenfalls die Diskussionen über die Ursache des Peloponnesischen Krieges nicht zum Ende gekommen.

Dem eigentlichen Kriegsausbruch gingen Seegefechte mit den Korinthern voraus. Potidaia, eine kleine, ursprünglich von Korinth gegründete Polis auf der Chalkidike, erklärte 432 seinen Austritt aus dem Attischen Seebund und wurde postwendend von einem athenischen Expeditionsheer zu Wasser und zu Lande eingeschlossen. Und mit dabei war auch Sokrates. Platon lässt ihn im Dialog ›Charmides‹ selbst davon berichten und im ›Gastmahl‹ schildert Alkibiades, wie Sokrates ihm, nachdem er verwundet worden war, beistand und ihn gerettet habe. Und als die Befehlshaber nach dem Treffen ihm, dem Alkibiades, aus dem alleinigen Grund seiner Vornehmheit einen Ehrenpreis zuerkannten, habe er ihn vergeblich an Sokrates weiterreichen wollen. Seit diesem Ereignis entstand eine tiefe, aber, wie wir sehen werden, bittere Freundschaft zwischen dem damals 38-jährigen Sokrates und dem vielleicht 20-jährigen Alkibiades.

Der Schlachtbeschreibung von Potidaia zufolge kämpfte Sokrates als Hoplit, als Fußkrieger innerhalb einer Phalanx. Die *phalanx* (Riegel, Balken) war die gängige griechische Schlachtordnung seit dem 6. Jahrhundert. Gestaffelt in mehrere hintereinander marschierende Schlachtreihen, bildeten die Kämpfer mit den Schilden eine »eherne Mauer«, warteten den feindlichen Anprall ab oder bewegten sich langsam auf den Feind zu. Körperstärke war wichtig (die gestand man selbst Barbaren zu), als ausschlaggebend aber erwiesen sich innere Konzentration, Disziplin und Rhythmus – und das lernte man nur auf den griechischen Gymnasien. Für Perser oder andere »Barbaren« waren griechische Schlachtreihen unüberwindlich, traten Griechen gegen Griechen an (wie im folgenden Peloponnesischen Krieg), siegte tatsächlich die Überzahl oder die bessere Taktik. Als Sieger galt, wer den Gegner vom Schlachtfeld verdrängte und das »Feld behauptete«. In einem solchen Fall hielten sich die Verluste in Grenzen, da die Verlierer geordnet abrücken konnten. An Verfolgung des geschlagenen Gegners war wegen der schweren Ausrüstung nicht zu denken und sie galt auch nicht als ehrenhaft. Wurde aber die gegnerische Phalanx, oder gar beide, aufgerissen und durchbrochen, lösten sich die Schlachtreihen in Einzelkämpfe auf. Unter diesen Umständen entstanden blutige Gemetzel mit einer hohen Rate von Todesopfern.

Den Körper schützte der Hoplit mit dem Thorax, dem bronzenen Brust- und Rückenpanzer, die Unterschenkel mit Beinschienen. Aus den erhaltenen Rüstungen können wir auf eine durchschnittliche Körperhöhe der griechischen Streiter von 160 bis 180 Zentimetern schließen, eine Größe, welche die heutigen mediterranen männlichen Maße um glatte zehn Zentimeter übersteigt. Für die Lendengegend und die Oberschenkel, die vom Schild geschützt wurden, genügte ein Lederrock. Den Kopf bedeckte ein Helm aus Bronze mit Augen- und Nasenschutz (Visier). Der in der Linken gehaltene etwa 10 bis 15 Kilogramm schwere Rundschild bestand aus konkav gebogenem Eichenholz und war außen mit Metall beschlagen. Seine griechische Bezeichnung *hoplon* wurde namengebend für die »Hopliten«. Beliebt war als apotropäisches (unheilabwehrendes) Motiv das außen angemalte Haupt der Gorgo (lat. Medusa, Schlangenhaupt). Durch Helm, Rüstung und Schild war der Hoplit hinreichend gegen Fernwaffen (Pfeile, Schleudersteine) und gegen indirekte Schläge und Stiche im Nahkampf geschützt. Der Speer mit Eisenspitze bildete die Hauptwaffe, die aber nicht geworfen, sondern wie eine Lanze verwendet wurde. Mit 2 bis 2,4 Metern Länge überragte er die Kämpfer. Man stieß, stach, parierte und focht damit. Das am Gürtel hängende Hiebschwert mit breiter Klinge kam dagegen erst nach dem Verlust der Lanze zum Einsatz.

Die geschilderte schwere Schutzbewaffnung traf allerdings nur auf die ersten drei Schlachtreihen zu, in denen die *promachoi* (Vorkämpfer), Berufskrieger und Erfahrene kämpften. Hier wollen wir Sokrates, dem Ausspruch Alkibiades' zum Trotz, der Philosoph sei ein gewaltiger Krieger gewesen, nicht vermuten und das hat die Bürgerschaft von ihm auch gar nicht erwartet. Er wurde in die hinteren Schlachtreihen eingeteilt. Dort begnügte man sich mit einem Lederkoller und einer Kopfbedeckung aus dickem Filz, unabdingbar blieben aber Schild und Speer. Direkte Feindberührung war hier selten, doch kam den leichter Bewaffneten die Aufgabe zu, verwundete *promachoi* (zu denen Alkibiades zählte) aus den vorderen

Reihen zu bergen und aus dem Getümmel herauszuziehen. Sokrates hat dies mit großer Tapferkeit getan.[34]

Wie jeder Vollbürger aus der Zeugiten-Klasse hatte Sokrates selbst für seine Kriegsausrüstung aufzukommen. Große Probleme bereitet heutigen Historikern freilich die In-Wert-Setzung bezüglich der damaligen Lebenshaltungskosten. Sicher gab es beträchtliche Qualitäts- und, wie wir gesehen haben, auch Quantitätsunterschiede. Erhalten haben sich bis heute meist aufwändig gestaltete, künstlerisch verzierte und daher sehr teure Prunkharnische, -helme und -waffen der Offiziere und der Oberschicht. Der Kaufpreis einer normalen Hoplitenausrüstung wird hingegen auf 30 bis 100 Drachmen geschätzt, wobei für einen leichter Bewaffneten wie Sokrates eher der untere Wert zutrifft. Wenn wir bedenken, dass ein Facharbeiter beim Bau der Akropolis eine Drachme pro Tag erhielt, so hielt sich der Aufwand in Grenzen, auch wenn wir damit rechnen müssen, dass nach jedem Kriegseinsatz Reparaturen oder Neuanschaffungen notwendig waren. Zum Vergleich: Ein Stier kostete etwa 50 Drachmen, Schuhwerk sechs bis acht und ein guter wollener Umhang *(Himation)* war für zehn Drachmen zu haben. Auch verteilten staatliche Arsenale recht freigebig Beutewaffen oder stellten das eingeschmolzene Material zur Verfügung. Hinsichtlich Sokrates dürfen wir vermuten, dass ihn seine begüterten Freunde und Schüler nicht mit Schrottware in die Schlacht ziehen ließen. Weniger Probleme bereitete die Verpflegung, für die der Hoplit die ersten drei Tage im Feld selbst aufzukommen hatte. Der Grieche begnügte sich mit Gerstengrütze, Trockenfisch, Oliven und Zwiebeln, Wein wurde in Ziegenbeuteln mitgeführt. In der Regel wurde im Hochsommer gekämpft; demnach war der Zugang zu Quellwasser lebenswichtig.[35]

Philosoph in der Phalanx

Potidaia war nur ein Anlass unter vielen, den endgültigen Funken zum gesamtgriechischen Konflikt zu zünden, und so entstand mit den Kriegserklärungen Athens und Spartas im Jahr 431 der »Peloponnesische Krieg«, der erst 404 mit der athenischen Niederlage beendet sein wird. Wir sind über diese Zeit durch das grandiose

Geschichtswerk des Zeitgenossen Thukydides bestens informiert. Zum ersten Mal ließ hier ein Geschichtsschreiber das Walten der Götter weg, bemühte sich um Objektivität und beschränkte sich auf das menschliche Handeln und die zeitliche Abfolge der Ereignisse. Berühmt ist seine Analyse, in der er die äußeren Anlässe zum Krieg von der tieferen Ursache schied. Obwohl überzeugter Athener, enthielt sich Thukydides jeglicher Schuldzuweisung. 30 Jahre dauerte das Ringen, wobei nicht jedes Jahr mit Schlachtenlärm angefüllt war. Kürzere Perioden intensiver Aktivität wechselten sich mit langen, bleiernen Zeiträumen der Untätigkeit und des Wartens ab.

Die Athener reagierten gespalten auf den Kriegsentschluss ihres Ersten Strategen. Ein Teil solidarisierte sich, doch ein anderer sah nun die Zeit gekommen, Perikles zu stürzen und einen Machtwechsel herbeizuführen. Schon seit einiger Zeit versuchten seine Gegner ihn zu isolieren, indem sie seine engsten Berater und Freunde »demontierten«. Anaxagoras musste vor ihnen aus Athen fliehen und selbst der große Protagoras verließ die Stadt, als er mit einer Anklage wegen *Asebie* (Gottlosigkeit, Zersetzung) bedroht wurde und ein Haufen »Unbekannter« seine Schriften auf der Agora ins Feuer warf. Ein Klima kleinbürgerlicher Intoleranz breitete sich aus, gefördert nicht wenig durch Aristophanes' Komödien und Satyrspiele, die Perikles und seinen Kreis bösartig verspotteten. Vielleicht ist damals bereits Sokrates, auch er ein Nonkonformist, ins Visier gewisser Kreise geraten. Der geniale Phidias wurde genau zu Beginn des Krieges der Veruntreuung von Gold, das für die Athene-Statue bestimmt war, beschuldigt und wich nach Olympia aus. Selbst vor Aspasia, Perikles' Lebensgefährtin, machten die Dunkelmänner nicht Halt, konnten vom Strategen aber noch in die Schranken gewiesen werden. Allein, die Tatsache, dass seine persönlichsten Beziehungen an die Öffentlichkeit gezerrt wurden, höhlte seine Autorität so weit aus, dass er nun selbst angreifbar und 430 zum Rücktritt gezwungen wurde – nur um ein halbes Jahr später (429) reumütig ins Amt zurückgeholt zu werden.

Der Staatsstreich fand in einer höchst angespannten Situation statt. Denn vor der drohenden Invasion der zu Lande überlegenen Spartaner hatte Perikles die Evakuierung der gesamten attischen Landbevölkerung mit ihrem Vieh und der beweglichen Habe zwischen die Langen Mauern angeordnet. Infolge der Verdreifachung der Menschenzahl, blökender Ziegen- und Rinderherden herrschte in ganz Athen drangvolle Enge mit all ihren Begleiterscheinungen. Die weitaus schlimmste Heimsuchung aber war die Pest (nach moderner medizinischer Anschauung Typhus, der aus dem Nildelta eingeschleppt wurde), die sich unter den Eingeschlossenen rasend schnell ausbreitete. Ein Drittel der Gesamtbevölkerung soll von der tödlichen Infektion hingerafft worden sein. Sokrates befand sich damals noch bei der Belagerung Potidaias, die erst 429 mit der Kapitulation endete, und blieb so von der Seuche verschont. Er war 41 Jahre alt. Unter den Opfern aber befand sich im Sommer 429 auch Perikles. Eine Ära war unwiederbringlich zu Ende. Der Traum der Klassik vorbei.

Unter Perikles' Nachfolger Kleon, einem reichen Gerberei-Besitzer aus der Schicht der demokratischen Emporkömmlinge (der infolgedessen vom Aristokraten Thukydides sehr unsympathisch geschildert wird) zog sich der Krieg ohne Entscheidung dahin. Athen blieb auf dem Lande defensiv, igelte sich hinter seinen mächtigen Wehrmauern ein und ging auf dem Meer in die Offensive. Sparta handelte umgekehrt, beherrschte zwar bald das Festland, wagte aber nicht auf die Ägäis überzugreifen. Eine lähmende Pattsituation entstand, die Athen aufgrund seiner immer noch reichen Finanzmittel besser durchstand. Erst gegen Ende der zwanziger Jahre kam Bewegung in die Kriegführung. 425 gelang es Kleon, bei Pylos ein spartanisches Elitekorps von 120 Vorkämpfern einzukreisen und gefangen zu nehmen. Ein unerhörter Vorgang, den die Athener mit dem Bau des zierlichen Marmortempels der Nike am Eingang zur Akropolis zu Ehren der siegreichen Stadtgöttin feierten.

In zwei Schlachten, 424 bei Delion an der böotischen Ostküste und zwei Jahre später in Amphipolis an der thrakischen Küste, empfingen die Athener jedoch empfindliche Niederlagen. Und unter den athenischen Hopliten finden wir wiederum Sokrates, einen Mann, der zu dieser Zeit auf die 50 zuging. Über seinen Einsatz bei Delion berichtet der damalige Befehlshaber Laches, dass Sokrates' Ruhe und Besonnenheit den geordneten Rückzug des restlichen Heeres ermöglicht habe. Auch Alkibiades, der bei den Reitertruppen diente, bestätigte, dass Laches und Sokrates umsichtig und tapfer den Rückmarsch gesichert hätten. Auffallend ist, dass der einfache Hoplit Sokrates an der Seite des Offiziers Laches schritt und dass er, wie Alkibiades betonte, »in schwerer Rüstung« einherging. Kann es sein, dass Sokrates in den vergangenen Jahren einen höheren militärischen Rang erreicht hat und als voll geharnischter Hoplit in einer der ersten Schlachtreihen stand? An Muskelkraft hat es ihm, dem ehemaligen Steinmetzen, sicher nicht gefehlt, wie auch die Bildnisse auf einen gedrungenen, kompakten Körperbau schließen lassen. (Der Eigenname Sokrates leitet sich aus dem griechischen *sos*, stark, und *kratos*, Macht, Gewalt, ab.) Wir sollten ferner bedenken, dass die Griechen Gymnastik, Sport und Leibesübungen als Vorrecht des freien Mannes ansahen und bis ins hohe Alter betrieben. Einer allerdings nicht zeitnahen, sondern spätantiken Überlieferung zufolge hat Sokrates im Gefecht bei Delion zudem den vom Pferd gestürzten Xenophon gerettet. Über Sokrates' aktive Teilnahme an der späteren Entscheidungsschlacht von Amphipolis im Herbst 422 berichtet Platon in der Verteidigungsrede seines Lehrers, ohne indes näher darauf einzugehen. In diesem Kampf fielen Kleon und sein spartanischer Widersacher, was den Weg zu einem ersten Kompromiss zwischen den beiden Machtblöcken frei machte. Nach dem Unterhändler auf athenischer Seite, dem Oligarchen Nikias, einem schwerreichen Montanunternehmer, spricht man vom 421 geschlossenen Nikias-Frieden.[36]

Alkibiades: Heroik und Schizophrenie

Der Waffenstillstand des Nikias löste kein Problem, sondern besiegelte den Status quo ante, was faktisch dem Prestige Athens zukam. Schon nach wenigen Jahren gewannen die Stimmen, die auf Revanche sannen, in beiden Staaten die Oberhand. Athen erlebte in diesen Jahren den Aufstieg des Alkibiades (um 450–404), der uns im Zusammenhang mit Sokrates schon begegnet ist. Alkibiades hatte freilich einen ganz anderen sozialen Hintergrund als der Steinmetz-Philosoph. Er entstammte der altehrwürdigen und begüterten Familie der Alkmäoniden, der ersten Klasse Athens, und wuchs im Haus seines Onkels Perikles auf. Eine teure Erziehung brachte ihm sophistisches Gedankengut nahe. Plutarch, dem wir eine ausführliche

Lebensbeschreibung verdanken, schildert ihn einerseits als hochbegabt und gewinnend, andererseits jedoch als hochmütigen, skrupellosen Machtmenschen, maßlos in jeder Hinsicht und mit häufigem Kontrollverlust. Beide Seiten seiner – offensichtlich gespaltenen – Persönlichkeit vermochten die Zeitgenossen zu faszinieren. Seine Tapferkeit stand außer Frage, wenn sie auch manchmal an Tollheit grenzte. Überlegte Gedankengänge wechselten sich ab mit unbeherrschtem oder wirrem Dahergerede.

Unglaubliche Gerüchte betrafen sein Privatleben, man munkelte über – selbst für athenische Verhältnisse – ausschweifende Symposien mit den teuersten Hetären der Stadt, homo- und bisexuelle Orgien, Inzest mit seiner schönen Schwester und Religionsfrevel. Die sexuellen Exzesse nahmen so überhand, dass Alkibiades' Frau Hipparete beim Rat die Scheidung einreichte, was Alkibiades mit List und Tücke zu unterbinden wusste, um nicht ihrer Mitgift verlustig zu gehen. Wir können diese Anekdoten von moderner Warte aus kaum einschätzen, insbesondere wissen wir nicht, inwieweit damit der Rahmen des »Normalverhaltens« der athenischen *happy few* überschritten wurde. Reichtum und Freigebigkeit bescherten ihm auf alle Fälle einen breiten Freundes- und Unterstützerkreis.

Seitdem er in der Schlacht von Potidaia (432) Seite an Seite mit Sokrates gestanden hatte, hegte Alkibiades eine tiefe Zuneigung zu dem etwa 18 bis 20 Jahre älteren Philosophen, suchte seinen Rat, lud ihn ein und zählte sich zu seinen Schülern. Wie Sokrates darauf reagierte, wissen wir nicht – jedenfalls war er nicht direkt abweisend. Bei Sokrates' Biographen Platon und Xenophon finden wir nämlich keine Hinweise auf die dem Alkibiades zugeschriebenen Absonderlichkeiten. Im ›Gastmahl‹ lässt Platon ihn zwar bekränzt wie Dionysos und reichlich angetrunken in die Runde platzen, seine ihm von Platon in den Mund gelegte Lobrede auf Sokrates aber zeugt von Esprit und genauer Menschenkenntnis seines Philosophenfreundes. Ironisch zählt Alkibiades seine, des stadtbekannten Schönlings, Annäherungsversuche an den verehrten älteren Freund (dessen Aussehen er mit einem Satyr vergleicht) auf und lässt dabei auch eine durchaus anzügliche homosexuelle Komponente mit einfließen. So bezeichnet er sich selbst als Liebling, Sokrates als Liebhaber und schildert den versammelten Trinkgenossen von seinem letzten Versuch, Sokrates aufs gemeinsame Lager zu ziehen. Obgleich er im gleichen Satz bedauernd mitteilt, dass Sokrates diese Avancen launisch und ohne darauf einzugehen über sich ergehen ließ, haben neuere Autoren/innen daraus ein Schwulenpärchen Alkibiades-Sokrates konstruiert. Dabei tritt die textliche Satire doch unverhüllt zu Tage. Alkibiades wusste um die Kolportagen, die seine angeblichen homosexuellen Vorlieben betrafen, und ironisierte sich vor dieser dröhnenden Trinkrunde selbst, indem er den *eromenos* des Sokrates zu spielen vorgab. Natürlich handelt es sich hierbei um eine Parodie Platons auf dem Hintergrund, dass Sokrates den schizophrenen Charakter Alkibiades' erkannt hat und ihm bei aller Freundschaft doch misstrauisch gegenüberstand. Denn Alkibiades zählt – und durch das Folgende wird der Leser darin bestätigt – im Urteil der Nachwelt zu den umstrittensten »Großen« der Weltgeschichte.[37]

Diesem Mann vertraute die athenische Bürgerschaft also nach 421 das Amt des Ersten Strategen an. Wahltaktisch bediente er sich des radikalen Flügels der Demokraten, ging aber auch Bündnisse mit seinem wenig profilierten oligarchischen Gegner Nikias ein. Planmäßig bereitete Alkibiades den nächsten Waffengang mit Sparta vor. Den Bundesgenossen wurden die Tribute um bis das Zehnfache erhöht und bei Nichtzahlung schwerste Sanktionen in Aussicht gestellt. Auf welche Weise er den Krieg zu führen gedachte, demonstrierte er der geschockten hellenischen Welt am Beispiel Melos. Diese kleine Kykladeninsel hatte sich bisher neutral und möglichst unauffällig nach allen Seiten hin verhalten. Nach einem bewusst zu kurz bemessenen Ultimatum, ins attische Seereich einzutreten, eroberte Alkibiades Melos, ließ sämtliche Bürger als Verräter über die Klinge springen und Frauen und Kinder in die Sklaverei verkaufen. Ein derartig brutales Vorgehen war unter Hellenen bisher nicht üblich gewesen. Thukydides hat darüber seinen berühmten ›Melier-Dialog‹ über das Verhältnis von Recht und Macht verfasst.

Alkibiades' weiterer Kriegsplan sah vor, den Peloponnesischen Bund weiträumig einzukreisen. Im Westen sollte dazu die großenteils griechisch kolonisierte Insel Sizilien mit der mächtigen Handelsstadt Syrakus in den athenischen Hegemonialraum eingegliedert werden. In der Theorie mag die Strategie genial geklungen haben, in der rauen Wirklichkeit überforderte sie Athens Mittel, trotz des immer noch gut gefüllten Schatzhauses der Athene, bei weitem. Gewaltige Rüstungen wurden ins Werk gesetzt, die Werften im Piräus erhielten neue Aufträge und setzten die Theten in Arbeit und Lohn. Vor der Volksversammlung setzte Alkibiades nicht zuletzt mit ihrer Hilfe gegen den zaudernden Nikias seine Kriegspolitik durch. Die Siegesgewissheit des charismatischen Demagogen Alkibiades griff auf die Athener in einer Weise über, dass man bereits den zu erwartenden Landgewinn und die unermessliche sizilische Beute untereinander aufteilte. Das Oberkommando über die kombinierte See- und Landoperation ließ Alkibiades, ein intriganter Schachzug, seinem Gegenspieler Nikias übertragen. So sammelte sich eine imponierende Flotte aus 134 Triremen mit einer Besatzung von 20 000 Mann, dazu 5 100 schwergerüstete und 1 300 leichter bewaffnete Hopliten an Bord, im Piräus und im Saronischen Golf. Sokrates war nicht mehr dabei. Mit 55 Jahren unterlag man zwar noch der Wehrpflicht (bis 60), wurde aber nur noch in Ausnahmefällen einberufen. Und freiwillig hat er sich wohl nicht gemeldet, denn eine Quelle bezeugt uns, dass er gegen das ganze Unternehmen gestimmt hat.[38]

Kurz vor dem Signal zum Aufbruch der Streitmacht im Sommer des Jahres 415 ereignete sich in Athen jedoch Seltsames: Der so genannte »Hermen-Frevel«! Hermes war den Griechen ein sehr vielseitiger Gott. Er betreute die Reisenden, die Kaufleute und die Boten, wurde in Attika aber auch als Ersatz für eine uralte phallische Gottheit der Sexualität und der männlichen Potenz verehrt. In Athen und Attika traf man allenthalben auf Hermen-Standbilder. Dies waren aus Stein gehauene Hermes-Köpfe, die auf einem nur roh bearbeiteten Steinblock saßen. Diesen zierte ein entweder aus dem Stein heraus skulpturiertes oder aus dem Block ragendes männliches Glied. Solche halb- bis menschengroßen Hermen-Standbilder bewachten Haus-, Garten- und Feldzugänge und sollten Unheil und Eindringlinge abwehren. Das nordwestlich der Agora liegende Athener Stadtquartier hieß wegen der Fülle der Standbilder »Hermen«. In den Museen antiker Kunst finden wir heute eine fast unüberschaubare Menge dieser Denkmäler.

Wir dürfen also davon ausgehen, dass sie sehr populär und ein Teil des einfachen Volksglaubens waren und zu bestimmten Zeiten bekränzt und verehrt wurden. Eines Morgens des Jahres 415 trafen die

Athener jedoch eine Reihe verstümmelter, ihrer Männlichkeit beraubter Hermen an, was einen gewaltigen Aufruhr verursachte. Die Volksversammlung sah sich veranlasst, einen eigenen Untersuchungsausschuss zu bilden und Nachforschungen anzustellen. Wir sollten dabei bedenken, dass der alte Glaube an die olympischen Götter in der klassischen Zeit schon ins Wanken geraten war. Die rationale Lehre der Sophisten und, wie sich manch einer gedacht haben mag, auch die des neuen Stars Sokrates ließen sich mit dem unberechenbaren Treiben der Olympier nicht mehr vereinbaren, weshalb man in den höheren Gesellschaftskreisen die Hermen belächelt oder gar als obszön empfunden haben mag. Das einfache Volk aber hielt am überkommenen Glauben fest und betrachtete gerade die Hermen als ihre Schutzheiligen. Wer könnte also für diese Untat verantwortlich gewesen sein? Auch darüber hat sich die Althistorik breit ausgelassen. Besonders kurios klingen die bemühten Erklärungen deutscher Gelehrter des 19. und 20. Jahrhunderts, denen die *phalloi* peinlich waren und die daher von Verstümmelungen an Nase oder Ohren sprechen. Es muss jedenfalls mehr gewesen sein als ein »Bubenstreich übermütiger junger Leute« (Bengtson), dafür spricht schon der entscheidende Zeitpunkt vor dem Auslaufen der Flotte, Athens Stolz und Hoffnung.

Im einfachen Volk fiel rasch der Name der Alkibiades und seines illustren Freundeskreises. Über ihn waren ja Gerüchte über alle möglichen Perversitäten im Umlauf, ohne dass Alkibiades, hochmütig wie er war, dagegen eingeschritten wäre. Seine Trinkgelage, so sagte man, würden mitunter in Parodien auf die Eleusinischen Mysterien enden, für Gläubige ein ungeheurer Skandal! Alkibiades scheint sich aber erfolgreich gegen die Beschuldigungen des Hermen-Frevels gewandt zu haben, wobei der Verdacht bis zum heutigen Zeitpunkt nicht ausgeräumt ist.

Aber wer sollte denn just zu diesem Zeitpunkt Interesse gehabt haben, Theten und Zeugiten als die hauptsächlichen Hermen-Verehrer zu provozieren? Alkibiades, der aufgrund seiner vorhergegangenen Eskapaden damit rechnen musste, sogleich am Pranger zu stehen, sicher nicht, dazu war er trotz seiner schizoiden Persönlichkeit zu berechnend. Doch irgendjemand hat versucht, ihm diesen Frevel in die Schuhe zu schieben. Alles spricht dafür, dass es die

Gegner seiner wahnwitzigen Kriegspolitik (und dazu gehörte auch Sokrates) waren, die durch den Hermen-Skandal den letzten Versuch wagten, einen Umschwung herbeizuführen.[39]

Die Niederlage Athens

Vergeblich. Die Kriegsflotte lief 415 aus, um nie mehr wiederzukehren. Die ganze Expedition endete in einem furchtbaren Desaster. Man hatte alles unterschätzt, in erster Linie die Syrakusaner unter ihrem vom Volk verehrten (!) Tyrannen Hermokrates. Kriegsmaschinen und Katapulte, wie sie Athen, das geglaubt hatte, an der Spitze der technischen Entwicklung zu stehen, nie für möglich gehalten hatte, bohrten die athenische Flotte in den Meeresgrund. Die Überlebenden landeten als Sklaven in den Steinbrüchen von Syrakus. Eine ganze Generation verschwand. Nikias wurde gefangen genommen und 413 als Kriegsverbrecher in Syrakus hingerichtet.

Und Alkibiades? Selbstverständlich war er als Stratege 415 mitgesegelt. Doch dann erreichte ihn die Vorladung wegen des Mysterienfrevels und der Herabwürdigung des eleusinischen Demeter-Kultes, und er, der eigentliche Urheber des ganzen Sizilien-Unternehmens, wurde von der Volksversammlung zur Befragung nach Athen zurückbeordert. Doch wie reagierte der sonst so souveräne Demagoge? Er ging nach Sparta, zum Erzfeind, und zwar so, als ob alles vorher abgesprochen worden wäre! Hat demnach der Hermenfrevel doch den Interessen Alkibiades' genützt und war vielleicht von ihm inszeniert worden? Wir wissen es letztlich nicht, genauso wenig wie seine antiken und späteren Biographen. Alkibiades war bewusstseinsgespalten, einerseits demokratisch und andererseits aristokratisch gesinnt war. 413 jedenfalls weilte er in Sparta, betrachtete emotionslos die totale Niederlage seiner Heimatstadt und hatte offenbar nichts anderes im Sinn, als sein Augenmerk auf die spartanische Königsfrau zu richten.

Vielleicht lässt sich das Phänomen Alkibiades aus den unermesslichen Hilfsgeldern erschließen, mit denen das Perserreich die Spartaner anlockte. Die Achämeniden, das persische Herrschergeschlecht, geboten über Iran, das fruchtbare Mesopotamien und Kleinasien. Es handelte sich beileibe um keine Barbaren-Herrschaft, sondern sie standen in der Tradition der großen altorientalischen Kulturstaaten. Die Niederlage gegen die Hellenen war nur eine Episode gewesen. Mit den ionischen Küstenstädten in Kleinasien pendelte sich ein *modus vivendi* ein, der den Poleis ihre Autonomie garantierte und zu einem regen griechischen Kulturtransfer in den Nahen Osten führte. Militärisch ließ man die Hände von dem waffenstarrenden Hellas. Mit Geld, Intrigen, Schaukelpolitik, »Teilen und Herrschen« war viel mehr zu ereichen. Und sobald das Perserreich dazu eine Chance für sich sah, ließ es Gold und Silber sprudeln.

Eine solche Möglichkeit ergab sich nach der Niederlage Athens in Sizilien. Ohne Flotte war Athen schutzlos. Die meisten Bundesgenossen empfanden seine Herrschaft längst als Joch und traten auf die Seite Spartas über, das bereitwillig persische Hilfsgelder verteilte. In Athen kam es daraufhin, 411, zum innenpolitischen Umsturz. Wahl- und Mitspracherecht wurden auf 5 000 Bürger der oberen Klassen beschränkt, die einen neuen »Rat der 400« bestimmten. Damit war die Oligarchie ans Ruder gekommen. Ob sie als »Notstandsregierung« allgemein akzeptiert wurde oder ob es zu Straßenkämpfen mit den ausgeschalteten Demokraten kam, wissen wir nicht. Nahe liegend ist, dass Alkibiades, der im Auftrage der Spartaner und Perser in der Ägäis herumfuhr, um die athenischen Verbündeten zum Abfall zu bewegen, am Umsturz beteiligt war, erhoffte er sich doch die Rückkehr in seine Heimatstadt. Diese kam auch, aber nicht so, wie es sich die Oligarchen vorgestellt hatten.

Auf Samos rebellierte die athenische Marine gegen die Restauration der Oligarchie in Athen und erwählte sich, man glaubt es kaum, Alkibiades zum Führer. Und nun erfolgte der zweite große Verrat dieses Mannes, diesmal an Sparta, das ihm bereitwillig Aufnahme gewährt hatte. Zwei Niederlagen brachte die wieder aufgerüstete athenische Flotte unter seiner Führung seinen früheren Gönnern bei. 408 kehrte er, der fünf Jahre zuvor in Abwesenheit zum Tode verurteilt worden war, im Triumphzug und die Beute nach allen Seiten verteilend in seine Vaterstadt zurück. Dort hatten in der Zwischenzeit die Demokraten wieder die Oberhand gewonnen und der alten perikleischen Verfassung erneut Geltung verschafft. Was seit Jahren aber fehlte, war eine starke athenische Führungspersönlichkeit.

Alkibiades' Charisma muss beträchtlich gewesen sein, denn der neue demokratische Rat der 500 erteilte ihm beflissen den absoluten Oberbefehl über alle Streitkräfte. Erhoffte man sich von ihm Wunder? Oder hielt der kollektive Rausch, dem man sich zusammen mit ihm, dem Siegertyp, auf der Prozession von Athen nach Eleusis hingegeben hatte, unverhältnismäßig lange an? Illusionslos betrachtet wurde die Lage Athens doch immer aussichtsloser. Das persische Geld begann zu wirken, Stadt auf Stadt fiel ab und die besten Söldnertruppen und Rudermannschaften von ganz Hellas begaben sich in den Dienst der gut zahlenden Gegner. Immer mehr Handelsrouten waren blockiert. Die lebenswichtige Getreideeinfuhr aus dem Schwarzen Meer wurde abgeschnürt. Und im spartanischen Heer- und Flottenführer Lysander stieß der flatterhafte Alkibiades auf eine strategisch überlegene Gegenkraft. Schon nach einem Jahr war sein Ruhm zerronnen, als Athens Flotte eine – gar nicht so entscheidende – Niederlage erlitt. Inzwischen hatte jedoch schmerzhafte Ernüchterung die Bürgerschaft ergriffen. Man setzte Alkibiades ab und rollte seine Vergangenheit wieder auf. Und nun erfolgte dessen dritter, endgültiger Verrat: Alkibiades floh zuerst nach Thrakien und versuchte sich sodann erneut den Persern anzudienen. Damit war das Maß voll. 404 fiel er einem Attentat zum Opfer. Potenzielle Verantwortliche dafür hat es viele gegeben.

Im Sommer 406 stellten die Athener ihre letzte Flotte zusammen. Dazu wurden die noch im Parthenon verbliebenen Schätze ausgeräumt. Bei den Arginusen, einer Inselgruppe zwischen Lesbos (Mytilene) und dem Festland, errang man einen opferreichen Sieg. Diese Seeschlacht sollten wir uns merken, weil Sokrates hier eine Rolle gespielt hat, nicht als Kämpfer, sondern als Richter und Ratsherr (s. u. S. 83). Ein Jahr darauf folgte der Gegenschlag Lysanders, dem das gesamte Aufgebot Athens zum Opfer fiel. Bei den Aigospotamoi (den »Ziegenflüssen«) am europäischen Ufer der Dardanellen-Meeresstraße wurden die athenischen Streitkräfte restlos vernichtet. 3 000 Gefangene ließ Lysander als Vergeltung für vorhergehende Kriegsverbrechen hinrichten. Gleichzeitig rückte das spartanische Landheer in Attika ein. Athen war am Ende. Es war an seinem eigenen Machtüberschwang gescheitert.

Der Kapitulationsvertrag vom Mai 404 erlegte den Besiegten harte Bedingungen auf, bewahrte sie aber immerhin – auf spartanischen Einspruch – vor der endgültigen Auslöschung, wie es die von Rache erfüllten, ehemals von Athen abhängigen, unterdrückten und erpressten Kleinstaaten gefordert hatten. Das Seereich löste sich auf und damit die außen- und handelspolitische Bedeutung der Stadt. Wertvolle Güter, soweit sie überhaupt noch vorhanden waren, mussten ausgeliefert werden. Nur eine kleine Flotte wurde Athen zugestanden. Die Langen Mauern, Perikles' Symbol von Schutz und Trutz, mussten abgetragen werden. Auch die Demokratie hatte abgewirtschaftet. Im Innern brachen Kämpfe und Anarchie aus und die spartanische Besatzung unterstützte offen die Bestrebungen der Oligarchen, die Macht zu übernehmen. Aus allen Teilen der griechischen Welt kehrten die Verbannten und Emigranten zurück und feierten, wie Xenophon schreibt, »zu Musik von Flötenspielerinnen den Tag der Freiheit für Griechenland«. Etwa ein Viertel der attischen Bevölkerung war der Pest und den Kriegen seit 429 zum Opfer gefallen.

Zunächst kam es hingegen zu einem grausamen Zwischenspiel: der »Herrschaft der Dreißig Tyrannen«. Unter der Führung des Kritias (eines Bekannten des Sokrates, der uns noch beschäftigen wird) und wohlwollender Duldung Lysanders rissen im November 403 30 Putschisten die Macht an sich und errichteten ein furchtbares Schreckensregiment. Über 1000 Bürger fielen der Junta zum Opfer, meist Demokraten, aber auch kompromissbereite Vertreter der Oligarchie. Erst nach acht Monaten, im Mai 403, endete der Terror mit dem Tod des Kritias in Straßenkämpfen und der Verjagung seiner Anhänger. Eine Amnestie für kleinere Mitläufer der Wirren beendete den offenen Bürgerkrieg. 3 000 Bürger aus den oberen Zensusklassen wurden auserkoren, die zukünftigen Geschicke zu leiten. Aus ihrer Mitte wurde in periodischem Wechsel ein Gremium bestimmt, das den Staat nach außen und innen vertrat. Im Jahr 400 einigten sich die Parteien auf einen Kompromiss, indem man die alte Form der Demokratie restaurierte, den Spielraum für die vermögende Klasse aber beträchtlich erweiterte.[40]

Ein paar Stichworte müssen an dieser Stelle genügen, um die Ereignis-Geschichte Athens zu einem Abschluss zu bringen. Schon wenige Jahre nach der athenischen Kapitulation hatte sich nämlich das Machtgefüge im griechischen Raum wieder grundlegend verändert. Sparta geriet in die Defensive gegenüber anderen Poleis wie Korinth, die nun die Stelle der Athener einzunehmen trachteten. Entscheidend aber war, dass sich auch Reibungspunkte mit den Persern ergaben, die ihre Hilfslieferungen abrupt einstellten. Mit persischer Unterstützung war die Hegemonie Athens gefallen, jetzt war Sparta an der Reihe. Die Diplomatie des Großkönigs Artaxerxes wandte sich daher wohlwollend den griechischen Gegnern Spartas, darunter auch Athen, zu. In diesem Zusammenhang durften die Athener sogar wieder ihre Langen Mauern aufrichten und ihre Flotte auf Kampfstärke erweitern. Das Kalkül der Großmacht im Osten ging auf: Sparta und Athen, ja ganz Hellas, neutralisierten sich quasi gegenseitig. Zuletzt baten die Kontrahenten den Großkönig um Vermittlung. 387 (oder 386) diktierte Artaxerxes den »Königsfrieden«, der den Spartanern eine gewisse Führungsrolle überließ und den Athenern zehn Jahre später die Gründung eines Zweiten Attisch-Delischen Seebundes erlaubte.

Doch von irgendeiner Vormachtstellung konnte in beiden Fällen nicht mehr die Rede sein. Sparta, seit 60 Jahren in unaufhörliche Kämpfe verwickelt, hatte seinen militärischen Bogen bei weitem überspannt. Zuletzt wurde es von Theben, einer kleineren Mittelmacht, besiegt. Auch Athens politische und wirtschaftliche Kraft war unwiederbringlich verloren. Dafür stieg seine Attraktivität in kultureller Hinsicht. Der Parthenon und die anderen Großbauten der vorangegangenen Epoche wurden in der Folgezeit zum Reiseziel zahlreicher Prominenter und Herrscher. Darunter befand sich auch der makedonische König Alexander, der später als Alexander der Große (336–323) ganz Griechenland unter sich vereinigen und siegreich gegen Persien vorgehen wird. Gefragt blieben auch Athens Gymnasien, Palästren und die verschiedenen Ausbildungsorte der Philosophen. Der bis heute berühmteste war die um 385 ein paar hundert Meter außerhalb des Dipylontores gegründete Schule Platons. Nach dem dort in einem Hain verehrten Heros Akademos nannte er sie *akademia,* Akademie. Hier lehrte Platon die von seinem Lehrer Sokrates übernommene Denkmethode und Philosophie und gab sie über 2 400 Jahre an uns weiter.[41]

Und wie hat sich Sokrates in diesen turbulenten Zeitläuften des Peloponnesischen Krieges und seiner innerathenischen Nachwehen verhalten? Wir verfügen über nur wenige gesicherte Anhaltspunkte, können aber einiges zu seinem Leben und Wirken kombinieren. Um 445 bis 440 haben wir seine ersten Begegnungen mit dem Philosophen Protagoras und mit dem engeren Kreis um Perikles und Aspasia angesetzt. In der Folgezeit wurden die Beziehungen vertrauter, wenn wir der Überlieferung Glauben schenken, besonders zu Aspasia und ihren und Perikles' heranwachsenden Söhnen. Im Dialog ›Menexenos‹ wird Aspasia gar als die Lehrmeisterin von Perikles und Sokrates in der Rhetorik bezeichnet. Darin wird die berühmte Gefallenenrede des Perikles auf die Toten des attischen Krieges mit Samos erwähnt, die 431/30 gehalten wurde. Die entscheidenden Redewendungen dazu habe Aspasia formuliert und Perikles in den Mund gelegt.

Vielleicht erinnert die schöne Erzählung von Diotima, die Sokrates im platonischen ›Gastmahl‹ zum Besten gibt, an Aspasias intellektuellen Einfluss. Von Diotima, einer Priesterin aus Mantinea, berichtet Sokrates, sei er zum wahren »Eros« hingeführt worden, demjenigen Verlangen nach der Tugend, dem »Wahren, Guten und Schönen«, derjenigen Grundkraft, die den sterblichen Menschen mit dem Unsterblichen verbände. Wir können an dieser Stelle nicht weiter auf den sokratisch-platonischen Zentralbegriff des *eros* eingehen und verweisen auf die philosophische Literatur. Auf jeden Fall übernimmt Diotima im sokratischen Dialog den Part der Führerin bzw. Seherin, empor zur *theoria*, zur Schau der wahren Ideen, und damit zur Ideenlehre, dem zentralen Anliegen von Platons Werk (s. u. S. 156).[42]

Nach 445 war Sokrates also schon ein bekannter Gast im Hause des Staatslenkers. Auch scheint Sokrates mit dem Tragödiendichter Euripides in geistigem Austausch gestanden zu haben. Der späte Kompilator Diogenes Laertios zitiert dazu Aristophanes und andere Komödianten, die sich über die Mitarbeit Sokrates' an euripidischen Werken (»Euripides, durch Sokrates zurechtgezimmert«) mokieren. Die 431 zu den Panathenäen aufgeführte ›Medea‹ hat Sokrates we-

Abb. 3 Büste der Aspasia. Rom, Vatikanisches Museum

gen seiner Teilnahme am Krieg um Potideia (432–429) wahrscheinlich nicht gesehen, wohl aber ›Hippolytos‹ (428) und später die ›Elektra‹ 413.[43]

Diskussionen mit dem Sophisten Gorgias und seinen Anhängern, mit Witz und Verstand in geistige Höhen geschraubt, machten ihn weiter berühmt und führten ihm Schüler vorab aus der *jeunesse dorée* zu. In diesen Kreisen galt es offenbar als schick, sich zur Anhängerschaft dieses Sonderlings zu bekennen, der die arrivierten Sophisten mit scheinbar simplen Fragen in Verlegenheit brachte und

Symposien keineswegs abhold war. Dort hinterfragte Sokrates die Gewissheiten der Gegenüber und führte sie in die Aporie, die (Aus-)Weglosigkeit. Ob seine Gesprächspartner dann sein Resultat: »Ich weiß, dass ich nichts weiß« verstanden haben? Besonders auf »Junge Wilde«, die den rebellischen Gestus des »Bürgerschrecks« pflegten, hat Sokrates eine große Anziehungskraft ausgeübt.

Man traf ihn täglich im Lykeion, dem vornehmen Bezirk etwas außerhalb, nordöstlich der Stadt. Dort befanden sich ein schön gelegenes Apollon-Heiligtum und ein Gymnasion, wo er Leibesübungen trieb und badete. In der Wandelhalle versammelten sich die Schüler um ihre Lehrer. Die Anwesenheit der Sophisten und die des Protagoras selbst sprechen dafür, dass das Lykeion den ersten Platz unter den attischen Gymnasien einnahm. Auf dem Hippodrom nahebei übten sich die Reiter *(hippeis)*, die Jünglinge aus der Oberklasse. Im ›Gastmahl‹ heißt es, dass Sokrates sich den ganzen Tag im Lykeion aufgehalten und sich erst am Abend nach Hause zur Ruhe begeben habe. Die in modernen Romanen kolportierte Vorstellung, Sokrates sei quasi als höherer Penner disputierend auf den öffentlichen Plätzen der Innenstadt, der Agora und Stoa, herumgestrichen, ist demnach nicht haltbar.[44]

Nicht alle seine Trabanten waren ernst zu nehmende Interessierte und vermochten seiner Suche nach Erkenntnis überhaupt zu folgen. Die Schickeria lud ihn ein, um ihn »vorzuführen«, zum geistreichen Event und zum Amüsement. In der Hautevolee genossen Philosophen, sofern sie sich direkter politischer oder gesellschaftlicher Exegesen enthielten, eine Art Narrenfreiheit. Dies erlaubte ihnen auch Kritik und Persiflage, die freilich von den oberflächlichen Zuhörern meist sowieso nicht verstanden wurden. Sokrates war darauf bedacht, aktuelle und tagespolitische Themen zu umgehen. Er stellte auch keine vorgefassten Behauptungen auf, sondern brachte seine Hörer im Dialog durch Fragen dazu, selbst auf die Lösung eines Problems zu kommen, sich sozusagen selbst zu überzeugen. Er verglich diese Methode des behutsamen Hervorholens oder Entbindens der Erkenntnis mit der Tätigkeit einer Hebamme (Mäeutik), wie sie seine Mutter Phainarete gewesen war. Aus einem lockeren Gespräch entwickelte sich auf diese Weise ein konzentrierter Abtausch von Fragen und Antworten.

Nicht unbedingt führte die Dialektik zum Konsens oder gar zu einer allseits akzeptierten »Wahrheit«. Aber der Mittelsweg, der *methodos,* dorthin, und besonders die Mäeutik, verblüfften die Zuhörer und überzeugten sie ohne das Gefühl einer Herabsetzung oder Schmähung. Im Gegensatz zu den vor Gelehrsamkeit strotzenden Sophisten konnte man sich mit Sokrates unterhalten, ohne auf schulmeisterliche Präpotenz und allwissende Süffisanz zu stoßen. Langsam kristallisierte sich aus dem ungeordneten Haufen von intellektuellen Mitläufern, Wichtigtuern und Schwätzern um Sokrates herum ein engerer Kreis von ernsthaften Schülern und überzeugten Jüngern heraus. In dieser seiner Eigenschaft als Lehrer und Ratgeber, der sich seine Dienste bezahlen lässt, tritt uns Sokrates, wenn auch aufs Übelste persifliert, in der aristophanischen Komödie ›Die Wolken‹ gegenüber.[45]

Auch seine äußere Erscheinung mag gerade auf die »Guten und Schönen« faszinierend gewirkt haben, eben weil sie dem gängigen männlichen Schönheitsideal so offen widersprach. Alkibiades verglich Sokrates' Physiognomie (ironisch, aber mit Wahrheitsgehalt) mit der eines Silens oder Satyrs. Im Mythos folgen diese Mischwesen aus menschlichem Kopf und Oberkörper und dem Unterleib, dem Phallos, dem Schweif und den Hufen eines Hengstes dem Naturgott Dionysos. Einerseits sind sie trieb- und boshaft, besonders wenn sie auf schlafende Nymphen oder unbewachte Weinkrüge treffen, andererseits gelten ältere Silene als weise, abgeklärt und bewandert in Kunst und Musik. Die erhaltenen Marmorköpfe, welche Sokrates mit breiten Wangenknochen und flacher Stupsnase porträtieren, entsprechen diesem Bild. Sie dürften auf zwei Originalstatuen aus dem 4. Jahrhundert zurückgehen. Es gibt keinen Grund, an ihren individuellen Zügen zu zweifeln, wenn die beiden Bildhauer auch die »Ästhetik des Hässlichen« besonders hervorhoben.

Beträchtlich muss das Kraftfeld von Sokrates' persönlicher Aura gewesen sein. Als der junge Menon, ein Schüler des Sophisten Gorgias, sich in einem Disput über die Frage, ob Tugend lehrbar sei, in eine auswegslose Lage hineinmanövrierte, verglich er Sokrates mit einem Zitterrochen, der jeden, der ihn antaste, erstarren lasse. Diese elektrisch geladenen Mantafische verbreiteten großen Schrecken, solange die Fischer des Mittelmeeres ihre Beute noch mit

Händen aus den Netzen oder vom Angelhaken zogen, teilten sie doch bei Gefahr Stromschläge bis 220 Volt Spannung aus.[46]

Nach dem Tod des Perikles (429) änderte sich das geistige Klima in Athen. Mit den Geistesgrößen Anaxagoras, Protagoras und Phidias, die ins Exil getrieben wurden, gingen anregende Gesprächspartner verloren. Sokrates, der von der Volksmeinung unter die Sophisten gezählt wurde, blieb vorerst von Verdächtigungen verschont – vielleicht aber auch nur deshalb, weil er just zu dieser Zeit im Feld vor Potideia stand. Auch Aspasias intellektueller Salon existierte nicht mehr. Alkibiades, der sich zum neuen Gönner des Sokrates aufzuschwingen gedachte, war eine bewusstseinsgespaltene Persönlichkeit, was der Philosoph wohl schnell durchschaut hat. Und wie verhielt er sich zur Kriegspolitik, die Perikles begonnen, Kleon und schließlich Alkibiades bis zum bitteren Ende weitergeführt haben? Aus seiner aktiven Kriegsteilnahme als Hoplit auf Zustimmung zu schließen wäre verfehlt. Auch für Bürger, die sich in der Volksversammlung oder im Rat gegen eine Maßnahme ausgesprochen hatten, war es selbstverständlich, sich dem Mehrheitsbeschluss loyal zu beugen. Eine gewisse Zustimmung könnte vielleicht unsere oben genannte Vermutung bedeuten, Sokrates sei im militärischen Rang aufgestiegen. So lässt Platon ihn sozusagen von Gleich zu Gleich mit den Führungskadern Nikias und Laches konferieren. Beide entstammten der reichen Oberschicht und bekleideten wiederholt das Amt des Strategen. Mit einfachen Kriegern unterhielten sich diese Ränge in der Regel nicht, man musste schon in den Offiziersstand aufgestiegen sein, um mitreden zu können.

Ein Problem schien sich aber für Sokrates immer mehr in den Vordergrund geschoben zu haben. Die Kriegsjahre waren verbunden mit dem wirtschaftlichen Niedergang der Stadt, mit langsam, aber stetig sich auf alle Bevölkerungsschichten ausbreitender Knappheit und Mangel. Die Pest tat ein Übriges. Wer über einen *oikos* verfügte, konnte auf die Unterstützung der Sippe bauen, aber Einzelpersonen (griechisch *idiotai*) wie Sokrates gerieten schnell an die Grenzen ihrer Existenz. Sein mobiles Erbe war wohl längst aufgebraucht. Und in Zeiten gedrückter Verhältnisse saßen auch die Zuwendungen von Förderern und Schülern nicht mehr so locker wie ehedem. Die Einladungen von Freunden erfolgten seltener und das Speise-

und Weinangebot wurde karger. Sokrates behalf sich mit Bescheidenheit und Mäßigung, die er zur allgemeinen Tugend erhob. Zahlreiche Anekdoten beziehen sich auf seine Besitzlosigkeit, die er wie eine Standarte vor sich hertrug, indem er nur mit einem kratzigen spartanischen Wollkittel bedeckt und »unbeschuht« einherschritt. Bloßfüßigkeit »den Schuhmachern zum Trotz« scheint er für ein besonderes Markenzeichen erachtet zu haben. Auf der Agora pflegte er die Attitüde des ostentativen Konsumverzichts: »Wie zahlreich sind doch die Dinge, derer ich nicht bedarf!«. Ganz mittellos kann er freilich nicht gewesen sein, Xenophon gegenüber erwähnt er immerhin den Besitz eines Hauswesens und veranschlagt den Wert seiner Habe auf fünf Minen. Eine Mine wurde in 100 Drachmen unterteilt. Wenn wir die oben erwähnten Kosten in Geld umsetzen, hätte sich Sokrates davon 100 Paar Schuhe oder 200 ordentliche Mäntel beschaffen können. Aber vermutlich hat der gewitzte Philosoph dem gutgläubigen Xenophon, der übrigens nicht zum engeren Kreis seiner Jünger zählte, überhaupt einen Bären aufgebunden und seine wahren Besitzverhältnisse verschleiert. Kurz und gut, Sokrates war unvermögend, lebte aber nicht von der Hand in den Mund. Aber könnte es nicht sein, dass ihm eine Eheschließung und die Übernahme einer – auch noch so bescheidenen – Mitgift mit Blick auf die ungewisse Lage Athens ganz zupass gekommen wäre? Heben wir uns den Gedanken auf.[47]

Sokrates im »Wolkenkuckucksheim«

Mit der Aufführung der Komödie ›Die Wolken‹ *(nephelai)* im Jahr 423 stand Sokrates schlagartig im grellen Rampenlicht der athenischen Öffentlichkeit. Aristophanes pflegte »dem Volk aufs Maul zu schauen« und verfügte über ein feines Gespür für die wechselnden Meinungen, unterschwelligen Ressentiments und Vorurteile der Klein- und Spießbürger, seiner hauptsächlichen Zuschauer. Ein populäres Comedy-Sujet waren bekannte Zeitgenossen, die irgendwie aus der Reihe tanzten. Hatte Aristophanes sie einmal im Blick, wurden sie gnadenlosem Hohn und Spott preisgegeben. Sokrates' Ruf als sozial auffälliges Subjekt war in den vergangenen Jahren über die kleinen elitären Debattierzirkel und das vornehme Lykeion hinaus ins allgemeine Volksbewusstsein vorgedrungen. Er war prominent geworden, allerdings unter fatalen Vorzeichen. Schon seit langem schürten gewisse Kräfte den Verdacht, dass all die hochtrabenden Denker und Forscher die traditionellen Werte der Polis umwerten wollten, ja selbst den Götterhimmel in Frage stellten und entweihten. Und besonders die Jugend sei das Ziel ihres umstürzlerischen Handelns. Anaxagoras und Protagoras waren schon dem Volkszorn gewichen, – aber da war noch Sokrates, der neue Meister!

Aristophanes trieb ein höchst gefährliches Spiel, als er mit Sokrates eine neue Spottfigur auf die Bühne brachte. Dass er ihn als dünkelhaften Sophisten, »Meister der Halbwahrheiten und wortklauberischen Erhabenheitsschwätzer« missdeutet, mag dem inferioren Klischee entsprochen haben, von Infamie und vorsätzlicher Heimtücke aber zeugt die Präsentation des Sokrates als Leugner der Götter, der das Walten des Zeus mit ordinären Vergleichen in Abrede stellt. Die Zuschauer werden sich auf die Schenkel geklatscht haben, als der Bühnen-Sokrates in der Schlussszene »gerecht« verprügelt, ja sogar sein Haus, die »Denkerbude« *(phrontisterion)* abgefackelt wurde. Aristophanes als Autor muss sich jedoch im Klaren gewesen sein, wie leicht aus Scherz Ernst wurde und wie wohlfeil eine Anklage wegen *Asebie* – Gottlosigkeit – zu erheben war. Wollte er Sokrates ins Verderben stürzen, wie dieser selbst in seiner letzten Verteidigungsrede andeutete, oder beabsichtigte er ihn mit einer Art Holzhammer-Methode zu warnen? Das hätte Aristophanes' schrägem Humor durchaus entsprochen.[48]

Neben Aristophanes glaubte auch Ameipsias, ein sonst nicht weiter bekannter Schreiberling, Sokrates dem Gaudium des Publikums ausliefern zu dürfen. In seinem im selben Jahr inszenierten Lustspiel ›Konnos‹ hatte Sokrates das Vorbild für »den Besten von Wenigen, doch den größten Narren unter Vielen« zu geben. Auf jeden Fall wusste der Philosoph nun, woran er war. In der breiten Masse genoss er augenscheinlich keine Wertschätzung, im Gegenteil, man hielt seine Lehre für zersetzend und verderblich. In den gebildeteren Kreisen erfreute er sich zwar nach wie vor großen Respekts, doch die demokratische Ordnung brachte es mit sich, dass auch seine höhergestellten Freunde auf die Stimmung des Wahlvolks zu achten hatten. Die ersten gingen vielleicht jetzt schon auf Distanz zu ihm und mieden seine Begleitung in der Öffentlichkeit. Auf Sokrates muss dieser Tiefschlag, aller zur Schau gestellten Gleichmütigkeit zum Trotz, wie ein Schock gewirkt haben. Seine Kriegsteilnahme in Amphipolis im nächsten Jahr diente vielleicht auch dazu, sich aus der Schusslinie seiner Gegner zu bringen.

Der Niedergang der Polis blieb den Bürgern nicht verborgen. Nur mit Gewalt konnte das Seereich noch zusammengehalten werden. Durch die Unsicherheit der Seewege erlitten der Handel und das Exportgewerbe beträchtliche Einbußen. Der demokratische Konsens bröckelte. Konservative Kräfte führten das alles auf die Vernachlässigung der »guten und alten Religion« zurück. Unter Perikles und seinem philosophischen Zirkel hatte ein weltlicher, aufklärerischer Geist Einzug gehalten, der die alten Riten der Vorväter nicht mehr so ernst nahm. Doch nun entstand im Verlauf des unglücklichen Krieges eine religiöse Gegenbewegung, die das Heil der Polis in der Rückkehr zu den alten Göttern und Kulten suchte. Dafür existieren auch archäologische Zeugnisse. Der Parthenon erschien vielen Zeitgenossen in seiner rationalen Symmetrie und einschüchternden Monumentalität als reiner Zweckbau, als profanes Schatzhaus. Tief religiösen Gemütern fiel innerhalb seiner klaren Linien die Zwiesprache mit den Göttern schwer. So begann man um 420 mit dem Bau des Erechtheions auf der Akropolis. Dieser mehrgliedrig »zusammengeschachtelte«, ornamental reich dekorierte Tempelkomplex bildet alles in allem einen deutlichen Kontrapunkt zum nahe gelegenen Parthenon. Seine archaisierenden Bauformen spiegeln den Wunsch nach der »guten alten Zeit« wider. Die sechs wohlgestalten, jeweils sechs Meter hohen Koren (Frauen-Statuen) bilden bis heute den Blickfang dieses merkwürdigen Bauwerks. In ihrer Rechten trugen sie ursprünglich Trinkschalen und brachten stellvertretend für die Polis dem attischen Urkönig Kekrops ein ewiges Trankopfer dar. Sowohl die Koren-Statuen wie die uralten Stammesmythen um Erechtheus und Kekrops waren eine eindeutige Hommage an ein längst vergangenes Zeitalter.

Perikles und seine Epigonen waren vielen Athenern angesichts der üblen Lage unheimlich geworden. Von der Rückkehr der Stadt zu den alten Mythen versprach man sich Heil und die Wiederkehr der Gunst der Götter. Es muss eine immer mächtiger werdende

Bewegung gewesen sein, die dies forderte, ansonsten wäre der teure Bau des Erechtheions mitten im Krieg von der Volksversammlung nicht verabschiedet worden. Zusammen mit der wachsenden Rückbesinnung auf die alte Götterwelt verstärkte sich die Forderung nach der konsequenten Abrechnung mit allen Zweiflern und Neuerern und besonders mit jenen philosophierenden Wortverdrehern, die das göttliche Strafgericht über die Stadt anzogen wie Metall den Blitz.[49]

Das Gastmahl mit Sokrates: Suche nach dem Eros

Zum Fest der Lenäen im Januar/Februar des Jahres 416 errang der Tragiker Agathon mit seinem Bühnenstück den ersten Preis. Seine Werke sind uns nur fragmentarisch erhalten geblieben und wir wissen auch nicht, welches Drama ihm den Preis eingebracht hatte. Es war üblich, dass der Gefeierte seine engeren Freunde zu einem Symposion lud. Zu diesen zählten Sokrates und Aristophanes, die sich zusammen mit etlichen anderen im Hause des Preisträgers versammelten. Alkibiades stößt später dazu. Platon hat diese Zusammenkunft als Rahmenhandlung für sein berühmtes Werk ›Das Gastmahl‹ benutzt. Da er selbst zu dieser Zeit gerade elf Jahre alt und selbstredend nicht anwesend war, musste er sich später auf die Aussagen der Teilnehmer verlassen. Verfasst wurde das Werk in der mittleren Schaffensperiode Platons, etwa zwischen 370 und 360, auf jeden Fall lange nach dem tatsächlichen Ereignis. Wir sollten uns nebenbei daran erinnern, dass wir Platons Werke generell nicht als historische Dokumente zu Sokrates interpretieren dürfen. Platons Intention bestand nicht in der historischen Erinnerung, »wie es gewesen ist«, sondern in der Vermittlung philosophischer Inhalte. Die äußeren Umstände des Symposions – Anlass, Zeit, Ort – können wir aber getrost übernehmen. Und die Anwesenden? Auf Alkibiades' Präsenz und emphatische Rede wurde schon eingegangen, höchst verwunderlich indes erscheint das Zusammensein von Sokrates mit Aristophanes. Seit der Aufführung der maliziösen ›Wolken‹ waren zwar bereits sieben ereignisreiche Jahre vergangen, doch hätte man glauben können, dass das Verhältnis der beiden zumindest immer noch getrübt gewesen sei. Im ›Symposion‹ freilich disputieren sie zwar heftig, aber, wie es scheint, auf freundschaftlicher Basis.

Sehr lebensnah für die griechische Männerwelt ist die eingangs von den Teilnehmern beklagte Tatsache, noch unter den Nachwirkungen einer vorangegangenen Zecherei zu leiden. Mit Kater und Kopfschmerz ist die Lust, weiter den Becher kreisen zu lassen, bekanntlich eingeschränkt. Aristophanes wird sogar von einem postalkoholischen Schluckauf heimgesucht, der ihn zunächst am Reden hindert. Umso größer ist das Verlangen der vom Wein mitgenommenen Runde, sich jetzt ordentlich zu unterhalten, auch um die Ausschweifungen der vergangenen Nacht auszugleichen. Zum Thema erwählt man sich nichts Geringeres als die Definition des *eros*, der im Deutschen nur sehr allgemein als »Liebe« oder »Begehren« übersetzt wird. Fünf wohlgesetzte Reden über den Eros folgen nun. Die ersten Statements nehmen einen deutlichen Bezug auf Päderastie und männliche Homosexualität. Und zwar so weit, dass »heterosexuelle Liebe hier ... unter den Generalverdacht des Vulgären« gestellt wird. Aristophanes, der vierte in der Reihe, rekapituliert eine uralte Legende, welche die Entstehung hetero- und homosexueller erotischer Bindungen rechtfertigt (s. S. 21). Agathons emphatische Phrasen lösen den Eros von der körperlichen Sexualität und tauchen in die höhere Sphäre der Tugend und der Gerechtigkeit ein. Es liegt aber an Sokrates, dem letzten und ausführlichsten Vortragenden, diese Begriffe mit dem Eros in Einklang zu bringen und nichts weniger als eine Offenbarung der Wahrheit zu entwickeln. Sokrates, respektive Platon, bedient sich dazu erst der dialogischen Methode und rezitiert sodann Diotima, jene Seherin aus Mantinea, die ihm einst den »Aufstieg zum Schönen« und die Ideenlehre vermittelt habe. Noch während die Teilnehmer Sokrates' Worten über den Eros als das geistige Zeugungsverlangen im Schönen und Guten nachhängen, platzt Alkibiades, voll des süßen Weins, in die grübelnde Runde, hebt das Trinkverbot auf und legt unaufgefordert los, Sokrates zu loben. Am Schluss seiner Ausführungen wird klar, dass er Sokrates mit Eros gleichsetzt.

Als nach anschließendem Gelage Flötenspielerinnen und Tänzer gegangen sind und der Großteil der Teilnehmer bereits nach Hause gestolpert ist oder berauscht schläft, setzen sich der Gastgeber, Aristophanes und Sokrates als Letzte – nun doch wieder

Abb. 4 Alkibiades im Gastmahl des Agathon, von Anselm Feuerbach. Karlsruhe, Kunsthalle

unter Zusichnahme gewaltiger Mengen Weins – bis zum Tagesanbruch zum Gedankenaustausch zusammen. Zuerst wird Aristophanes vom Schlummer übermannt, dann gleitet Agathon benommen von der Kline. Allein Sokrates erhebt sich, unangefochten von Alkohol und Schlaf, und begibt sich wie immer ins Lykeion. Das ist natürlich ein Kunstgriff Platons, um Sokrates' Gleichmut und stringente Gedankenführung zu unterstreichen.[50]

Dem hier geschilderten jovialen Verhältnis Sokrates' zu Aristophanes steht freilich seine bittere Klage über den »gehässigen und verleumderischen Komödienschreiber« 16 Jahre später entgegen, als sich der Philosoph tatsächlich gegen den Vorwurf der Gottlosigkeit zu verteidigen hat. Demnach ist kaum vorstellbar, dass sie gemeinsam Agathons Symposion besucht haben sollen. Da sich das fiktive Gespräch zwischen Sokrates und Aristophanes um die Frage dreht, ob ein Tragiker auch Komödien verfassen könne oder umgekehrt (ein Thema, das Aristophanes unmittelbar betraf), hat Platon hier Aristophanes als künstlichen Gegenspieler zu Sokrates, quasi als »Komödianten an sich«, implementiert, um die Szene und Argumentation effektvoller zu gestalten. Und ein weiteres Indiz spricht gegen die Teilnahme des »echten« Aristophanes an Agathons Runde. Auch dieser beider Verhältnis kann nämlich nicht sonderlich gut gewesen sein, lässt Aristophanes doch nur vier Jahre später (im Jahre 411) in seinem Stück ›Thesmophoriacusai‹ – einer gegen seinen Intimfeind Euripides gerichteten Posse – ebendiesen Agathon auf dem athenischen Frauenfest *Thesmophoria* als weibischen Transvestiten *(androgyne)* auftreten. Dies war so ungefähr die schlimmste Beleidigung, die einem athenischen Mann widerfahren konnte.[51]

Das historische »Gastmahl« fand in einer höchst spannungsreichen Phase des Peloponnesischen Krieges statt. Alkibiades war zu dieser Zeit Stratege und bereitete seine berüchtigte Flotten-Offensive gegen Melos vor. Ein Jahr später (Frühjahr 415) erschütterte der Hermenfrevel die athenische Gesellschaft. Die geradezu panische Reaktion des Demos spricht dafür, dass die Furcht vor dem Einfluss der »gottlosen Frevler« und »Volksschädlinge« ungebrochen war und sich der ungeklärten Vorfälle wegen noch verstärkte. Geriet Sokrates abermals ins Visier? Hat man ihn vielleicht als einen der geistigen Urheber denunziert? Er musste jedenfalls auf der Hut sein, zumal nun auch sein Schützer Alkibiades zur Unperson erklärt wurde.

Für fast eine Dekade schweigen sodann die Quellen zu Sokrates. In dieser Zeit scheint er sich als Mittfünfziger zur Ehe mit Xanthippe durchgerungen zu haben, wie wir noch kombinieren werden. Um das Jahr 408 schloss sich ein ernster, 19- oder 20-jähriger Ephebe aus bester athenischer Familie Sokrates' Zirkel an: Platon. Ein Zusammentreffen von höchster Bedeutung für die Menschheit. Denn Platon wird es sein, welcher der Nachwelt von Sokrates berichten wird und der die abendländische Philosophie auf sokratischer Grundlage bis heute entscheidend mitgestaltet.

Widerstand und innere Emigration

Erst im Jahre 406 taucht Sokrates wieder in der politischen Geschichte auf. Im August dieses Jahres trafen die athenischen und spartanischen Geschwader bei den Arginusen (heute Ali-Bey-Inseln im Golf von Edremit) aufeinander. Insgesamt 270 Trieren mit 50 000 Mann waren an der Seeschlacht beteiligt. Die Athener errangen den Sieg und kaperten allein 70 gegnerische Triremen. Doch auch 25 athenische Kriegsschiffe zerbarsten unter feindlichen Rammstößen, so dass zahlreiche an Holzplanken und Ruder geklammerte Schiffbrüchige im Meer trieben. Für den Sieger war es in solchen Fällen selbstverständlich, zumindest die eigenen Leute zu retten und auch die Toten für ein würdiges Begräbnis zu bergen. Ein während der Seeschlacht aufkommender Nordsturm drohte aber die athenische Flotte ans kleinasiatische Ufer zu werfen und so im Nachhinein den Sieg zu vereiteln. Daher entschlossen sich die Kommandeure, die Sturmzone zu verlassen, und ruderten, ohne den Havaristen Hilfe zu leisten und die Ertrunkenen aufzusammeln, eilig davon. Dies war ein hartes Schicksal für die Hinterbliebenen, ohne Zweifel, aber aus der Situation erklärlich, denn bei der durch die Rettungsmaßnahmen unumgänglichen Verzögerung wäre die gesamte noch intakte Flotte, nicht nur die Schiffbrüchigen, zugrunde gegangen!

Nach Athen zurückgekehrt, wurden die Flottenführer keineswegs im Triumph empfangen, sondern angeklagt und eingekerkert. Dies geschah just zu einem Zeitpunkt, an welchem Sokrates das routinemäßig wechselnde hohe Staatsamt eines Prytanen, eines geschäftsführenden Ratsmitglieds, übernommen hatte. Nach Xenophon soll er sogar zum *epistates*, dem Obmann, ernannt worden sein, was von anderen Quellen allerdings nicht bestätigt wird. Zahlreiche Angehörige der verlassenen Schiffbrüchigen strömten auf der Agora zusammen, demonstrativ schwarz gekleidet und zum Zeichen der Trauer kurzgeschoren. Die aus den 50 Prytanen bestehende Gerichtsversammlung war emotional aufgewühlt und verlangte einstimmig das Todesurteil für die Befehlshaber, weil sie sich gegen das von den Göttern vorgeschriebene Bestattungsgebot vergangen hätten. Nur Sokrates widersetzte sich und wies darauf hin, dass es keine gesetzliche Grundlage für eine summarische Verurteilung gäbe. Seinen Worten in Platons Apologie zufolge wurde er deshalb von der erregten Menge beschimpft und gar mit Mord bedroht. Sokrates' Widerstand war vergeblich. Die Strategen, sieben an der Zahl, darunter Perikles, des gleichnamigen Großen und der Aspasia Sohn, wurden wegen Verbrechens am athenischen Staat hingerichtet.[52]

Dieses »demokratisch« gefällte Urteil wirft ein bezeichnendes Licht auf die konfusen inneren Zustände des Stadtstaates. Gerechtigkeit *(dikaiosyne)*, die Basis des Staates, war zu einer Frage des Abstimmungsergebnisses geworden. Sokrates mag als junger Mann ein Anhänger der perikleischen Demokratie gewesen sein. Doch die politischen Ereignisse nach 429 vergrößerten seine Zweifel an der Meinung der »Vielen«, die sich weder von Einsicht noch gar von Tugend, sondern nur von der Aussicht auf kurzfristigen Erfolg und schierer Manipulation leiten ließen. Längst war die Herrschaft des Demos zu einem Mittel des Machtmissbrauchs und der Hybris verkommen. Kleophon, der Führer der radikalen Demokraten, bedrohte jeden, der für Verständigung mit Sparta eintrat, mit einem kurzen Prozess und wies auf das Schicksal der sieben Strategen hin. Die Sykophanten, berufsmäßige Verleumder und Denunzianten, hatten Hochkonjunktur. Überall witterte man den inneren Feind. War Sokrates, der sich nun in den Augen der Masse zusätzlich zu seiner notorischen Gottlosigkeit noch als »Volksfeind« kompromittiert hatte, auf der Hut?

Doch nun überschlugen sich die Ereignisse. Athens Macht brach 404 zusammen und mit ihr das Staatsgefüge. Für Sokrates änderte sich die bedrohliche Lage damit jedoch keineswegs. Denn auch dem oligarchischen Terror-Regime der »Dreißig Tyrannen« unter Kritias war er ein Dorn im Auge. Kritias, ähnlich vielseitig begabt und skrupellos wie Alkibiades, aber ohne dessen Wankelmut, war einmal Sokrates' Schüler und Gesprächspartner gewesen. Nun, 403, erteilte er seinem alten Meister Lehr- und Sprechverbot in der Öffentlichkeit. Sokrates wehrte sich mit ausgesuchten rhetorischen Spitzfindigkeiten, ein lebensgefährliches Unterfangen angesichts des Tyrannen, der in den paar Monaten seiner Schreckensherrschaft kaltblütig über 1000 Menschen umbringen ließ. Auch Charmides, den Sokrates 20 Jahre zuvor noch freudig erregt als »schönen und guten« Epheben in seinem Freundeskreis begrüßt hatte, war am Umsturz beteiligt und entpuppte sich als menschenverachtender Bösewicht. Als Kritias gegenüber seinen Gegnern in Bedrängnis geriet, suchte er möglichst viele Bürger mit in die Verbrechen der »Dreißig« zu verstricken. So zwang er bisher Unbeteiligte unter Morddrohungen zur Kollaboration. Auch Sokrates erhielt den Auftrag, sich bei der Jagd auf Kritias' Widersacher zu beteiligen, ließ sich aber nicht einschüchtern und weigerte sich standhaft. Mit dem Leben kam er nur davon, weil der demokratische Gegenputsch im Frühjahr 403 erfolgreich verlief und Kritias und Charmides das Leben kostete.[53]

Sokrates war mittlerweile 67 Jahre alt. Er hatte die Prozesse gegen die Sophisten und Aspasia, drei gefahrvolle Kriegseinsätze, die malignen ›Wolken‹, den Arginusen-Prozess und zuletzt noch die Tyrannei der »Dreißig« überlebt – wahrlich keine Selbstverständlichkeit!

Kehrte nun mit der gemäßigten Restauration der Demokratie endlich Ruhe für ihn ein, vergalt man ihm seinen Widerstand gegen demokratische und oligarchische Wirrköpfe? War es ihm jetzt vergönnt, wieder ins Lykeion zu gehen, zu diskutieren und zu lehren? Und kam er nun im letzten Lebensabschnitt dazu, sein gewaltiges Gedankengebäude zu ordnen, zu systematisieren und es, wie seine Schüler seit langem forderten, schriftlich niederzulegen oder einem von ihnen zu diktieren?

Wir wollen an dieser Stelle Sokrates verlassen und uns in den nächsten Kapiteln seiner Ehehälfte Xanthippe widmen. Doch um so viel sei vorgegriffen: Viel Zeit blieb dem Philosophen nicht mehr. Der Verdacht, dass Athen aufgrund der in der Stadt grassierenden »Gottlosigkeit« von den Schutzgöttern und -göttinnen verlassen und vom hohen Thron der hellenischen Vormacht in die abgründigen Wirren des Bürgerkrieges gestürzt worden war, hatte sich in den Köpfen verfestigt. Und so begann man sogleich, nach Schuldigen zu suchen.

Xanthippes Athen:
Der weibliche Blick

Eine Gesellschaft ohne Frauen

Was wir bis jetzt geschildert haben, war der »männliche Blick auf Athen«, den Stadtstaat, wie er sich einem Politen (Vollbürger) der zweiten Hälfte des 5. Jahrhunderts dargeboten hat. Im Großen bezog sich das auf den Krieg und den Sieg gegen die Perser, auf innenpolitische Unruhen, den Wiederaufbau der Stadt und die politische Betätigung im demokratischen System, im Kleinen auf Berufstätigkeit oder schöpferische Muße (je nach Vermögen), auf Einladungen zu Symposien, Theaterbesuche, Diskussionen auf der Agora und auf Gymnastik und Wettkämpfe in den Sportarenen. Hier war »Mann« unter sich! Und die Abfolge der Ereignisse bildet das, was wir gemeinhin als »Geschichte« bzw. als chronologisch fassbare »Ereignisgeschichte« sehen und in der Schule über das »antike Hellas« gelernt haben.

Diese Geschichte beruht also auf einer dezidiert männlichen Sicht, ihre Gewährsleute – die antiken Historiographen – sind ebenso männlich wie diejenigen, für welche diese Geschichte niedergeschrieben worden ist. Kein Wunder also, dass darin die »Taten großer Männer« im Mittelpunkt stehen und wir z. B. vom »Zeitalter des Perikles« oder von der »Hopliten-Demokratie« (Max Weber) sprechen. Für diese »maskuline« Interpretation der Geschichte steht denn auch, was unseren Zeitraum betrifft, eine breite Quellenbasis zur Verfügung, die uns eine relativ lückenlose Rekonstruktion der zeitlichen Ereignisabfolge sowie quellengestützte Interpretationen der wirtschaftlichen, gesellschaftlichen und kulturellen Verhältnisse Athens ermöglichen.

Über den Bereich der Familie und besonders über die Situation der Frau hüllen sich hingegen die antiken Autoren in Schweigen, ja man könnte fast sagen, in »beredtes« Schweigen. Eine Textstelle aus Thukydides, die in diesem Zusammenhang immer wieder zitiert wird, ist der Schlusssatz der berühmten ›Gefallenenrede‹ des Perikles. Nachdem er die Tugend *(arete)* der im Kampf gefallenen Bürger gepriesen und ihr Opfer als würdig dargestellt hat, kommt er auf deren Frauen zu sprechen: »Und wenn ich zuletzt noch ein Wort über die Tugenden der Frauen sagen soll, die jetzt in den Witwenstand versetzt sind, so kann ich mich ganz kurz auf einen guten Rat beschränken: Euer höchster Ruhm wird sein, echter Weiblichkeit nichts zu vergeben, und diejenige wird für die beste gelten, von der in Lob und Tadel unter Männern am wenigsten die Rede ist.«[54]

Deutlich kommt hier quasi offiziell vom höchsten Repräsentanten des Staates und der Gesellschaft Folgendes zum Ausdruck. Man spricht im Allgemeinen unter Männern nicht von Frauen, nur in Ausnahmefällen, wie hier nach einer verlustreichen Schlacht, aber auch dann nur »ganz kurz«, und man(n) erwartet von Frauen generell ein Verhalten, das zu keinem »männlichen Gerede« Anlass geben könnte – und zwar sowohl in negativer als auch in positiver (!) Hinsicht. Den sozialen Standard bildete mithin ein möglichst »unauffälliges« weibliches Verhalten, ein zurückgezogenes, diskretes Leben im Haus und den eigenen vier Wänden. Eine Gesellschaft ohne Frauen! Und das erklärt uns auch die »historiographische Anonymität« der griechischen Frauenwelt, denn was hätten die Geschichtsschreiber über sie berichten sollen? Die Regel bestätigt hierbei die Ausnahme, denn selbstverständlich sind uns weibliche Namen und individuelle Lebensläufe – zumindest in Fragmenten – aus dieser Zeit bekannt. Doch handelt es sich dabei bezeichnenderweise immer um Frauen, die aus der gesellschaftlichen Rolle fielen, wie etwa die schon genannte Aspasia, Perikles' illegitime Gattin, oder eben Xanthippe, von der eigentlich nur »Auffälligkeiten« überliefert sind.

Eduard Meyer, einer der wichtigsten Althistoriker des frühen 20. Jahrhunderts, hat die männliche Deutung der perikleischen Epoche und der attischen Demokratie prägnant in einem einfachen Satz zusammengefasst: »Das Leben in der Öffentlichkeit, auf dem Marktplatze, in Gymnasium und Palaistra war wichtiger als Haus und Familie.«[55]

Kein Zweifel, im klassischen Athen herrschte ein rigoroses Patriarchat. Der Herr *(kyrios)* oder der Vormund der Frau war immer männlich, sei es der Vater oder nach dessen Tod der ältere Bruder. In rechtlicher Hinsicht kam die Stellung der Frau eines Bürgers fast der eines unmündigen Kindes gleich. Die Ehe stand unter lebenslanger Vormundschaft des Ehemanns. Die Verheiratung erfolgte ohne Zutun der zukünftigen Gattin durch Absprache der Familienoberhäupter. In der Regel waren die Mädchen dann 14 oder 15 Jahre alt und steckten gerade in der Pubertät. Von körperlicher oder geistiger Reife konnte keine Rede sein. Die frühe Verehelichung garantierte aber eine leichte Formbarkeit der Frauen gemäß den Vorstellungen ihrer Gatten. Die Männer nämlich waren bei der Gründung des Ehestands durchweg zehn Jahre älter, physisch und psychisch auf dem Lebenshöhepunkt. In der von Xenophon stammenden Abhandlung über die Hauswirtschaft diktiert als Idealbild eines Hauswirts *(oikonomikos)* ein frischgebackener 30-jähriger Ehemann seiner 15-jährigen Gattin die betreffenden Regeln und Instruktionen. Im Mittelpunkt steht die geschlechtsspezifische Arbeitsteilung, die für den Mann das Wirken in der Öffentlichkeit, auf dem Feld und im Krieg bedeutet und der Frau das Haus und die Kinder zuweist: »Für eine Frau ist es schicklicher, im Hause zu bleiben, als sich draußen herumzutreiben.« Dass diese »Kindfrauen« nicht geschäftsfähig waren, kein eigenes Eigentum erwerben konnten und nicht selbst prozessieren durften, wäre noch verständlich gewesen, aber dieser quasi rechtlose Zustand blieb bestehen, auch wenn sie längst der Jugend entwachsen waren! Die Mitgift unterlag der Sachherrschaft des Mannes, der sich dafür lediglich verpflichten musste, für den Unterhalt seiner Frau zu sorgen. Im Falle einer Scheidung allerdings hätte die Mitgift der Sippe der Frau wieder zurückgezahlt werden müssen – Trennungen waren folglich selten.[56]

Antike Hinweise auf die bewusste Ausgrenzung der athenischen Frauen von der Öffentlichkeit gibt es genug: Neben Xenophons »Haushaltsführer« z. B. auch Euripides: »Für Frauen ist Schweigen und Bescheidenheit das Beste, sowie in der Öffentlichkeit unerwähnt zu bleiben.« Auch die Nennung des Eigennamens ehrbarer Frauen außerhalb ihrer Sippen scheint tabu gewesen zu sein. Jedenfalls werden sie in Urkunden und Gerichtsreden immer mit dem Bezugsnamen umschrieben, als Tochter oder Gattin, während Unfreie, Ausländerinnen oder Sklavinnen geradezu diffamierend mit Namen angesprochen werden. Einige Textstellen freilich, die manchmal als Beweis für das weibliche Eingesperrtsein dienen müssen, klingen unfreiwillig komisch, wie die Bemerkung des attischen Redners Lysias (450–380), die Schwestern und Nichten eines seiner Klienten »lebten so gesittet, dass sie sich sogar geschämt haben, von ihren eigenen Angehörigen erblickt zu werden«. Auch Xenophons Behauptung, »gesittete Frauen« würden »niemals die Schwelle ihres Hauses übertreten«, dürfte Satire gewesen sein, genauso wie jene Zeile aus Aristophanes' Stück ›Thesmophoriacusai‹ »Was verbietet ihr uns, auf die Straße zu gehen, ja nur aus dem Fenster zu schauen?«[57]

Quellenkritik ist also angebracht, aber an der Tatsache einer scharfen Trennung zwischen »männlicher« Außenwelt (Politik) und weiblicher Innenwelt (Haus) kommen wir nicht vorbei. Erstaunlich ist dies schon, gilt doch die athenische Staatsform der »Herrschaft des Volkes« in unserem modernen Geschichtsverständnis als Signum einer entwickelten, fortschrittlichen, freien, ja gar humanistischen Gesellschaft. Dass gerade diese »klassische Ordnung« den Frauenrechten keinerlei Bedeutung beigemessen hat, erscheint zunächst paradox, doch finden wird bei genauerer Überlegung gerade in der athenischen Form der Demokratie den Hauptgrund dafür. Das perikleische Bürgerrechtsgesetz schränkte den Zugang zum Vollbürgerrecht exklusiv auf ehelich geborene Athener ein. Beide Elternteile mussten attische Vorfahren nachweisen. Das Gesetz forderte für die Zeugung legitimer Kinder unmissverständlich die athenische Vater- wie Mutterschaft. Stand dies in Zweifel, wurde der ganze *oikos* einer Familie in Verlegenheit und höchste Schwierigkeiten gestürzt. Die Furcht, illegitime Kinder »untergeschoben« zu bekommen und den von den Vorfahren übernommenen *oikos* an unerkannt Fremde weiterzugeben, war in der athenischen Männergesellschaft allgemein verbreitet. In einem Zeitalter ohne Pille und Gentest waren die Gelegenheiten dafür nach dem Grundsatz *mater certa, pater incertus* durchaus gegeben. Ehefrauen, die keine Kinder bekamen, konnten nämlich verstoßen und wieder in ihre Herkunftsfamilie zurückgeschickt werden. Und dort erwartete sie ein noch tristeres Los. Dass für Kinderlosigkeit das männliche Geschlecht ebenso verantwortlich ist, ahnten oder wussten die Griechen zwar, zogen daraus aber keine Konsequenzen. So wurde die männliche Zwangsvorstellung weiter aufrecht erhalten, dass eine Frau sich anderer Männer behelfen könnte, um dem unfähigen oder immer aushäusigen Gatten doch noch den

Erben zu präsentieren und damit ihre eheliche Stellung zu behalten. Aristophanes' Spottlust machte selbst vor diesem Thema nicht Halt. So schildert er in den ›Thesmophoriacusai‹ eine drastische Szene der »Unterschiebung« eines fremden Säuglings.[58]

Man befürchtete, dass in solchen Verdachtsfällen Familien in sich, aber auch mit anderen in Streit gerieten und dass die Personalverbände der Großhaushalte, der *oikoi*, auseinander fielen. Die Ehre eines *oikos*, einer Sippe, hing vom Verhalten ihrer Frauen ab, die sich nicht dem leisesten Verdacht illegitimer Beziehungen aussetzen durften. Und dies ist in der Tat nur durch Abgrenzung zur Außenwelt möglich. Nun aber bildeten die Hauswesen der *oikoi* die wirtschaftliche und soziale Basis Athens. Daher hieß es, ihre innere Integrität und ihre äußere Solidarität auf jeden Fall zu wahren, denn ansonsten brach das ganze fein austarierte athenische System zusammen und fiel wieder zurück in ein archaisches Zeitalter des Kampfes jedes gegen jeden. Jede Ehrverletzung der Frauen nämlich musste von den Männern bis zum Totschlag verteidigt und durch Blutrache vergolten werden. Um Chaos und Anarchie zu verhindern, schied die athenische Verfassung also Männer- und Frauenwelt und schirmte – präventiv – die Frauen von potenziellen Versuchungen, aber auch Gefahren ab.

Freiheit und Ungebundenheit der Bürger korrelierten deshalb untrennbar mit der Unfreiheit und Gebundenheit ihrer Frauen! Das mag arg konstruiert klingen, reflektiert aber die zeitgenössischen Rechtsquellen und zahlreiche Äußerungen in Dramen und Prosastücken. Im patriarchalen attischen Rechtssystem konnte demnach nur die Ehefrau die eigene Ehe brechen, falls sie sich mit einem anderen Mann einließ. Für den Hausherrn galt der Verkehr mit Unverheirateten, Käuflichen oder mit einer Metökin hingegen nicht als Ehebruch. Nur wer eine andere Ehefrau eines bürgerlichen *oikos* verleitete (bzw. sich verführen ließ), beging Ehebruch, aber nicht der eigenen, sondern der anderen Ehe.

Um das Jahr 410 erregte ein Prozess großes Aufsehen in Athen, bei dem der berühmte Redner Lysias als Verteidiger mitwirkte. Ein gewisser Eratosthenes war mit Demarete, der Gattin des Euphiletos, ein Verhältnis eingegangen, worauf er vom betrogenen Ehemann in eine Falle gelockt und in flagranti erdolcht wurde. Die von den

Freunden des Eratosthenes angestrengte Anklage richtete sich nicht gegen die Tat als solche, sondern gegen den Vorsatz dazu. An diesem Punkt brechen jedoch leider die Prozessakten ab, so dass wir nicht wissen, welches Urteil die Geschworenen sprachen. Totschlag war übrigens nicht die Regel in solchen gar nicht so seltenen Fällen. Das Schuldbekenntnis des Ehebrechers und ihm auferlegte Geldbußen stellten die Ehre des verletzten *oikos* für gewöhnlich wieder her. Ehebrecherinnen wurden für eine gewisse Zeit von allen öffentlichen Festen und Umzügen ausgeschlossen. Die vom Gesetzgeber Solon auferlegte eheliche Pflicht, mindestens drei Mal im Monat miteinander zu verkehren, galt in diesem Zeitraum nicht. Schwerwiegender wurde von den betroffenen Frauen aber offenbar das auferlegte Verbot des Sich-Schmückens empfunden. Entstanden Kinder aus außerehelichen Verbindungen, waren sie unfrei. Zu welchem *oikos* sie gehörten, wurde intern ausgehandelt. Da kein Familienverband Interesse haben konnte, *moicheia* (Ehebruch, und zwar im Einverständnis der/des Verführten) an die große Glocke zu hängen, verfuhr man insgesamt möglichst diskret. Scheidungen aus diesem Grunde waren selten, da damit auch die Mitgift verloren gewesen wäre.[59]

Einen grundlegenden Punkt dürfen wir in dem besprochenen Kontext nicht vergessen, nämlich die Ansicht der Griechen über die »Frau an sich«. Verkürzt gesagt, wurde sie als ein Wesen gewertet, das der Natur und ihren unbewussten Trieben näher stünde als der Mann. Einerseits sei sie muskulär schwach, andererseits aber verfüge sie über überschäumende sexuelle Kräfte. Das heißt, dem Mann komme die Aufgabe zu, die Frau zu schützen, aber auch, die weiblichen Naturtriebe im Zaum zu halten und zu lenken. Der Mann vertritt also die Kultur, welche die Natur zähmt und ausbeutet. Frauen gelten in diesem Weltbild generell als triebhafte, sexbesessene und verführerische Naturwesen, die der kulturellen Kontrolle bedürfen.

Die gebändigten Amazonen

Kommt uns da nicht der Amazonen-Mythos in den Sinn? Der Kampf Achills vor Troia mit Penthesilea, der Amazonen-Königin, und die Bedrohung der Athener unter ihrem sagenhaften König Theseus durch die Amazonen? Militante, berittene Kriegerinnen, die sich um des Bogenspannens willen die Brust amputierten, (*a-mazos* bedeutet »busenlos«) waren dies. Gerade in Athen erfreute sich das Motiv des Sieges Theseus' über die Amazonen großer Popularität. Plastisch und kolossal war er in den Friesen auf dem Parthenon dargestellt, ließ seine Betrachter erschauern vor der *amazonomachia* (der Amazonenschlacht) auf dem Schild der Athene im Parthenon und erinnerte die Athener täglich in der Stoa, der mit farbigen Schlachtgemälden ausgestatteten Wandelhalle bei der Agora. Ganz zu schweigen von den Tausenden von attischen Vasen, Krateren und Trinkgefäßen, die dieses Sujet in alle Ecken der antiken Welt transportierten.

Was steckt dahinter? Ist es nicht signifikant, dass die Amazonen sämtliche Attribute in sich vereinen, die dem athenischen (männlichen) Frauenbild konträr widersprechen? Sie sind stark, kämpferisch und reiten von Ort zu Ort, die Athenerin ist schwach und immobil, Amazonen sind männerfeindlich, promiskuitiv und verachten die Ehe, die Athenerinnen haben das Gegenteil zu sein, und schließlich verweigern die Kriegerweiber gar die Aufzucht von Kindern, indem sie die dazu notwendigen Organe amputieren, während doch die Athenerin gerade in der Funktion als Nährmutter ihre Erfüllung zu finden hat. Wie wir dem Bildprogramm des Parthenon entnehmen, steht der Amazonenkampf in enger Beziehung zum Kampf der Götter mit den Titanen (ungeschlachten Riesen, welche die olympischen Götter erst mal beseitigen müssen) und Kentauren (in jeder Hinsicht hemmungslose männliche Pferdewesen mit Menschenköpfen). In den Titanen die Verkörperungen der willkürlich hervorbrechenden und gefährlichen Naturgewalten wie Erdbeben, Überschwemmungen, Vulkanausbrüche und Epidemien zu sehen, fällt nicht schwer, auch die Deutung der Kentauren als halbtierische, gewalttätige und wilde Barbarenstämme ohne Ordnung ist einsichtig. Plausibel mag demnach auch die Interpretation erscheinen, dass die attische Demokratie in der *amazonomachia* den letzten Sieg der Kultur über die Natur, nämlich den der athenischen Männer über das ausschweifende weibliche Geschlecht, seine Einordnung und »Zivilisierung« in die demokratische Staats- und Weltordnung feiern wollte.

Die attische Demokratie sah also ihre bürgerliche Ordnung stets als extrem bedroht an, sei es von unvermeidlichen höheren Gewalten (Titanen) oder von Barbaren wie den Persern und Skythen (in übertragenem Sinne: den Kentauren). Und eben auch von den eigenen Frauen, in der Vorstellung, dass sie ohne Kontrolle jederzeit wieder in ihr naturgemäßes Stadium der amazonischen Wildheit zurückfallen würden. Anders ist die Überbetonung des Amazonen-Motivs und seine Konstituierung als Staatsmythos kaum zu erklären. Dies gilt jedoch, wohlgemerkt, nur für Athen, im übrigen Hellas spielte die Amazonensage keine tragende Rolle.

Wenig verwundert in diesem Zusammenhang, dass die bodenständigen athenischen Bürger all den fremdstämmigen Heiratskandidatinnen und Frauen mit höchstem Misstrauen begegneten, die sich der alte Adel zwecks internationaler Verknüpfungen ins Land holte – selbst wenn es Prinzessinnen und Königstöchter waren. Bringt nicht die Medea des Euripides, die sich von der sanften Gattin zur Furie wandelt, die irdische athenische Welt ins Wanken, weil sie die Untreue ihres Gatten Iason nicht hinnimmt und die der Frau zugedachte Rolle als schutzbedürftige Mutter ablehnt. Der Dichter legt ihr dazu die Worte in den Mund: »Man sagt, dass wir in unserm Haus ein Leben führen, das gefahrlos ist, die Männer aber mit der Waffe kämpfen / Schlecht gedacht, denn lieber wollte ich dreimal dem Feind mich stellen als einmal nur gebären.«[60]

Hippokrates: »Feuchte Frauen« und »trockene Männer«

Zurück zur hellenischen »Frau an sich« und ihrer Physiologie, wie sie uns der illustre Mediziner Hippokrates (um 460–370) schildert. Das oben genannte drastische Adjektiv »überschäumend« ist durchaus wörtlich zu verstehen. In der antiken Säftelehre galten Männer als »heiß, hart und trocken« und daher als aktiv, Frauen als nasskalt, weich und schlüpfrig und folglich als passiv. Der Regelung ihrer ständig im Übermaß produzierten »Säfte« diente die Menstruation. Die griechische Medizin konstruierte den menschlichen Körper analog der Anatomie des Mannes und deutete das weibliche Geschlechtsorgan als nach innen gestülpten Phallos. Jedoch fand sich für die Gebärmutter (Lateinisch *uterus*, griechisch *hyster*) kein fester Platz mehr! Man stellte sie sich deshalb als frei im weiblichen Körper vagierend vor. Erreichte sie in ihrem Kreislauf den Kopf, löste sie

Verhaltensstörungen, Hysterie, aus, gelangte sie ins Becken, setzte sie die Menstruation in Gang. Eine Ruhephase erreichte sie erst bei Empfängnis und Schwangerschaft, dann rastete sie im Unterleib für neun Monate. Mit dem Drang nach Ruhe für die Gebärmutter erklärte man sich also den sexuellen Appetit der Frau. Das Ausbleiben der Menstruation wurde als Zeichen gedeutet, dass der männliche Same nun von den reichlich vorhandenen Säften der Frau ernährt wurde und den Zyklus unterbrach. Diese Vorstellung implizierte, dass ausschließlich der Mann die Seele *(pneuma)* und die Erbeigenschaften weitergab und die Frau lediglich als Gefäß diente. Allerdings ist diese Anschauung schon durch die rationalistischen Sophisten grundsätzlich in Frage gestellt worden, indem sie auf die augenscheinliche Evidenz mütterlicher Merkmale hinwiesen.[61]

Erstaunlich mutet die Obsession an, mit welcher die griechische Mythologie Zeugung ohne Beteiligung von weiblichen Wesen vertritt. Zwei illustre Beispiele drängen sich hier auf: Die Formung der Pandora, nach Hesiod der ersten Frau, aus Lehm durch Zeus, sowie die Geburt der Pallas Athene aus dem Haupt des Göttervaters, dargestellt am Parthenon-Tempel. Auch der athenische Gründungsmythos fußt auf einem seltsamen Vorgang: Hephaistos versuchte vergeblich Athene zu vergewaltigen und verspritzte dabei Samen auf die attische Erde, aus welcher sodann Erechtheus, der erste Athener, entspross. Doch immerhin war hier Gaia, die Erdmutter oder das weibliche Prinzip, als Nährboden beteiligt.

Dass der Athenerin jegliche aktive politische Verantwortung versagt blieb, muss nach dem bisher Gesagten wohl nicht mehr besonders betont werden. Ihr Vorteil, den sie aus dem Bürgerstand zog, war rein passiver Art, dergestalt, dass sie das Recht erwirkte, von einem athenischen Vollbürger zur Mutter zukünftiger Vollbürger auserkoren zu werden. Seien wir aber nicht ungerecht gegenüber dem antiken Athen. Wahlrecht und politische Ämterübernahme durch Frauen ist eine sehr, sehr junge Errungenschaft: Erst seit 1918 existiert das Frauenwahlrecht in Deutschland, Großbritannien und den USA. Die Französinnen mussten bis 1944, die Schweizerinnen gar bis 1971 warten. Und bis tief ins 20. Jahrhundert hinein galten Haus und Familie auch offiziell in aufgeklärten westlichen Ländern als naturgegebenes Revier der Frau. Es ist ein Allgemeinplatz, dass von Gleichberechtigung auch heute, mittlere und höhere Bildungskreise in den wenigen Industrieländern ausgenommen, nicht die Rede sein kann.[62]

Mit Blick auf die antike Demokratie sollten wir zudem in Betracht ziehen, dass diese Staatsform aus dem Geist des Krieges und der Verteidigung entstanden ist. Und Waffengebrauch war und ist bis in unser Jahrhundert hinein die Domäne allein des Mannes geblieben. In Zeitaltern der existenziellen Bedrohung von Frauen und Kindern durch Feinde – und das waren die längsten Zeiten unserer Menschheitsgeschichte – war der männliche Schutz und Schirm durch Körper- und Waffeneinsatz unabdingbar. Von der Antike bis ins 20. Jahrhundert genoss nur derjenige das Bürgerrecht, der Grund besaß (wirklich wörtlich als »Territorium« zu verstehen), einem Hauswesen mit Frau, Kindern und Bediensteten vorstand und daher bereit war, ohne dass man ihn von Staats wegen noch hätte überzeugen müssen, mit der Waffe zu kämpfen und sein Leben einzusetzen. Im athenischen Selbstverständnis vertrat das Familienoberhaupt, der Patriarch, mit seiner Wahlstimme seine Frau, seine Kinder, seine Dienerschaft, eventuelle Freigelassene und selbst die Sklaven. Dies schloss eine politische Mitwirkung von Frauen aus dem Hintergrund keineswegs aus. So wurden in einigen Diskussionen in der Volksversammlung die Anwesenden beziehungsreich daran erinnert, dass sie ihre Stimmabgabe daheim vor ihren Ehefrauen würden vertreten müssen.

Die Erwartungshaltung des athenischen Mannes an seine Ehefrau lässt sich folgendermaßen umreißen: Sie sollte eine gute Partie mit hoher Mitgift sein, ihrem Mann Gehorsam erweisen und als gute Hausverwalterin die Ordnung im Innern des Hauses wahren. Ihre eigentliche Aufgabe aber bestand im Gebären legitimer, rechtlich ebenbürtiger, möglichst männlicher Nachkommen. Ihre Wirkungssphäre war dabei strikt auf das Haus und die Familie, also das Privatleben, beschränkt.[63]

Schon den Römern fiel die geringe soziale Geltung der Athenerin auf, die, wie wir noch sehen werden, keineswegs für ganz Griechenland symptomatisch war. Cornelius Nepos, ein zwar durch fade Schullektüre kompromittierter, aber als historischer Autor durchaus glaubwürdiger Zeitgenosse Caesars und Ciceros, stellte der freien und selbstbestimmten Lebensart der Römerinnen die erzwungene

Zurückgezogenheit der Griechin entgegen und behauptete gar, dass diese »in einem inneren Teil der Häuser sitzt, das Gynaikonitis genannt wird, zu dem nur die nächsten Verwandten Zutritt haben«. Über dieses abgesperrte Frauengemach ist schon viel spekuliert worden. Man hat es sogar archäologisch in ausgegrabenen Wohnhäusern nachzuweisen versucht und lokalisierte es im Erdgeschoss neben der Küche oder im Oberstock mit Blick auf den Innenhof. Dem *gynaikon* (Frauenbereich) stellte man das *andron,* den für die Männer reservierten Teil des Hauses, gegenüber. Das lässt den Leser natürlich an die bis heute in weiten Teilen der muslimischen Welt übliche Einrichtung des Harems, und der Absperrung der Frauen vor gesellschaftlichem Kontakt mit fremden Männern denken. Und in der Tat sprechen verschiedene neuere Wissenschaftler davon, dass die athenische Frau »in orientalischer Abgeschlossenheit gehalten wurde«. Auch die feministisch geprägte Gender-Forschung bemühte sich nachzuweisen, dass die »Seklusion« (Aussperrung) der athenischen Bürgerin auf bewusst von Männern zum eigenen Machterhalt durchgesetzten Willensakten beruht habe. Ein programmatischer Titel dieser These war ›The Reign of the Phallus‹ der Niederländerin Eva Keuls von 1994.[64]

Sparta – ein Frauenstaat?

Ein Seitenblick auf Sparta, den politischen Rivalen Athens, gibt uns allerdings Erstaunliches preis. Von Unterdrückung der Frau hören wir hier nämlich wenig. Ganz im Gegenteil nehmen die Mädchen an sportlichen und kriegerischen Wettkämpfen teil. Frauen bewegen sich frei in der Öffentlichkeit und unter Männern, verwalten das Grundeigentum, das ihnen zum Gutteil auch rechtlich gehört, und schalten und walten überhaupt nach ihrem Dafürhalten. Rechtsform und Erbfolge orientierten sich am Mutterrecht. Weibliche Mitgift scheint unüblich gewesen zu sein, was Liebesheiraten förderte. Spartanerinnen gingen auch nicht im Kindes- oder Jugendalter die Ehe ein, sondern als voll erblühte und sportgestählte Zwanzigerinnen. Das Gebären – mit seiner häufigen Todesfolge – wurde dem männlichen Todesmut in der Schlacht gleichgesetzt und entsprechend hoch bewertet und geehrt. Selbstverständlich bestand die Hauptaufgabe der spartanischen Frau ebenso in der möglichst zahlreichen Hervorbringung männlichen Nachwuchses. Doch scheint dies in Sparta im Gegensatz zu Athen ohne weibliche Unterdrückung und Ausschluss aus der Öffentlichkeit funktioniert zu haben. Es soll sogar Usus gewesen sein, dass durch Kriegsverwundung impotente Männer ihren Gattinnen freistellten, mit anderen Spartanern Kinder zu zeugen, wie umgekehrt Ehemänner unfruchtbarer Gattinnen ohne vorhergehende Scheidung andere Frauen aufsuchen konnten. In beiden Fällen waren die Nachkommen vollbürtige Spartiaten – welch ein Kontrast zu Athen!

Das passt gut zu dem Bild, das sich die Klassische Altertumswissenschaft von Sparta als dem politischen, ökonomischen, sozialen und kulturellen Gegenentwurf zu Athen gemacht hat. Sparta liegt mitten im Landkomplex der Peloponnes, weit weg vom Meer. Kommerz und Handel, also bürgerliche Tätigkeiten, spielten hier kaum eine Rolle. Den Boden ließ man durch leibeigene Bauern (Heloten) bestellen. Die Kunstformen blieben altertümlich und schnörkellos. Das ganze Leben stand im Banne von Kampf und Verteidigung der Heimat. Das war auch notwendig, beherrschte doch die kleine spartanische Adelskaste eine Masse von Unterworfenen, deren Arbeitsertrag gnadenlos ausgebeutet wurde. So bezieht sich das geschilderte freie Leben der Spartanerin natürlich nur auf diese schmale Führungsschicht, die numerisch erheblich geringer war als die athenische. Was sich sozial unter ihr abspielte, war nur Willkür, Knechtung und Ausbeutung.

Sparta verkörperte indes keine imperialistische Macht wie das attische Seereich. Seine ständige Kriegsbereitschaft diente der Sicherung des eigenen Territoriums, nämlich Lakedaimoniens (weshalb die Spartaner in vielen Schriften auch »Lakedaimonier« oder »Lakonier« genannt werden) und Messeniens. In Beratungen und Diskussionen pflegten die Spartaner übrigens die »lakonische Kürze«. Auch das ein Gegensatz zu Athen mit seiner ausgefeilten und ausschweifenden Rhetorik. Dem Machterhalt diente der von Sparta dominierte Peloponnesische Bund, der im Wesentlichen Südgriechenland umfasste. Sparta vertrat sowohl das monarchische wie das oligarchische Prinzip. Zwei mächtige Adelsfamilien vererbten den Königstitel in Form eines Doppelkönigtums. Die zwei Könige führten das Heer.

Ihnen stand ein Rat der Alten zu Seite. Zur Volks- (in Sparta Heeres-)versammlung waren alle volljährigen Spartaner (die *Spartiaten*) zugelassen. Die Masse der Bevölkerung war allerdings rechtlos. So repräsentierte die Heeresversammlung die Herrschaft von Wenigen (Oligarchie). Wie wir gehört haben, stand dieses Verfassungsprinzip in diametralem Gegensatz zur attischen »Demokratie«.[65]

Die gute alte Zeit: Aristokratische Frauenverehrung

Sparta repräsentierte in mancher Hinsicht noch die alte homerische hellenische Gesellschaft des 8. Jahrhunderts, so wie sie uns in der ›Ilias‹ und der ›Odyssee‹ episch geschildert wird: Ein Kosmos von Kleinkönigtümern und Adelsherrschaften, verzahnt in Zank und Streit, ehrsüchtig und brennend nach Ruhm und Heldentum, aber auch beschäftigt mit Wettspielen, Wagenrennen, Jagd und Muße. Adelskrieger mit Streitwagen treten gegeneinander an, kämpfen und versöhnen sich. Sport, Wettkampf *(agon)* und Krieg gehen ineinander über. Das Verhältnis der Herrscher zu den Untertanen ist patriarchal streng, aber fürsorglich. Frauen der Aristokratie führen ein relativ freies Leben und werden verehrt, man führt Kriege um sie (wie um die »schöne Helena«) und achtet ihre Arbeit am Webstuhl, wie das Tuch der Penelope, des Odysseus treu wartender Gattin.

Einen Eindruck über das Liebes- und Ehe-Ideal dieser Zeit vermittelt Homer in der ›Odyssee‹: Nausikaa, die phaiakische Königstochter – die sich übrigens nicht scheut, mit ihren Mägden am Meeresstrand Wäsche zu waschen – rettet den von den Wogen an Land geworfenen Irrfahrer Odysseus. Nach all seinen Abenteuern mit den Halbgöttinnen Kirke und Kalypso war er wahrlich kein treuer Gatte mehr, wenn auch nicht gänzlich selbst verschuldet. Zum Dank wünscht er indes seiner Gönnerin:

> Mögen die Götter dir schenken, soviel dein Herz nur begehret
> Einen Mann und ein Haus und euch mit seliger Eintracht
> segnen. Denn nichts ist besser und wünschenswerter auf Erden
> als wenn Mann und Weib in herzlicher Liebe vereint
> in Ruhe ihr Haus verwalten, den Feinden ein kränkender Anblick
> aber Wonne den Freunden, und mehr noch genießen sie's selber.

Abb. 5 Venus des Praxiteles (Kopie). Rom, Vatikanisches Museum

Sicher ein Ideal! Aber immerhin, Heirat aus Liebe und Zuneigung war dieser Kriegergesellschaft nicht fremd. »Ein jeglicher Mann, der edel und weise, liebt und pflegt seine Frau mit Zärtlichkeit.« Der ambivalente Held Achill war es, der diese Worte an seine Kriegsgefangene Briseis richtete und ihr aus Liebe die Ehe versprach, bevor er seinen letzten Gang vor Troia antrat.

Eros und geschlechtliche Anziehung wurden als Geschenk der Götter verehrt. Ein Beispiel mag dies verdeutlichen: Kamen vor- oder uneheliche Geburten vor, so schrieb man sie überirdischem Einfluss (im Wortsinn!) zu. Flussgötter oder der mächtige Meeresbeherrscher Poseidon selbst waren es dann, die sich den badenden Mädchen oder Frauen genähert hatten. So wurden Ehre und Frieden gewahrt. In der homerischen Zeit hat sich im Bewusstsein der Griechen auch der olympische Götterhimmel herausgebildet. Das männliche Prinzip, vertreten durch den Göttervater und Blitzeschleuderer Zeus, seinen Sohn Apollon, der, wie die Sonne, Licht (das Gute) und Schatten (das Böse) wirft, und Ares, den waffenstarrenden Kriegsgott, sowie das weibliche Prinzip, verehrt in der Göttermutter und Familienschützerin Hera, der Fruchtbringerin Demeter und der Liebesgöttin Aphrodite. Beide Welten, die der Götter und Göttinnen, waren in ständige Liebeshändel verstrickt, die meist von Zeus ihren Ausgang nahmen, und reflektierten ein Geschlechterverhältnis, das schon von den Zeitgenossen als skurril und »menschlich-allzumenschlich« empfunden wurde. Eine Sonderstellung zwischen Olympiern und Olympierinnen nahm Athene ein. Zwar firmiert sie als Göttin – und wird bildlich auch mit weiblichen Attributen dargestellt, wenn auch mit Helm und Speer hochgerüstet – doch vereinigen sich in ihr männliche und weibliche Züge. Ihr Beiname *Parthenos* wird mit »Jungfrau« übersetzt, bedeutet aber »Nicht-Gebärerin«, letztlich wohl »Nicht-Weib«.[66]

Die Verehrung der Frau, sofern sie zur Adelskaste zählte, denn nur von ihr haben wir Kenntnis, hielt auch in den folgenden Jahrhunderten, die der Historiker die »archaische Periode« (7. und 6. Jahrhundert) nennt, an. Aus dieser Zeit besitzen wir bereits bildliche und plastische Zeugnisse von Frauen: Es sind die überlebensgroßen Steinplastiken der *korai* (Einzahl *kore*), jugendlicher, aber bereits mit allen weiblichen Merkmalen ausgestatteter Frauen, reich gewandet und geschmückt. Ihre Pendants, die *kouroi* (*kouros* = junger Mann) wurden hingegen nackt, mit ausgebildeten Körpern, geradezu *body-built*, dargestellt. Man ist sich nicht ganz sicher, ob diese eindrucksvollen Statuen reale oder ideale Gestalten wiedergeben sollten. Auf jeden Fall spiegeln sie Schönheit, Eleganz und hohes Sozialprestige wider. Eigentümlich ist ihnen das »archaische Lächeln«, eine Mimik, die man am ehesten mit »huldvollem Über-den-Dingen-Stehen« ausdrücken könnte.

Nach den Fundstatistiken scheint es mehr weibliche als männliche Standbilder gegeben zu haben. Gerade auf der Akropolis über Athen waren sie in großer Zahl vertreten. Die Archäologen des 20. Jahrhunderts fanden sie im so genannten »Perserschutt«. Nach der Zerstörung des evakuierten Athen durch Xerxes bauten die Athener ihre Stadt ja wieder von neuem auf. Dabei verwendeten sie die zerstörten und halb verbrannten Trümmer der Vorgängerbauwerke als Fundamente für das Neue und verbauten sie in der Stützmauer. So kam es, dass gerade die berühmtesten 50 Exemplare der Koren im Zerstörungshorizont von Athen ausgegraben wurden.

Dem einzigartigen Reiz dieser Statuen, die heute im Athener Akropolis-Museum aufgestellt sind, kann man(n) sich nicht entziehen. Im Darstellungstypus sind sie gleichartig. Anmut und Hoheitsanspruch halten sich die Waage. Frontal und aufrecht stehen sie da, halten in den Händen Blütenzweige oder Kränze und raffen mit einer Hand den Saum ihres bis zum Boden gefältelten Kleides, des *peplos*, als würden sie, offen und direkt, auf den Betrachter zuschreiten. Auch der heutige Museumsbesucher kann sich vorstellen, welch strahlenden Ausdruck die hellen Halbedelsteine in den heute leeren Augenhöhlen hervorgerufen haben. Denn selbstverständlich waren die Figuren von oben bis unten mit aller Liebe zum Detail verziert und farbig bemalt – in einer Weise, die wir nach heutigem Verständnis aufgrund einer falsch verstandenen Klassik als kitschig empfinden würden: Flachsblond oder zinnoberrot die zu kunstvollen Zöpfen geflochtenen und hinter tellerförmigen Ohrclips drapierten Haare, elfenbeinweiß die freien Körperpartien des Dekolletees, der Unterarme und Hände, und safrangelb mit dunkelgrünem Saum die Kleidung. Wobei die sexuelle Attraktivität gerade durch den kunstvoll gestalteten Faltenwurf des eng anliegenden Gewands auf dem Körper betont wurde. Brüste, Schenkel und Hinterbacken wurden durch diese Ver- (bzw. Ent-)hüllung in ihrem Reiz nur noch weiter gesteigert. Eine besondere Anziehungskraft lösten die weiblichen Fußfesseln aus, die deshalb immer in besonders koketter Pose ver-/enthüllt werden. Dazu noch eine Bemerkung zum Sexus: Während sich die hellenischen Bildhauer – und das gilt nicht nur für die archaische, sondern auch für die klassische Epoche – geradezu übertrafen, die weiblichen Rundungen expressiv herauszuarbeiten, marginalisierten sie bei den *kouroi* das männliche Geschlechtsteil. Dazu muss man wissen, dass die griechisch-römische Antike große *phalloi* dem Tierreich und den Satyrn zuwies und deren äußere Unauffälligkeit für Zeichen des menschlichen Fortschritts hielt.

Die auf den Sockeln der Koren-Statuen gefundenen Inschriften mit ihren einfachen Stereotypen *kore* (junge Frau) oder *agalma* (Prunk, Pracht, Wunder) geben mehr Rätsel auf, als dass sie uns Erklärungen liefern. Aber sie weisen uns eher in die Richtung, in ihnen überindividuelle Idealbilder, Weihestatuen für Heiligtümer zu sehen. Da sie offensichtlich immer in Gruppen aufgestellt wurden, repräsentieren sie wohl Frauenchöre und eine Art rhythmischen Schreit- und Reigentanz zu Ehren Apollons oder einer anderen Gottheit. In der gesellschaftlichen Wirklichkeit waren dies nämlich die Gelegenheiten, zu welchen junge Damen aus vornehmer Familie in vollem Ornat und Gepränge vor allem Volk auftraten. Beim Sinn der Griechen für das »Agonale«, den Wettkampfcharakter alles Handelns, könnte man durchaus an Schönheitswettbewerbe denken, bei denen Auftreten, Mode, Kosmetik und Schmuck bewertet wurden. Und natürlich auch die körperlichen Vorzüge! Wenn dem so ist, hat sich das weibliche Schönheitsideal in den letzten 2 700 Jahren – zumindest in Europa – nicht gravierend vom Koren-Typus fortbewegt. Der Dichterin Sappho aus Lesbos (um 600 v. Chr.) verdanken wir zahlreiche Hymnen, in denen sie ihre »schön gegürteten« Schülerinnen besingt. Auf jeden Fall reflektieren die *korai* ein hohes Maß an Verehrung des Weiblichen, das derjenigen des Männlichen, wie es in den *kouroi* dargestellt wird, gleichkommt, wenn nicht übertrifft.[67]

Demokratische Frauenfeindschaft: misogynia

Und doch muss in diesen Jahrhunderten der Archaik ein grundlegender Wandel im Verhalten zur Frau stattgefunden haben. Was soll man halten von Hesiods Pandora-Geschichte? Hesiod war ein handfester bäuerlicher Verseschmied, der in der ›*Theogonia*‹ (Entstehung der Götter) den griechischen Götterhimmel auf dem Olymp zum ersten Mal zusammengefasst hat. Er bezog sich dabei auf Traditionen und Erzählungen, die man sich in seiner Heimat Böotien in den langen Wintermonaten so erzählt hat. Die moderne Gender-Forschung versucht übrigens mit guten Argumenten den Nachweis zu erbringen, dass diesem patriarchalisch bestimmten olympischen Götterkult eine ältere Schicht weiblicher Naturgottheiten wie Nyx, die Nacht, Thetys, das Meer, Gaia, die Erde, Persephone, die Unterwelt, und Themis, die Ordnung, vorangegangen sei. Sie sind später in den olympischen Götterkreis Hesiods übernommen worden, jedoch nicht mehr an führender Stelle, sondern in Abhängigkeit von Zeus. Reflektiert das vielleicht eine matriarchalische Ordnung in den vorhellenischen kretisch-minoischen und mykenischen Kulturen von 2500 bis 1200 v. Chr.? Haben erst die von Norden von 1200 bis 1000 gewaltsam eindringenden Hellenen die Zeus- und Apollon-Verehrung mitgebracht und dem älteren weiblichen Kosmos übergestülpt? Eine berechtigte Frage, die gegenwärtig heiß diskutiert wird.[68]

Eine beliebte Geschichte, die Hesiod überliefert, war diese: Aus Ärger über den Frevel des Titanen Prometheus (wörtlich: des Vorher-Denkers), der den Menschen (die damals offenbar nur aus Männern bestanden) das Feuer, mithin die Zivilisation, gebracht hatte, formt Zeus ein neues Wesen, Pandora, das erste Weib. Sie gleicht in ihrer Schönheit und Anziehungskraft den Göttinnen und bringt den Menschen – vertreten durch Prometheus' einfältigen Bruder Epimetheus, den »Nachher-Denker«, – ein Gefäß, in dem sich alle Übel der Welt befinden. Natürlich kann dieser Mensch/Mann nicht widerstehen, und alle Übel und Nöte treten aus der »Büchse der Pandora« hinaus in die Welt, mit einer Ausnahme, der »Hoffnung«. Seither herrscht Unverständnis und Streit zwischen Männern/Menschen und Frauen, zwei Wesensarten, die von Hesiod als völlig verschieden interpretiert wurden. Und mit der Frau ist nach diesem

Mythos auch der Krieg zwischen den Männern aufgekommen, ein Phänomen, das es vorher, im Goldenen Zeitalter, nicht gegeben hatte. Dazu passen relativ häufige Bekundungen einer ausgesprochenen Abneigung gegen Frauen, *misogynia* (»Frauenhass«) wie jene: »Findet der Mann eine Frau von böser Gemütsart/lebt er dahin und trägt in der Brust stetige Plage/Tief in Herz und Gemüt/ein unheilbares Übel.« Doch Hesiod ist sich durchaus bewusst, dass seine Warnungen vergeblich sind, besonders wenn er sie in solche Worte kleidet: »Lass dich von keinem Weibe mit prächtigem Hintern betören/das mit schmeichelndem Wort in deiner Hütte dich aufsucht« und seinem Publikum gegenüber noch präzisiert, dass im Sommer die Weiber »am geilsten« wären. Immerhin gelangte er zu der bahnbrechenden Erkenntnis: »Kann doch kein schöneres Gut der Mann sich wahrlich erwerben/als ein treffliches Weib/kein schlimmeres als eine Arge.«[69]

Auf einen von Hesiod erzählten Mythos geht auch die in der ganzen Antike (eigentlich bis ins bürgerliche 19. Jahrhundert) vorherrschende Ansicht zurück, dass die »verschlingende Lust des Weibes« auf der hohen und multiplen Intensität ihrer Orgasmusfähigkeit beruhe. Erregungsspitzen weiblicher Art könne kein Mann ertragen. Im Mythos ist es Teiresias, dem für kurze Zeit die Gabe zuteil wurde, sich in eine Frau zu verwandeln. Als solche verführte er/sie sogleich den ersten Kerl, der des Weges kam. Und als Zeus im Olymp einmal behauptete, die weibliche Lust bei der Vereinigung würde diejenige der Männer übertreffen, widersprach Hera heftig – wohl wissend, dass ihr Göttergatte mit dieser Feststellung nur beabsichtigte, sich (und die irdische Männerwelt) als wohlfeile Opfer wollüstiger Weiber darzustellen. Das Götterpaar einigte sich, Teiresias zu befragen, der ja über sexuelle Erfahrung in beiderlei Gestalt verfügte. Als dieser der Frau neun Zehntel, dem Mann aber nur ein Zehntel des möglichen Genusses zuschrieb, wurde er von der erzürnten Göttin mit Blindheit geschlagen. Zeus aber belohnte ihn mit der Gabe der Weissagung und verlieh ihm das Alter von sieben Menschenleben. Was auf den ersten Blick unserer modernen Ansicht nach als weiblicher Vorteil gewertet werden könnte, verkehrt sich im männlichen Blickfeld der Antike ins Gegenteil. Getrieben von permanenter Erregung sei die Frau auf der Suche nach wahlloser

Befriedigung durch Männer. Sie muss folglich gezähmt und domestiziert (= verhäuslicht) werden![70]

Dies könnte man alles noch unter den auch unserem Zeitalter nicht fremden Irrungen und Wirrungen im Antagonismus des Geschlechterverhältnisses subsumieren, doch in der griechischen Geschichte des 6. Jahrhunderts traten allenthalben überzeugte misogynistische Äußerungen auf den Plan, welche die Frau tatsächlich verleumden, selbst für diese Zeit. Hesiod bediente sich gänzlich aus der Palette zeitgenössischer Frauenverachtung: Ihre Passivität hemme die männliche Aktivität und Unternehmungslust. Gefräßig sei sie, faul, untätig und den Männern das Leben verkürzend. Beliebt – bis heute – ist die Metapher des Ehe-»Joches«, einer zwar notwendigen, aber nichtsdestoweniger drückenden Bürde. Nur mit vereinten Kräften ließen sich jedoch die Schwierigkeiten des Alltags meistern und selbst Hesiod weiß: »Streiten die Ochsen im Joch, zerbricht der Pflug in der Furche.«. Zwar wurde die weibliche Rolle als Gebärerin männlicher Nachkommen notgedrungen gebilligt, doch galt das, wie gesagt, nur für Knaben. Geburten von Mädchen sollten von den Familienoberhäuptern gar nicht zur Kenntnis genommen werden. Für Tötung von neugeborenen Mädchen gibt es hingegen für das antike Hellas keine Belege. Kindesaussetzung indes wurde häufiger praktiziert, was sich auch in den griechischen Sagen spiegelt. Man konnte allerdings sicher sein, dass Findelkinder geborgen und in fremde Haushalte aufgenommen wurden. Auch der Verkauf von kleinen Mädchen in reichere Häuser kam vor. Sie wurden dort zu Sängerinnen, Tänzerinnen oder Liebesdienerinnen ausgebildet.

Aber welch ein Gegensatz zum Bild der Koren! Und genau hier fassen wir einen der möglichen Erklärungsversuche: Nämlich im sozialen und politischen Gegensatz von Adel und Bauerntum. Die Koren präsentierten adlige Selbstdarstellungen und reflektierten den hohen verehrungswürdigen Stand der Frauen in dieser Gesellschaft. Vielleicht waren es gerade diese hohen und zweifellos arroganten Frauen, die den Unmut der breiten bäuerlichen Untertanenschicht provoziert haben. Und gegen die adlige Bevormundung wehrten sich Bauern und später Bürger durchaus erfolgreich. Ganz handfest zeigte sich das in der militärischen Überlegenheit der Bauernaufgebote. Die Bauern, in archaischer Zeit durchaus zu Wohlstand gekommen, schlossen sich im Kriegsfall zur schwer gerüsteten Phalanx einer Schlachtformation zusammen, welche die adligen Einzelkämpfer vergeblich berannten. Und mit dem Aufkommen der bäuerlichen Schwerbewaffneten (Hopliten) schwand der politische Einfluss des Adels.

Die archaische Epoche der griechischen Geschichte mündete in eine tiefe soziale Krise. Das Volk *(demos)* verbündete sich gegen den Adel und erstritt sich immer mehr politische Rechte. Einzelne taten sich hervor und bemächtigten sich mit Gewalt der Herrschaft. Man benannte sie mit dem fremdländischen (wahrscheinlich etruskischen) Wort »Tyrannen«. Gerade unter deren Herrschaft bildeten sich die Lokalstaaten heraus, die wir mit dem Begriff *polis* bezeichnet haben. Es war aber auch sonst eine turbulente Zeit, in der die Griechen weit über ihr ursprüngliches Siedlungsgebiet auf der griechischen Halbinsel, der ägäischen Inselwelt und an der kleinasiatischen Küste hinausgriffen und Kolonien rund ums Schwarze Meer, in Ägypten und der Kyrenaika ins Leben riefen. Die mächtigsten Neugründungen entstanden in Süditalien (Tarent), Libyen (Kyrene) und Sizilien (Syrakus). Und all das waren betont »männliche« Unternehmungen (z. B. wurden von den Auswanderern keine Frauen mitgenommen). Auch der Demos war männlich und bestand aus den Hopliten, die erfolgreich die Königs- und Adelsherrschaften abschüttelten. Er verkörperte die Macht der freien Bauern und später der in Handwerk und Handel tätigen Bürger. Frauen hatten beim sozialen Aufstieg des Demos keinen konstitutiven Anteil. Mit dem Heraufkommen der Volksherrschaft schwand ihr Einfluss. Diese Vorgänge könnten die wachsende Distanz der männlichen Bauern und Bürger vom anderen Geschlecht und dessen Ausgrenzung aus dem aktiven, öffentlichen Leben bewirkt haben. Und vielleicht beabsichtigte der nun herrschende Demos mit der ostentativen Herabsetzung der Frau eine Gegenposition zum Adel mit seiner überfeinerten Hochschätzung der Frauen zu beziehen.

Hypothetisch ist der Einfluss der Homosexualität auf das Aufkommen der Misogynie. Bei Homer hören wir noch nichts von Knabenliebe, doch Theognis aus Megara, ein Dichter des 6. Jahrhunderts, widmete seinem *eromenos* (Geliebten) eine ganze unverblümte Sammlung von Elegien. Es scheint so, dass sich die pädophile

Lebensform (die es natürlich schon vorher gegeben hatte) gerade in den Jahrhunderten der Archaik aus einer Tabu-Zone herausbewegt hat. Allerdings wurde sie eher von den höheren Schichten, denen auch Theognis angehörte, akzeptiert und vom mittleren und unteren Teil des Demos für degeneriert gehalten. Aber die nun häufig in den Quellen belegten gleichgeschlechtlichen männlichen Beziehungen werden ihren Teil zur Frauenfeindschaft beigetragen haben.

Halten wir fest: Im 7. und 6. Jahrhundert herrschte in Griechenland ein ausgesprochen differenziertes Frauenbild. Der aristokratischen Frauen-Verehrung stand die demokratische *misogynia* diametral gegenüber. Und während in Sparta das adelige hohe Prestige der Frau die nächsten Jahrhunderte über weiter gepflegt wurde, institutionalisierte sich in Athen die Minderstellung der Frau. War es nicht symptomatisch, dass beim Neubau der Akropolis durch Perikles und seine demokratische Partei die alten Korenstatuen rücksichtslos abgeräumt und im Perserschutt einplaniert worden waren?[71]

Frauen-Segregation: Ein athenischer Sonderweg?

Innerhalb der griechisch-römischen Antike steht das klassische Athen in seiner vorsätzlichen Abwertung der Frau freilich ziemlich einzigartig da. Von einzelnen Strömungen im 6. Jahrhundert, verkörpert durch Hesiod, abgesehen, hat es Misogynie in dieser Form weder vorher noch nachher gegeben. Im Hellenismus, der Periode, die auf Alexander den Großen folgt, und unter den Römern genossen freie Frauen zwar auch keine politischen Rechte, lebten aber privatrechtlich gesichert und konnten Eigentum erwerben und vererben. Erinnert sei auch an die zahlreichen Herrscherinnen der hellenistischen Staaten und an die römischen Kaiserinnen. Erst dem politischen Machtgewinn des Christentums im 4. nachchristlichen Jahrhundert blieb es vorbehalten, der Misogynie wieder offiziellen Status einzuräumen.

Beruht diese Singularität der athenischen Frau vielleicht auf einer tendenziösen Interpretation der Quellen? Sind etwa nur solche Zeugnisse erhalten geblieben, welche die Zurücksetzung der Frau beinhalten? In der Tat ist die Quellenlage in dieser Frage sehr widersprüchlich. Wir finden nämlich eine ganze Reihe von Belegen, in welchen von rigidem Ausschluss aus der Öffentlichkeit und Repression keine Rede sein kann. Schauen wir uns einige an:

In den um keinen Witz verlegenen Komödien des Aristophanes bieten Marktfrauen, Gemüsehändlerinnen und Fischverkäuferinnen ein unentbehrliches Reservoir an Direktheiten und Obszönitäten. Wichtig ist, dass sie immer als freie athenische Bürgerfrauen, nicht etwa als Sklavinnen, dargestellt werden. In einem Fall droht eine Bäckerin, in einem anderen eine Schankwirtin Zechprellern gar mit einem Prozess – sind das nun aristophanische Scherze oder konnten Frauen doch von sich aus rechtlich tätig werden? Sicher ist, dass sie Gerichtsverhandlungen beiwohnten und durch ihre Anwesenheit die Richter zu beeinflussen trachteten. Als Käufer auf der Agora treten Männer und Frauen gleichermaßen auf. Aber natürlich war es für Aristophanes reizvoller, den spottgewandten Händlerinnen aufgeblasene Beamte, Beutelschneider, Betrunkene oder Philosophen – Männer jedenfalls – gegenübertreten zu lassen. Auf den Marktplätzen herrschte mithin ein männlich-weibliches Durcheinander, von Geschlechter-Segregation offensichtlich keine Spur. Auch arbeiteten selbstverständlich die attischen Bäuerinnen mit auf dem Feld, im Weinberg und im Stall, anders wäre die Ernte gar nicht zu bewältigen gewesen. Aristoteles hat daher mit realistischem Durchblick erkannt, dass es in der demokratischen Staatsform gar nicht möglich sei, Frauen von Arbeit in der Öffentlichkeit abzuhalten: »... wie sollte es auch möglich sein, die Frauen der Ärmeren am Ausgehen zu hindern«.

Bestätigt wird die Tätigkeit von Frauen in der Öffentlichkeit auf attischen Vasenbildern: Dort tragen sie Wasseramphoren, pflücken Früchte und besuchen – in einem Fall – einen Schuster. Auch hier geben verschiedene ikonographische Attribute den Hinweis, dass es sich um Freie, nicht um Sklavinnen, handelt. Ein deutliches Zeichen der freien Frau z. B. ist langes Haar. Bei *parthenoi* (jungen Frauen) fällt es in mehreren Strähnen bis zur Hüfte hinunter. Ehefrauen und sonstige Freie tragen es mit Kämmen hochgesteckt oder zu einem Knoten zusammengebunden und von einem Tuch bedeckt. Bei Sklavinnen hingegen scheinen Kurzhaarschnitte, modernen Pagenköpfen und »Prinz-Eisenherz-Frisuren« ähnelnd, üblich gewesen zu sein. Manchmal weisen auch Tattoos auf fremdländische, also unfreie, Herkunft der Trägerin hin.[72]

Schriftlich erwähnt werden auch Heilkundige und Hebammen, wie Sokrates' Mutter Phainarete. Sie ließen sich wohl schwerlich von Tätigkeiten in fremden Häusern abhalten. Das Adjektiv »hochberühmt und mannhaft (!)«, womit Sokrates seine Mutter charakterisiert, lässt eine »gestandene Frau« erkennen.

Wir kommen dem Problem näher, wenn wir die eingeschränkte weibliche Bewegungsfreiheit schichtenspezifisch, nämlich abhängig vom Stand und der Vermögensklasse, interpretieren: Euripides drückte das in einem Epigramm so aus: »Im Hause zu bleiben schickt sich für die edle Frau«, also für weibliche Angehörige der Aristokraten- und der Reiter-Klasse. Dass diese Forderung für Zeugiten- und Thetenfamilien, die auf weibliche Mittätigkeit finanziell angewiesen waren, nicht zutreffen konnte, wusste Euripides sehr wohl, war er doch selbst Sohn einer werktätigen Gemüsefrau! Vornehme Zurückgezogenheit bildete das Ideal für die höheren Töchter und die hohen Frauen der oberen Klassen, die sich nicht mit dem Demos gemein machen wollten und nicht »draußen« im Schweiße ihres Angesichts arbeiten mussten. Wir dürfen bei dieser Fragestellung nicht den (post-)modernen Rechtsanspruch der Frau auf Arbeit auf die Antike übertragen. Das Wort für Arbeit ist im Altgriechischen *(ponos)* und Lateinischen *(labor)* das gleiche wie für Plage und Mühe. Das Ideal des antiken Menschen (auch der Frau) war Ruhe und Kontemplation, aber durchaus nicht im Sinne von schlaffer Untätigkeit, sondern im Sinne der schöpferischen Muße.

Vornehme Zurückgezogenheit bedeutete wohl eine gewisse Separation vom lauten und – wenn wir Aristophanes folgen – ziemlich vulgären Getriebe der Stadt, aber keine Isolation. Die Häuser dieser Gesellschaftsschicht glichen eher Palästen, verfügten über reichlich Platz, über Innenhöfe und Gartenanlagen. Besuche von Frauen untereinander und Austausch von Neuigkeiten und Fertigkeiten gehörten zur Tagesordnung. Jede »Edle« trat mit einem Schwarm von Dienerinnen und Sklavinnen auf und ließ sich von Freigelassenen und mitunter ärmeren Nachbarinnen begleiten. Im besuchten Hause trafen sie nicht nur auf die Hausherrin mit ähnlich großer Dienerschaft, sondern auf unverheiratete Schwestern, Tanten und Töchter.

Bei den Treffen ließ man sich von Tänzerinnen, Sängerinnen und Akrobatinnen unterhalten. Alkohol spielte, ganz im Gegensatz zu den männlichen Symposien, keine Rolle, was den würdevollen Verlauf der Feste garantierte. So entstanden ganze Frauen-Netzwerke. Auch Gänge auf die Agora waren keineswegs unüblich, wenn auch immer in Begleitung von älteren Dienern oder im Beisein von »Anstandsdamen«. Selbstverständlich war der Existenzraum in den bescheidenen Häuschen der Zeugiten- und Thetenklasse beengter, doch waren es gerade diese Bürgerfrauen, die außer Haus gingen, um zu arbeiten, wie Euripides' oder Sokrates' Mutter.

An dieser Stelle sei darauf hingewiesen, dass die Form der weiblichen »vornehmen Zurückhaltung« bis ins letzte Jahrhundert hinein ein sozialer Standard der bürgerlichen Gesellschaft gewesen ist.[73]

Frau und Religion: Mystik, Kult und Trauer

Selbstverständlich wurden von Frauen Tempel und Kultstätten aufgesucht. Religiöse Feste, Prozessionen und Feiertage machten keinen geringen Teil des Jahres aus. Am großen Staatsakt, dem Panathenäen-Umzug, nahmen, wie es der Parthenon-Fries zeigt, beide Geschlechter teil. Im Spätherbst feierten die verheirateten Frauen unter strengem Ausschluss der Männer gemeinsam das mehrtägige Thesmophorien-Fest zu Ehren der uralten matriarchalischen Muttergöttin Demeter. Über die Ritualhandlungen geben die Quellen nur spärliche Information preis, wie über alle Mysterienkulte. Im Mittelpunkt stand die weibliche Sexualität als apotropäische (unheilabwehrende), fruchtbare und den Tod überwindende Kraft. Klar, dass dies, und besonders die phallisch geformten Gebäckstücke und obszönen Reden der Feiernden, schon in der Antike zu diversen (männlichen) Spekulationen geführt hat. Echten Orgien scheinen sich die Frauen indes bei ihrem Winterfest, den *haloa,* hingegeben zu haben, wobei auch der Wein in Strömen floss. Bei der Auswahl der Teilnehmerinnen war man in diesem Fall nicht so streng, so dass auch Unfreie daran teilnehmen durften. Auch hier stand Demeter sowie ihre in die Unterwelt entführte Tochter Persephone im Mittelpunkt. Der alte Ritus symbolisierte das zyklische Werden (Frühling) und Vergehen (Winter) der Natur. Auch die der weiblichen Landbevölkerung vorbehaltenen Mysterienkulte im Heiligtum von Eleusis, das durch die »Heilige Straße« mit Athen verbunden war, dienten diesem Zweck.

Weiblicher Beliebtheit erfreute sich Dionysos, der Gott der Vegetation, der blühenden Natur und nicht zuletzt des Weines. Zu seinen Ehren sollen sich die Frauen in zeremonielle Rauschzustände (Ekstasen) versetzt und wild wie Mänaden (Rasende) getanzt haben. Den Adonis-Kult pflegten vornehmlich Hetären und Prostituierte, was ihn in den Augen der davon ausgesperrten Männerwelt als besonders orgiastisch erscheinen ließ. In der Gestalt des Adonis wurde der jugendlich-schöne, aber nur kurzlebige Liebhaber der Aphrodite verehrt. Wir dürfen vermuten, dass im Zeitalter der attischen Demokratie der ursprüngliche, vielleicht eine matriarchale Vorzeit wiedergebende sakrale Sinn all dieser Frauenfeste den Teilnehmerinnen nicht mehr gegenwärtig war. Dies war jedoch kein Hindernis für ihre außerordentliche Beliebtheit bei allen Einwohnerinnen, nicht nur Athens, sondern ganz Griechenlands. Von der männlich dominierten Polis wurden keine Beschränkungen auferlegt, im Gegenteil, in Athen hatten eigene Amtsträger dafür zu sorgen, dass die weiblichen Riten und Kulte ungestört abliefen. Dahinter steckte die tiefe Furcht, mächtige weibliche Gottheiten könnten den Kreislauf der Natur unterbrechen. Großes Ansehen genossen daher auch Priesterinnen, welche die Mysterien leiteten. Den höchsten Rang nahm die Hohepriesterin der Athene ein.

Aufgrund der von den Hellenen vorausgesetzten Nähe der Frau zur Natur, zur Fruchtbarkeit und dem Lauf des Werdens und Vergehens waren Totenrituale seit alters her eine weibliche Domäne. Waschung und Aufbahren von im Hause Gestorbenen oblag den Frauen des *oikos.* Grablegung und Trauerzeremonien wurden von Priesterinnen und den sprichwörtlichen »Klageweibern« gestaltet. Da z. B. in Kriegsfällen die ganze Stadt wochenlang von niederschmetternden Klagegesängen und Geheul erfüllt war, versuchte der Staat hier einzugreifen und das ausufernde weibliche Klagewesen in der Öffentlichkeit zu unterdrücken. Diesem Zweck galt die gesetzliche Einführung einer jährlich einmal stattfindenden Grabrede des höchsten Repräsentanten, die allen zwischenzeitlich Gefallenen galt. Die bekannteste, Perikles' Gefallenenrede, haben wir schon zitiert.[74]

Eine nicht abschließend geklärte Frage ist, ob Frauen die Theaterveranstaltungen besuchten. Eindeutige Hinweise fehlen nämlich nicht nur für Athen, sondern für die griechische Antike insgesamt – mit einer Ausnahme, der Komödie ›Lysistrate‹, die ein männliches und weibliches Publikum direkt anspricht. Anzunehmen ist eine weibliche Zuhörerschaft aber deshalb, weil die Dramenszenierungen nicht – wie später – der reinen Unterhaltung dienten, sondern in religiöse Kulthandlungen eingebunden waren, an denen auch die Frauen Anteil nahmen. Gehen wir davon aus, dass der Theaterbesuch für Frauen nicht so selbstverständlich war wie für die Bürger, und dass vielleicht nur ein kleiner, separierter Teil der Tribüne für sie reserviert war. Ein bewusstes Fernhalten aber können wir ausschließen. Die Schauspieler selbst waren jedoch immer männlichen Geschlechts, auch wenn sie weibliche Rollen spielten. Das stellt jedoch kein athenisches Spezifikum dar, sondern war bis ins Barockzeitalter üblich.[75]

Die vornehmliche Hausarbeit der Frau bestand in der Herstellung von Kleidung, Tuchen, Decken und Textilien aus Schafwolle und Leinwand. Die komplizierte Arbeit am Webstuhl und die Buntwirkerei galten als vornehme Kunstfertigkeit, der sich auch mythische Königinnen wie Penelope widmeten. Herstellung und Pflege bestickter Kleidung war allerhöchste Sache der Ehefrau. Häusliche Szenen mit webenden, durch üppig gefältelte Kleidung als ranghoch gekennzeichneten Frauen finden wir häufig auf Vasen abgebildet. An Tüchern, Schabracken und einfacher Kleidung durften sich die Mädchen versuchen. Viereckige Windeln, untrügliches Zeichen eines blühenden *oikos*, flatterten allenthalben. Für die einfache Handarbeit und die Küche standen auch in weniger wohlhabenden Haushalten Dienerinnen oder Sklavinnen zur Verfügung. Die Aufgabe der Hausfrau bestand darin, sie anzuleiten und zu beaufsichtigen. Ein weites Feld war die Erziehung der Kinder, zumindest bis zu deren Eintritt in die Pubertät. Auch hatte sich die Bürgersfrau um die Vorratshaltung an Nahrung, in vorindustrieller Zeit ein lebensnotwendiges Unterfangen, zu kümmern. Euripides brachte dies auf den Punkt: »Häuser, in denen keine Frau herrscht, sind ohne Ordnung und Nutzen!«

Haben die Athenerinnen jene häuslichen Tätigkeiten wirklich als Zurücksetzung empfunden? Erschien ihnen die Rollenverteilung nicht plausibel? Wir sollten uns hüten, den feministischen Standpunkt von weiblicher Emanzipation auf die Antike zu übertragen. Das Ideal der durch eigenes Einkommen sich selbst bestimmenden, deshalb auf Kinder verzichtenden Frau ist eine postmoderne, auf Kreise der westlichen Welt beschränkte Vorstellung, die der Antike völlig fremd war. Zu Recht stellt Elke Hartmann fest: »Die in vielen Beiträgen ablesbare Geringschätzung der Hausarbeit gegenüber der Arbeit außerhalb des Hauses entspricht allerdings keineswegs den antiken Wertmaßstäben, sondern vielmehr denen der bürgerlichen Industriegesellschaft des 19. Jahrhunderts.« Relativ häufig sind übrigens Vasenmalereien, die Frauen darstellen, die in Schriftrollen lesen bzw., wie damals üblich, laut vorlesen. Das zeugt von selbstverständlicher Bildung und intellektueller Zerstreuung auch unter Frauen.[76]

Die These von der streng isolierten und unterdrückten athenischen Frau ist durch das bisher Gesagte schon arg ins Wanken geraten. Einen buchstäblich ins Auge springenden Kontrast zur vermeintlich allgemein verbreiteten Misogynie bieten uns darüber hinaus Darstellungen von Männern und Frauen auf Vasen, die sehr intime, von gegenseitigem Respekt geprägte Begegnungen oder Abschiede zeigen. Eine eigene Kunstgattung bilden die »Hochzeitskessel« *(lebes gamikos)* mit Szenen der Hochzeitszeremonie und des Ehelebens. Viele dieser in den Frauengemächern stehenden Gefäße zeigen (durch bestimmte Attribute als solche gekennzeichnete) Ehefrauen mit aphrodisisch entblößtem Oberkörper, umgeben von Schmuck, Salben und Kosmetika, die sich auf den Besuch des Gatten vorbereiten.

Auch viele in Athen gefundene Grabreliefs tragen rührende Abbildungen in Liebe und Treue vereinter Ehepaare oder hingeschiedener Ehepartner und geben ihnen mit einfühlsamen Epigrammen das letzte Geleit. Ein paar Exempel für viele seien hier angeführt: »Hier deckt die Erde die gute und tugendsame Archestrate, nach der sich ihr Mann sehnt.« *Homonia,* die Eintracht, und schließlich *Philia,* die eheliche Liebe, werden beschworen – Eigenschaften, die, wie der mehrtausendjährige Geschlechterdiskurs zeigt, schwer erkämpft wer-

Abb. 6 Grabmal der Mnesarete, »Tochter des Sokrates«. München, Glyptothek

den müssen und ihre Zeit fordern. »Gruß Dir, Grab der Melite! Eine tüchtige Gattin liegt hier, die Onesimos, den Gatten, der sie liebte, wieder liebte. Du warst die Vortrefflichste. Er trauert nun, da Du tot bist, um die tüchtige Gattin. Sei gleichfalls gegrüßt, mein Mann, und liebe die, die mir lieb sind.« Ein schönes Beispiel für die geachtete Stellung der Gattin ist die Stele der Mnesarete in der Münchner Glyptothek. Sie war die jung verstorbene Tochter eines (vielleicht unseres?) Sokrates, hinterließ Mann, Kind und Mutter. »Persephones Gemach hält sie umfangen, sie, die zum Ziel jeglicher Tugend gelangt ist.«

Und überhaupt, woher nahmen denn Phidias und die anderen Künstler die realen »Models« für ihre »schönen und guten« Frauenskulpturen am Parthenon? Und woher bezog Euripides seine Vorstellungen von den starken Frauengestalten seiner Tragödien, Medea, Andromache, Elektra und Iphigenie? Gedrückte Wesen können dies nicht gewesen sein![77]

Huren und Heilige – Konkubinen und Gattinnen

»Wir haben die Hetären der Lust wegen, die Nebenfrauen für die Bedürfnisse des Alltags, die Ehefrauen aber dazu, um uns legitime Kinder zu gebären und als verlässliche Wächter unseres Haushalts.«

Eine weibliche Berufsgruppe, die in Athen eine große gesellschaftliche Rolle spielte, bildeten die Hetären. Der Begriff an sich ist unverfänglich und bedeutet einfach »Gefährtinnen«, doch handelte es sich zweifelsohne um käufliche Frauen, die der Prostitution nachgingen, wenn auch auf hohem Niveau. Das bezog sich nicht nur auf die sexuellen Dienstleistungen (die auch einfache Prostituierte anboten), sondern eher auf Witz, Schlagfertigkeit, Erotik und Intelligenz. Für eine Hetäre, die in hohe Kreise vorstoßen wollte, waren elegante Umgangsformen und die Beherrschung von Tanz, Gesang und verschiedenen Musikinstrumenten unabdingbar. Im Idealfall sollte sich die Schönheit des Körpers *(kallos)* mit *charis,* Anmut und Ausstrahlung, paaren. Auch über die politischen Zustände und die gerade aktuellen philosophischen Schlagworte sollte sie informiert sein, wenn wir auch ihre Bildung und ihren Einfluss nicht überstrapazieren sollten. Zu den Höhepunkten männlicher Geselligkeit, den Symposien, zählte, wie oben beschrieben, der Auftritt von Hetären. Sexuelle Kontakte scheinen dabei, sofern die Kampftrinker dazu überhaupt noch in der Lage waren, nicht immer im Mittelpunkt gestanden zu haben, sondern verführerische Entkleidungstänze, frivole Späße und obszöne Reden. Und hin und wieder haben besonders clevere »Gefährtinnen« die dort versammelten Männer mit Zitaten und Kenntnissen über Literatur und Kunst überrascht.

Im Gegensatz zu den *pornai* verkehrten Hetären nicht wahllos mit allen möglichen Freiern, sondern vergaben ihre Gunst für eine bestimmte Zeit – diese konnte nur die Dauer eines Gelages oder aber ein ganzes Jahr betragen – einem alleinigen Liebhaber oder einem fest umrissenen Freundeskreis. Das »Ausspannen« besonders begehrter Frauen war ein beliebtes Gesellschaftsspiel und führte zu häufigen Streitereien und Rivalitäten unter Männern. Solche weiblichen Statussymbole ließen sich nicht mehr mit prall gefülltem Geldbeutel locken (ein beliebtes Bildmotiv), sondern forderten kostbare Geschenke bis hin zu Pferden, Sklaven, Silber- und Goldschmuck. Da Metökinnen als Landfremde keinen Grund- und Hausbesitz erwerben durften, war Gold und Silber zur Alterssicherung unerlässlich. Frauen wie Theodote und Lais mussten aufwändig umworben und erobert werden, zierten sich lange und verstanden es, ihre Liebesdienste als Gefälligkeiten und Freundschaftsbeweise darzureichen.

Auch Hetären selbst organisierten Symposien, zu denen sie (zahlende) Liebhaber und Gäste einluden. Beim hohen Wissenstand der Antike über natürliche Verhütung stellten ungewollte Schwangerschaften kein Problem dar. Man kann sich zudem des Eindrucks nicht erwehren, dass in der Mehrheit sexuelle Praktiken zur Anwendung kamen, die eine Empfängnis ausschlossen.

Hetären tauchen bereits als typische Begleiterscheinung der Adelskultur im 6. Jahrhundert auf. Auch im demokratischen Athen blieb ihr teures Engagement auf die reichen oberen Kreise beschränkt. Aristokraten, berühmte Künstler und Sportler und zu Reichtum gelangte Emporkömmlinge leisteten sich diesen Lebensstil. Athenaios, der Verfasser eines nicht unwitzigen ›Gelehrtengastmahls‹, lässt so ziemlich alle stadtbekannten Figuren des klassischen Athens mit Hetären das Lager teilen: Darunter Sophokles mit einer gewissen Theoris, Isokrates mit Lagiska, Lysias mit Metaneira, ja selbst Platon wird mit einer Hetäre Archeanassa verbandelt und Aristoteles soll mit einer Freigelassenen namens Herpyllis ein Kind gehabt haben. Freilich ist das chaotische ›Gelehrtengastmahl‹ keine besonders glaubwürdige Quelle. Aus dem Brei, den Athenaios, ein *poikilograph* (also ein »bunter Hund«) des frühen 3. nachchristlichen Jahrhunderts, zusammengerührt hat, ist es für uns unmöglich, Wahres von Halbwahrem, geschweige denn Richtigem, zu trennen.

In der Regel waren Hetären keine Bürgerinnen, sondern Freigelassene und/oder gehörten dem Stand der Metöken an. Sie waren also persönlich frei und geschäftsfähig, genossen aber keine bürgerlichen Rechte. Auch Sklavinnen konnten sich im Gewerbe empordienen und sich freikaufen. Mit zwei Drachmen pro Abend, sofern sie *aulos* (Flöte) und *kithara* (ein Zupfinstrument) spielen konnten, wurden sie doppelt so gut bezahlt wie ein freier Arbeiter für den ganzen Tag. Viele Hetären gelangten zu Reichtum, stifteten als ältere Frauen Weihegeschenke und förderten die Kunst und einige genossen nach dem Tod sogar göttliche Ehren. Der Volksmund schrieb ihnen mitunter politischen Einfluss zu, so hielt sich hartnäckig das Gerücht, Aspasia habe Perikles zum Angriff auf Samos angestiftet (441) und somit den Peloponnesischen Krieg ausgelöst. Scherz mit Ernst vermengte Themistokles, der gewaltige Sieger von Salamis, als er erfuhr, dass seine Geliebte, eine Hetäre, von ihm ein Kind zur Welt gebracht hatte, denn: »Dieses Knäblein ist der wahre Herr von ganz Hellas: Es beherrscht seine Mutter, diese beherrscht mich, ich regiere die Athener, und diese gebieten über Griechenland.«

Vasenbilder zeigen Hetären immer wohlgestaltet, schön gewandet und geradezu züchtig, (vgl. dazu den Rat Sokrates' an Theodote!), aber das galt, wohlgemerkt, nur für Hetären. *Pornai* bildeten die Vasenmaler weniger zurückhaltend ab. Komödien über Hetären bilden eine eigene antike Literaturgattung. Amouren und Liebesaffären waren fester Bestandteil des städtischen Klatsches quer durch alle Schichten. Wir sind über die sexuelle Szene Athens relativ gut informiert, weil sexuelle Anzüglichkeiten schon immer das süffisante Interesse der Medien gefunden haben. Das führt freilich dazu, dass gerade die bizarre Seite der Sexualität in den historischen Quellen überproportional pointiert wird und in Texten oder Bildern weit häufiger verzeichnet ist als das konfliktfreie und konsensuelle (um den Begriff »normale« zu umgehen) sexuelle Miteinander, das den Alltag bestimmt hat.

Von der Beliebtheit der Symposion- und Hetären-Thematik zeugen Hunderte von erhaltenen einschlägigen Darstellungen auf attischen Vasen, Krateren, Trinkschalen und Ölfläschchen. Die Abbildungen changieren zwischen anmutigen Flötenspielerinnen, zärtlichem Zusammensein von jungen Männern, Epheben noch, mit jüngeren Hetären einerseits und Verfolgungsszenen und drastischen sexuellen Akten mit mehreren Personen andererseits. (Aus diesem Grund waren bis ins letzte Jahrhundert die meisten dieser Bildwerke in musealen Giftschränken versperrt!) Haartracht, Amulette, Kosmetik und gewandtes Auftreten oder raffiniertes Hingestrecktsein auf der Kline weisen die kultivierten Hetären aus. Sie sind Partnerinnen im Liebesspiel und im Austausch von Sinnlichkeiten. Gar nicht selten werden sie wie ihre Liebhaber mit Namen versehen und damit als Persönlichkeiten hervorgehoben. Fast scheint es, dass Männer mit solcherart beschrifteten Vasen sich stolz ihrer Liebschaften rühmten und damit vor ihren Freunden renommierten. Hetärenabbildungen unterscheiden sich deutlich von den völlig nackt dargestellten gewöhnlichen Dirnen, die sich in exzentrischen Stellungen abmühen oder mit künstlichen Phallen *(olisben)* hantieren. Signifikant ist die allgemeine Vorliebe für den *coitus a tergo* (von hinten). Mit Hetären geschieht das bequem auf Klinen, mit Umarmung und Augenkontakt, während *pornai* stehend oder in gebückter Haltung als reine Sexualobjekte dienen. Die darüber hinaus detailliert porträtierten möglichen Kopulationspraktiken und exzentrischen Luststimulierungen boten der Vasenmalerei eine ergiebige Bildthematik.

Die ältere Wissenschaft hat daher entweder empört von Pornographie gesprochen oder dionysische Geheimkulte vermutet, doch die moderne Forschung bezweifelt nicht den Realitätsgehalt des ungehemmten Treibens. Symposien mit anschließenden Orgien gehörten zwar nicht zum Alltag – sie kosteten schließlich eine Menge Geld –, stellten aber doch einen festen Bestandteil des athenischen

Männerlebens dar. Da, wie bereits ausgeführt, die griechisch-römische Antike den Männern die Auslebung ihres Geschlechtstriebes, den man als Göttergeschenk wertete, generell zugestand, galten die Inanspruchnahme von Prostituierten und der Besuch von Hetären nicht als anstößig. Jüngeren Unverheirateten wurde dies als »Ventil« sogar nahe gelegt. Selbst zum Tode Verurteilten wurde der Besuch von »Schönen, nach denen sie Verlangen hatten« im Gefängnis gewährt. Erst gegen Ende des 5. Jahrhunderts mehrten sich die Stimmen von Philosophen – darunter auch Sokrates, deutlicher später Platon –, zumindest die Symposien unter Gebildeten dem höheren Gedankenaustausch zu widmen und von Maß- und Zuchtlosigkeiten frei zu halten.

Die Kehrseite des florierenden Auftretens von Kurtisanen und Kokotten blieb den Verantwortlichen in Staat und Gesellschaft nicht verborgen. Nicht genug, dass viel Geld und geistige Energie gerade seitens der *kalokagathoi* in amouröse Kopfverdrehung, Tändelei und Verführung mehr oder weniger sinnlos investiert wurden, entlud sich die Konkurrenz rivalisierender Männer und deren Bünde mitunter in handfesten Kämpfen. Eine Fülle von noch erhaltenen Prozessakten befassen sich mit Eifersuchtsdelikten, Beleidigungen und Affekthandlungen. Das Schlimmste aber war, dass Hetären den Bestand ganzer Familien und sogar *oiken* ins Wanken bringen konnten, falls sich ehefähige Jungmänner oder Ehemänner über Gebühr mit ihnen einließen. Sophokles' 438 uraufgeführte Tragödie ›Die Frauen von Trachis‹ ist als Parabel über das Unheil zu verstehen, das selbst einem Heros wie Herakles widerfährt, als er eine jüngere Geliebte, Iole, seiner legitimen Gattin Deianeira vorzieht. Der Staat legte seit dem perikleischen Bürgerrechtsgesetz von 451 alleinigen Wert auf vollbürtige Nachkommen, die nicht mit Freigelassenen oder Metökinnen, sondern ausschließlich mit indigenen athenischen Ehefrauen gezeugt wurden. Das Zusammenleben eines Bürgers mit einer fremdstämmigen Frau stand daher – zumindest den Buchstaben nach – unter Strafe; das Gesetz scheint aber in der Praxis wegen der Fülle der Fälle nie ausgeschöpft worden zu sein. Außereheliche Kinder von Bürgern waren immer wieder Ursache von Querelen und Verdächtigungen. Hetären versuchten sie, vielfach mit stillschweigender Zustimmung der Erzeuger, als legitime Nachkommen und Erbberechtigte zu deklamieren. Unfriede und Zwist innerhalb der Oiken, welche die Stützen der athenischen Staatsgemeinschaft bildeten, waren die Folge.[78]

Hetären-Schicksale: Aspasia, Phryne und Neaira

Das Hetärenwesen unterlag zwar keiner gesellschaftlichen Ächtung oder moralischen Verurteilung, aber trotzdem befand sich ihre Position immer auf schwankendem Boden. Die drei Beispiele der berühmtesten Hetären Athens mögen dies illustrieren: Aspasia, Phryne und Neaira. Aspasia ist uns schon bei Perikles begegnet. Sie kam aus Milet und war nur wenig älter als Sokrates. Seit etwa 450 lebte sie mit dem Ersten Strategen zusammen, der ihretwegen seine rechtmäßige Gattin verlassen hatte. Nach Plutarch hat ihn wirklich die Liebe zu der Milesierin dazu gebracht: Zwei Mal habe er sie täglich geküsst, beim Fortgang zu den Staatsgeschäften morgens und bei seiner Rückkehr abends. Aspasia wird als geistvolle Frau geschildert, die Politikern, Künstlern und Sophisten eine anregende Gesellschafterin und Gesprächspartnerin war. Sokrates weiß nur Lobendes über sie zu berichten und rühmt sie sogar als Ratgeberin für Ehefragen. Im Dialog ›Menexenos‹ bezeichnet er sie als Lehrmeisterin, die Perikles und ihn, Sokrates selbst, in der Redekunst (Rhetorik) unterwiesen habe. So sei die berühmte Gefallenenrede des Perikles 431/30 zu Beginn des Peloponnesischen Krieges in Wirklichkeit von ihr verfasst worden. Sokrates erfuhr sie als eine strenge Meisterin, von der er seiner Vergesslichkeit halber »beinahe Schläge bezogen« habe – was natürlich mit Ironie zu lesen ist. Sein Schüler Aischines widmete ihren Gesprächen mit Sokrates ein ganzes Werk, das leider nur in Fragmenten erhalten ist. Wir gewinnen hier das Bild einer gebildeten und wohlsituierten Frau, die nicht so sehr durch sexuelle Attraktivität, sondern durch Hausverstand und Lebensklugheit hervorstach, was letztlich bedeutet, dass Aspasia eigentlich nicht dem Vollbild einer Hetäre entspricht. Da sie keine gebürtige Athenerin war, genoss sie nur den minderrechtlichen Metöken-Status. Perikles konnte deshalb auch keine legitime Ehe mit ihr eingehen. Dem gemeinsamen Sohn, auch er Perikles geheißen, wurde daher von der Polis zuerst das Bürgerrecht verweigert. Erst nach langwierigen, zermürbenden Verhandlungen erreichte der Stratege eine Sonderregelung. Und auch sie kam nur zu Stande, nachdem Perikles' zwei rechtmäßige Söhne 430 an der Pest gestorben waren.

Wie schon angedeutet, war Perikles' Politik nie unumstritten geblieben. Anhänger der Oligarchie arbeiteten gegen ihn und auch im eigenen demokratischen Lager regte sich Widerstand. Und dazu kam noch die empörte adelige Familie seiner verstoßenen Ehefrau. Solange er als Staatsmann erfolgreich war, ließ sich gegen seine Autorität nichts ausrichten. So versuchte man ihn über seine Geliebte zu treffen und lancierte 432 eine Anklage wegen *Asebie* gegen Aspasia, die man gezielt als Bordellmutter und Kupplerin diffamiert hatte. Auch Aristophanes beteiligte sich an diesem unwürdigen Spiel. Der Vorwurf der »Gottlosigkeit« eignete sich immer dann, wenn kein klarer Gesetzesverstoß vorlag. Aber Rufmord bewirkte er allemal. Nur mit Mühe gelang es Perikles, seine Lebensgefährtin aus dem Intrigengespinst zu befreien und sie vor der Ausweisung zu bewahren. Sein Prestige war jedoch nachhaltig erschüttert worden. Aspasia überlebte Perikles, der 429 der Pest zum Opfer fiel, um mehrere Jahrzehnte und ging später nochmals ein enges Verhältnis mit einem reichen Athener, einem Viehhändler namens Lysikles, ein.[79]

Phryne und Neaira lebten später, in der ersten Hälfte des 4. Jahrhunderts, ihr Schicksal ist aber symptomatisch auch für die Zeit des Sokrates. Bei Phryne treten nun, im Gegensatz zum Bild der Aspasia, die erotischen und körperlichen Vorzüge deutlicher hervor, obgleich auch sie als geistreich und kunstsinnig geschildert wird. Ihre Gunst veranschlagte sie recht wahllos zwischen dem Preis von ein paar Münzen bis zu zwei Goldstateren. Der berühmte Bildhauer Praxiteles formte mehrere Statuen der olympischen Liebesgöttin Aphrodite nach ihrem Bilde. Das bekannteste Abbild ist die unbekleidete Aphrodite von Knidos, die wirklich durch außergewöhnliche Schönheit und Grazie besticht. Dadurch wurde Phryne in ganz Griechenland, ja in der gesamten Alten Welt bekannt. Doch ihr Reichtum und Luxus änderten nichts an der Tatsache, dass sie als böotisches Hirtenmädchen in Athen nur den geduldeten Rechtsstatus einer Metökin innehatte und Anklagen relativ rechtlos gegenüberstand. Und in der Tat wurde auch sie von einem verschmähten Liebhaber der *Asebie* beschuldigt. Doch die Hetäre wusste sich zu helfen:

Abb. 7 Phryne vor ihren Richtern, von Jean Léon Gérôme. Hamburg, Kunsthalle

Ihr Verteidiger Hypereides konfrontierte seine Mandantin, noch züchtig verhüllt, den 501 Geschworenen und löste am Ende seiner Rede ihr Gewand, das in einem herniederfiel. Phryne war nackt. Und die Männer sprachlos. Denn vor ihnen stand nicht mehr die angeklagte Hetäre Phryne, sondern die göttliche Aphrodite selbst, die Aphrodite von Knidos mit den Gesichtszügen, den Brüsten und dem Leib der Phryne! Schweigend und voller Angst vor dem Zorn der Göttin zerstreute sich die Menge, um Phryne in Zukunft unbehelligt zu lassen.

Aspasia, Phryne und die weiter oben erwähnte Theodote waren Ausnahmeerscheinungen, selbst in der Luxus-Klasse der Hetären. Lebensnäher dürfte das Los der Neaira, die in Athen als begehrte Hetäre lebte, gewesen sein. Auch gegen sie wurde ein Prozess geführt. Man warf ihr vor, sich als freigeborene Tochter einer Athener Bordellwirtin ausgegeben zu haben, obwohl sie eine freigekaufte Sklavin aus Korinth war. Darüber hinaus sollen sie und ihr Gönner noch einmal gegen das athenische Bürgerrecht verstoßen haben. Dies war ein Punkt, in dem die athenischen Richter generell keinen

Spaß verstanden. Entsprechend scharf war die Anklage formuliert und aus ihr stammt auch das am Eingang des Kapitels zitierte Statement. Ihr Liebhaber, ein athenischer Vollbürger, behauptete nämlich, Neairas uneheliche Töchter seien diejenigen seiner verstorbenen Ehefrau, einer Athenerin, und damit vollwertige Bürgertöchter. Und als solche wurden sie an Bürger verheiratet. Diese sahen jedoch durch den Verdacht den legitimen Status ihrer Kinder gefährdet. Wir wissen nicht, wie das Verfahren ausgegangen ist. Falls Neairas Schuld bewiesen wurde, musste sie Athen auf Lebenszeit verlassen.

Wichtig ist in diesem Zusammenhang das angeführte Zitat von den Hetären für die Lust, den Nebenfrauen für den Alltag und den Ehefrauen für die Kinder, das aus der Anklageschrift gegen Neaira stammt. Man darf es nämlich keineswegs – wie auf den ersten Blick möglich – als Herabwürdigung der Ehe missverstehen. Aus dem Kontext geht eindeutig hervor, dass der Kläger Neaira verurteilen und ins Exil treiben will, gerade um die bürgerliche Ehe und Familie zu schützen. In der (männlichen) Logik des Redners sind diese vielzitierten Sätze demnach als Lobpreisung und Würdigung der legitimen Frauen im Gegensatz zu Nebenfrauen und Hetären zu interpretieren![80]

Ein Wort zu den im Zitat genannten Nebenfrauen. Auch Sokrates soll längere Zeit ohne Eheschließung mit einer Frau namens Myrto zusammengelebt haben, was wir allerdings in Abrede stellen werden (s. u.). Das Konkubinat ist eine alte Einrichtung, die schon Homer erwähnt. Damals bedeutete sie weder für den Mann noch die Frau irgendetwas Abträgliches. Erst in Athen mit seinem strengen, auf Monogamie beruhenden Bürgerrechtsgesetz verfiel das Konkubinat offizieller Missbilligung. Die Nebenfrau *(pallake)* lebte mit einem verheirateten oder unverheirateten Mann ohne förmliche Eheschließung in dauernder Gemeinschaft zusammen. Sie konnte frei oder unfrei, Metökin oder Sklavin sein, aber auch dem Bürgerstand entstammen. Häufig waren es Dienerinnen, die zwar persönlich frei, aber lohnabhängig waren und danach strebten, einen einigermaßen gesicherten Platz im *oikos* einzunehmen (darauf spielt der Satz: »Nebenfrauen für den Alltag« an). Erotik stand also nicht im Vordergrund. Entstanden Kinder, so waren sie weder erbberechtigt noch hatten sie Anspruch auf das Bürgerrecht, waren aber frei geboren und blieben dem *oikos* verhaftet. Für die Frau war das Konkubinat insofern von Vorteil, als sie nicht der Vormundschaft des Mannes unterworfen war, aber als Angehörige und Mitbewohnerin seines *oikos* dessen Schutz genoss.

Der Terminus *pallake* ist etymologisch verwandt mit *pallas*, dem Beiwort der Göttin Athene mit der Bedeutung »jung«, »jugendlich«. Das könnte ein Hinweis darauf sein, dass es in der Regel Witwer mit Kindern waren, die sich nach dem Tod der Gattin jüngere Frauen ins Haus holten – *für den Alltag*, zur eigenen und der Kinder Versorgung. Dies wären also keine »Neben«-Frauen, sondern nacheheliche Partnerinnen gewesen. Die staatliche Gemeinschaft nahm daran keinen Anstoß, sofern es sich um freigelassene Haussklavinnen oder Metökinnen handelte, deren Kinder nicht erbberechtigt waren. Konflikte wurden aber heraufbeschworen, wenn die Konkubine eine freie Athenerin war. Deren Kinder vermochten sehr wohl Anteil am Erbe des *oikos* zu fordern, was etliche Prozessakten bezeugen.

Blicken wir auf das Gesagte zurück, so fällt die Vierteilung des athenischen Frauenbildes klar ins Auge. Die *porne* fungierte als das Sexualobjekt kurzzeitiger Begierden, die *pallake* (Neben- oder »Nach«-Frau) war eine verlässliche Dienstmagd, die *hetaira* (Gefährtin, Freundin) war für Erotik und Anmut zuständig und die Ehegattin *(gyne gamete)* schwebte über allen als sakrosankte Mutter. Denn zweifelsfrei rangierte bei aller maskulinen Promiskuität die legitime Ehe- und Bürgersfrau an höchster Stelle. Die offensichtliche Doppelmoral sollten wir wertfrei als historische Konstante hinnehmen. Die patriarchalische Aufspaltung des Frauenbildes in »Hure und/oder Heilige« hat die Antike überdauert, ging ins Christentum ein und bestimmt in den orientalischen und mediterranen »Macho-« und »Pascha-Gesellschaften« bis heute das Verhältnis der Geschlechter.[81]

Xanthippe: Versuch einer Biographie

Xanthippe wuchs mithin in einem von Männern bestimmten sozialen, kulturellen und politischen Umfeld auf, das Frauen sehr ambivalent gegenüberstand. Doch welche Figur verbirgt sich überhaupt hinter ihrem Namen, der seit zweieinhalbtausend Jahren als Ehefrau des zu allerhöchstem Ruhm gelangten Sokrates firmiert? Jeder Xanthippe-Biograph muss an dieser Stelle das Geständnis machen, dass eigentlich nur Platon ein paar ernst zu nehmende Worte über sie verloren hat. Denn schon bei Xenophons Erinnerungen an Sokrates nimmt der unvoreingenommene Leser wahr, dass die wenigen Bemerkungen, die Xanthippe gelten, tendenziös, in einer gewissen misogynen Richtung gefärbt sind.

Auf welche Weise können wir ihr näher kommen, woher kam sie, wen stellte sie dar? Zur Beantwortung dieser Frage könnte ihr Eigenname beitragen. Personennamen wurden ja früher mit Bedacht und Überlegung und nicht nach aktuellen Popstars ausgewählt. Der einem neugeborenen Kind für sein Leben mitgegebene Name sollte aussagekräftig sein, ihn schützen und über Familie, Stand und Herkunft Bescheid geben. Und in dieser Hinsicht fällt der Name »Xanthippe« aus dem Rahmen der athenischen Polis. *Xanthe* weist auf »hell«, »blond« oder »glänzend, schimmernd« hin (das englische *fair* gibt es am besten wieder), und ob es uns passt oder nicht, blonde Haare und helle Erscheinung bedeuteten dem antiken Menschen die Nähe zur olympischen Göttlichkeit, zu Athene, Aphrodite und Artemis, die immer als »blondstrahlend« geschildert werden. Der zweite Namensteil *hippe* heißt Stute, weibliches Pferd. Rösser zu besitzen und zu züchten war ein Privileg des Adels. Nicht umsonst verehrten die Dorer, der griechische Hauptstamm, eine mythische Xanthippe als die Tochter ihres Ahnherrn Doros. Der Besitz von Rössern und die Fähigkeit zum Reiten blieben in der griechischen Gesellschaft auf eine kleine Oberschicht beschränkt. Frauennamen mit dem Bestandteil *hippe* sind daher etwas Besonderes, wie etwa Zeuxippe, die Tochter des Wassergottes Eridanos. Hippolyte, Lysippe oder Melanippe waren Namen von berühmten Amazonen, weiblicher Kriegerinnen. Xanthippe, die »falbe Stute«, ist also weder ein Allerwelts- noch ein »Unterschichts-Name«. Diejenige, die in führte, muss aus aristokratischen Kreisen gestammt haben.

Und wenn ein moderner Historiker die einschlägigen Nachschlagewerke unter dem Stichwort »Xanthippe« durchsucht, stößt er auf die männliche Namensformen Xanthippos, und ihm fällt auf, dass mehrere Vertreter dieses Namens historisch belegt sind, die aus dem hochadligen attischen Geschlecht der Alkmäoniden stammen und sich in verschiedener Weise um ihre Heimatstadt Athen verdient gemacht hatten. Der Vater des Perikles trug den Namen Xanthippos, ebenso Perikles' erster Sohn. Wir können fast von der Sippe der *Xanthippiden* sprechen. Dass also unsere Xanthippe diesem *oikos* entsprang, liegt zumindest onomastisch – namenkundlich – nahe. Sie war, und darüber sind sich alle antiken Quellen einig, eine Frau im unangetasteten Bürgerrecht. Und sie gehörte damit prinzipiell zur privilegierten Schicht Athens. Perikles' restriktives Bürgerrecht zeitigte ja auch den Effekt, dass in erster Linie athenische Frauen, auch wenn sie wenig vermögend waren, geheiratet wurden, und nicht wie früher goldbehangene Ausländerinnen oder Metökinnen. Die später von Platon und Xenophon geschilderte Armut und Kargheit (sofern dies nicht überhaupt eine Marotte des Sokrates war) des sokratisch-xanthippischen Hauswesens muss dem nicht widersprechen: Denn Reichtum und Wohlhabenheit war mit dem Bürgerecht nicht unbedingt verbunden – wie wir gehört haben, bestand ja z. B. ein gutes Drittel der Bürgerschaft überhaupt aus besitzlosen Theten. Doch mit ihnen war Xanthippe – wenn wir die These ihrer adligen Herkunft weiterführen – nicht zu vergleichen.

Wahrscheinlich entstammte sie einem Seitenzweig der Alkmäoniden, der entweder verarmt war, z. B. durch Handelsspekulationen (so etwas kam durchaus vor), oder – näher liegend –, der in den vorhergegangenen Athener Bürgerkriegen zwischen Aristokraten, Tyrannen, Oligarchen und Demokraten den Kürzeren gezogen hatte, enteignet und vielleicht sogar ins Exil getrieben wurde. Eine »Übriggebliebene« dieser mit aller ideologischen Härte ausgefochtenen innenpolitischen Parteikämpfe könnte Xanthippe gewesen sein – einerseits arm und schutzbedürftig, andererseits jedoch mit einem »guten Namen« ausgestattet und berechtigt, mit einem athenischen Bürger legitime Kinder hervorzubringen. Und wenn wir Sokrates beim Wort nehmen, den Xenophon in einem Disput mit seinem ältesten Sohn sagen lässt: »Offenbar zeigt sich schon in der Wahl der Gattin, dass wir auf die künftigen Kinder Rücksicht nehmen und uns um eine solche bewerben, mit der wir starke und gesunde Kinder zu zeugen hoffen«, so wird auch Xanthippe diese Forderung erfüllt haben. Also war sie wahrlich kein Mauerblümchen![82]

Wir sollten dabei das griechische Rechtsinstitut der *epikleros* mit in Betracht ziehen. So bezeichnete man eine gattenlose Frau aus dem Bürgerstand, die ihren Vater und ihre Brüder (mithin ihre potenziellen Vormünder) überlebt hatte und sozusagen die letzte Vertreterin ihrer Familie repräsentierte. Da sie das noch vorhandene Vermögen nicht selbstständig verwalten durfte, hatte sie nach athenischem Recht so schnell wie möglich unter die Haube zu kommen. Deshalb wurde ihr Status als »Erbtochter« öffentlich bekannt gegeben. Das erste Anrecht zur Heirat kam ihrem nächsten männlichen Verwandten, dem Vetter, zu, was für diesen freilich nur interessant war, falls es sich um beträchtliche Nachlässe gehandelt hat. Nach Ablauf einer gewissen Frist konnte dann jeder athenische noch unverheiratete Bürger um die *epikleros* als Ehefrau anhalten. Den Ehevertrag für die Frau schloss dann die Gemeinde ab. Könnte es nicht sein, dass Sokrates und Xanthippe auf diese Weise zusammengekommen sind? Und wäre dies nicht eine Erklärung dafür, dass Sokrates bereits in fortgeschrittenem Alter war, Xanthippe aber noch jung?

Sokrates mag persönlich bedürfnislos gewesen sein und die Attitüde des Geldverächters gepflegt haben, doch mit dem Konjunkturabschwung und der Regression während des Peloponnesischen Krieges schwand sein ererbtes Vermögen dahin und auch seine spendablen Gönner wurden zurückhaltender. Und mit den Lebensjahren regte sich doch der Wunsch nach – nicht unbedingt einer festen Frau – aber doch nach eindeutiger Nachkommenschaft. Und die war eben in der athenischen Polis nur über eine (!) legitime Gattin zu bekommen. Eine *epikleros* aus einem zwar ehedem politisch verfemten, aber nichtsdestotrotz vornehmen Hause, mit einer kleinen Mitgift versehen, noch jung – war das für den mittlerweile doch recht angeschlagenen Philosophen etwa keine gute Partie? Sollte Sokrates nicht selbst darauf gekommen sein, so haben seine Freunde und Schüler aus dem Alkmäonidenlager sicher nachgeholfen.[83]

Konstruktion der Lebensdaten

Wie können wir uns den Lebensdaten Xanthippes annähern? Wir müssen dazu vorgreifen, auf Sokrates' letzten Lebenstag im März des Jahres 399. Platon erwähnt, dass Xanthippe an diesem Tag mit dem jüngsten Kind auf dem Arm in Sokrates' Gefängnis erschienen sei. Aus einer anderen Textstelle geht hervor, dass Xanthippe insgesamt drei Söhne hatte, zwei davon, Menexenos und Sophroniskos, waren zu diesem Zeitpunkt noch Kinder *(paides)*, der älteste, Lamprokles, *meirakion*, am besten mit »junger Bursche« zu übersetzen. Es gibt keinen Grund daran zu zweifeln, dass sich Platon hierbei auf die realen Familienverhältnisse seines Lehrers bezieht. Zur Abfassung seiner Erinnerungen über Sokrates hat Xenophon später dessen ältesten Sohn Lamprokles interviewt. Wir werden noch darauf zurückkommen.[84]

Aus den genannten Zitaten lässt sich Folgendes rückschließen: Xanthippe trug 399 ihren Jüngsten auf dem Arm, wobei wir übrigens nicht wissen, ob es sich dabei um Menexenos oder Sophroniskos gehandelt hat. Gemeinhin werden Kinder vom Säuglingsalter bis ins dritte Lebensjahr getragen. Einigen wir uns auf ein Alter des Kleinsten zwischen einem und zwei Jahren. Lamprokles, der Erstgeborene, war damals kein Kleinkind mehr, aber auch noch nicht Ephebe. Nahe liegend scheint ein Alter von zwölf Jahren. Der mittlere lag dazwischen. Der Begriff *paidia, paides* (Kinder) kam sehr dehnbar vom Babyalter bis zur Pubertät zur Anwendung. Nun zur Mutter: Geburten über dem 35. Lebensjahr waren in historischer Zeit eine Ausnahme. Die Menopause hat sich erst in der zweiten Hälfte des 20. Jahrhunderts über das 40. Lebensjahr hinaus verschoben. Hingegen waren 15- oder 16-jährige Erstmütter, jedenfalls im antiken Athen, die Regel. Verschiedene Hinweise, denen wir weiter unten nachgehen, sprechen aber dafür, dass Xanthippe bei der Eheschließung kein so »junges Ding« mehr gewesen ist, sondern mindestens 20 Lenze zählte, also eine *kore*, eine junge Frau war. Und Sokrates? Das Lebensalter von 70 ist für sein Todesjahr 399 verbürgt. In diesem Lebensabschnitt, den wir für die historische Zeit getrost als »hohes Alter« bezeichnen dürfen, hatte er also einen ein- oder zwei-jährigen Sohn, den er mit 68 oder 69 gezeugt hat. Sicher ist das keine biologische Unmöglichkeit, stellt aber doch, selbst heute noch, einen Ausnahmefall dar. Seltsam erscheint, dass weder die antike Literatur noch die neuzeitliche und moderne Forschung diese altersmäßige Diskrepanz problematisiert hat.

Unter Berücksichtigung dieser Eckdaten ist es möglich, das Lebensalter der Xanthippe für 399, Sokrates' Todesjahr, approximativ auf 30 bis 35 einzugrenzen. Und für das Folgende sei erlaubt, das hypothetische (!) Alter auf 33 festzulegen. Xanthippe wäre demnach 433/432 geboren worden, hätte um 413 als 20-Jährige geheiratet und im nächsten Jahr Lamprokles zur Welt gebracht. Für den mittleren Sohn stünden die Jahre 410 bis 401 zur Verfügung. Der Jüngste hätte dann um 401/400 im 32. Lebensjahr der Xanthippe das Licht der Welt erblickt.[85]

Xanthippe und Myrto: Sokrates, ein Bigamist?

Alle drei Kinder hatten eindeutig Xanthippe zur Mutter und Sokrates zum Vater. Diese Feststellung ist im Hinblick auf das schon angedeutete Myrto-Problem wichtig. Für den Jüngsten bezeugt Platon die Elternschaft Xanthippes und Sokrates'. Der älteste, Lamprokles, bezeichnet in einem von Xenophon um 380 aufgezeichneten Gespräch eindeutig Xanthippe als seine Mutter. Aus dieser familiären Konstellation ergibt sicht fast zwingend, dass auch der Mittelgeborene ein leibliches Kind Xanthippes und Sokrates' war.

Die Behauptung, der Philosoph habe zwei (Ehe-)Frauen gehabt, entweder in Folge oder gar nebeneinander, wird auch nicht richtiger, weil sie der große Aristoteles in Umlauf gesetzt hat. Es ist zwar durchaus denkbar, dass in Sokrates' Leben vor Xanthippe eine andere Frau eine Rolle gespielt hat – schließlich war er, als er Xanthippe kennen lernte, bereits 58 Jahre alt –, doch eine Doppelehe oder eine Menage à trois mit einer Nebenfrau *(pallake)* war in Athen mit seinem bedingungslosen, auf Monogamie basierenden Bürgerrecht für einen pflichtbewussten Staatsbürger wie Sokrates völlig unmöglich. Wir können uns auch vorstellen, wie begierig die Schmierenkomödianten dieses Verhältnis ausgeschlachtet hätten und dass es in die Anklageschrift gegen ihn eingeflossen wäre. Doch finden wir darüber kein Wort. In einer nur fragmentarisch erhaltenen Abhandlung, die (was übrigens angezweifelt wird) auf Aristoteles (384–322) zurückgeht, finden wir den Hinweis, dass die jüngeren Söhne Myrto zur Mutter gehabt hätten, eine Tochter Aristides' des Gerechten. Diogenes Laertios verwurstete dies sodann zu folgenden Sätzen: »Aristoteles berichtet, er (Sokrates) habe zwei Frauen gehabt. Von der ersten, der Xanthippe, stamme sein Sohn Lamprokles ab, von der zweiten, der Myrto, der Tochter Aristides' des Gerechten, die er ohne Mitgift geheiratet habe, stammen seine Söhne Sophroniskos und Menexenos. Andere wieder behaupten, Myrto sei seine erste Frau gewesen, einige lassen ihn auch beide Frauen zugleich haben ...« Platons Statement über Xanthippe (»Ihr kennt sie ja«) im Dialog ›Phaidon‹ widerspricht auf jeden Fall der Behauptung, Myrto sei seines Lehrers zweite Frau – in zeitlicher Folge – gewesen, also diejenige zum Zeitpunkt seiner Verurteilung. Und da Aristides 467 hochbetagt starb, kann seine Tochter überhaupt schwerlich Sokrates' (geb. 470/469) Erstfrau gewesen sein. Spätere Plagiatoren haben diesen Widerspruch erkannt und Myrto flugs zur Enkelin bzw. Urenkelin des hoch angesehenen Staatsmannes erklärt. Obgleich dem vornehmen Hause des Aristides entstammend, sei sie aufgrund ihrer Armut mit einer staatlichen Mitgift ausgestattet worden. Sokrates hätte sie entweder deshalb oder aus Mitleid zur Frau genommen.

Vermutlich fußt die Tradition der sokratischen Mehrfach-Ehe auf einer missverständlichen Stelle aus der Sokrates-Biographie eines gewissen Aristoxenos, die dieser um 340 aus zweiter oder dritter Hand zusammenschrieben hatte. Dort hieß es, dass sich Sokrates lobend über die Tochter des Aristides geäußert habe, weil die *Arete* (Tugend) des Aristides auf sie übergegangen sei. Mehr nicht. Fraglos kannte Sokrates die Nachkommenschaft des Aristides, schließlich entstammten beide Familien dem attischen Bezirk Alopeke. Myrto muss aber in jedem Fall deutlich älter als Sokrates gewesen sein. Weder als Gemahlin noch als Konkubine kommt sie für den Philosophen in Frage, und als »Eine unter Vielen« ihrer edlen Herkunft halber schon gar nicht. Ungeachtet dessen hat sich das Dreiecks-Verhältnis aus Sokrates, Xanthippe und Myrto zu einem ungeheuerlichen Wust aus Kolportagen und Kuriositäten aufgeblasen und entwickelte sich zu einem populären literarischen Selbstläufer. Verantwortlich dafür zeichnen eine Menge hellenistischer (darunter auch der berühmte Plutarch) und römischer Schreiberlinge und Klatschreporter, die sich begierig auf dieses anzügliche Motiv stürzten. Ein Philosoph, posthum zu unsterblichem Ruhm gelangt, und zwei Frauen, welch ein Thema! (*Scoop* in der heutigen Mediensprache.) Das antike Schrifttum bestand ja nicht nur aus fein ziselierter Lyrik, hohem Gelehrtenwissen oder ernster Historiographie, sondern zu einem guten Teil aus genüsslich ausgebreitetem Klatsch und Tratsch, geschmackloser Trivial-Literatur und bizarren Sex-Geschichten, die auch heute noch Klassischen Philologen und Althistorikern Schauer durch die Glieder jagen.

Auch müssen wir bedenken, dass die sokratisch-platonische Schule nicht ohne philosophische Gegner blieb. Diverse Geistesrichtungen bekämpften die sokratisch-platonische Lehre nicht nur mit geistigen Argumenten, sondern auch mit Verunglimpfungen und Herabsetzungen. Da kam diese phantastische Skandalgeschichte doch gerade recht, um das Ansehen des weisen Sokrates herabzusetzen. Eine Doktrin, die der Kyniker, deren Gründer Antisthenes (455–360) ein Sokrates-Schüler gewesen war, strickte eine ganz eigene Legende. In ihr hatte Sokrates auf alle Lebenslagen schlagfertig (kynisch) zu reagieren. Die Stoiker wiederum interpretierten Sokrates als möglichst gleichmütigen (stoischen) Denker, der sich durch Alltagsschereien nicht beirren ließ. In beiden Fällen gaben zwei ihn umschwirrende weibliche Wesen einen dankbaren Stoff ab. Eine Fülle von Kalauern und mehr oder weniger amüsanten Anekdoten war die Folge. Den Vogel schoss wohl Porphyrios, ein Schriftsteller des 3. nachchristlichen Jahrhunderts, ab, der folgendes Szenario der Nachwelt weitergab: Sokrates' zwei Frauen Xanthippe und Myrto zanken und raufen miteinander, während der in sich ruhende Philosoph grinsend zuschaut; sodann wenden sie ihren Zorn gegen ihn, worauf er gleichmütig weiterlächelt, selbst als sie mit Sandalen auf ihn einprügeln – welch eine Groteske!

Rekapitulieren wir: Es mag eine Frau aus der Sippe des Aristides namens Myrto gegeben haben, die ebenso wie Sokrates aus Alopeke stammte. Beide haben sich gekannt und Sokrates hat sich lobend über ihren Vater und sie selbst ausgelassen. Der beträchtliche Altersunterschied, Myrto dürfte fast eine Generation – 30 Jahre – älter gewesen sein, macht jeglichen Gedanken an Vermählung oder auch nur ein flüchtiges Abenteuer gegenstandslos. Wir dürfen Myrto also als fiktiven, späteren Einschub in der realen Biographie Xanthippes und Sokrates' weglassen. Ihre Gestalt spielt aber im epigonalen Nachleben und in der Sokrates-Belletristik bis heute eine Hauptrolle.

Eine Hypothese sei noch in den Raum gestellt. Könnte die ganze Myrto-Geschichte nicht den wahren Kern beinhalten, dass Xanthippe es war, die aus dem Hause des Aristides kam? Ihren Status als »höhere Tochter« haben wir schon anklingen lassen. Und dass Myrto aufgrund von Verarmung mit einer »öffentlichen Mitgift« dotiert wurde, lässt an die oben beschriebene Institution der *epikleros* denken, die wir auch für Xanthippe in Betracht gezogen haben. Dies sind jedenfalls auffallende Parallelen. Die völlig unzureichende Quellenlage lässt aber keine weiteren Schlüsse zu.[86]

Erziehung nach Sappho

Mit dem – wie gesagt theoretischen – Geburtsjahr 433 wuchs die junge Xanthippe in eine Zeit der politischen und wirtschaftlichen Depression, der kulturellen Stagnation und des sozialen Niedergangs hinein. Vor ihr breitete sich die schlimmste und bedrückendste Zeit des antiken Athen aus. Sie erfuhr nicht das Lebensglück des Sokrates, dessen Jugend und beste Jahre im strahlenden Glanz des hochfliegenden perikleischen goldenen Zeitalters verlaufen waren. Kurz nach ihrer Geburt brach der Peloponnesische Krieg aus, im Alter von zehn, im Jahr 423, kam ihr vielleicht der Name eines gewissen Sokrates zu Ohren, dem man im Theater übel mitgespielt hatte, und 413, als sie 20 war und mit ebendiesem Philosophen Sokrates getraut wurde, ereignete sich die Katastrophe in Sizilien und der alkibiadische Verrat. Kurz vor ihrem 30. Lebensjahr brach Athen zusammen (404/403), und als sie 33 war, folgte schließlich das größte Unglück ihres Lebens, das Todesurteil gegen ihren Mann.

Wie ist Xanthippe aufgewachsen? Da wir über sie noch viel weniger gesicherte Quellenbelege besitzen als über Sokrates, können wir nur sehr allgemein formulieren.

Die ersten Lebensjahre verlebten Kinder unbeschwert unter der Obhut der Mutter und im Beisein von jüngeren Geschwistern, je nach Vermögen umhegt von Ammen und Dienerinnen. In diesem Lebensalter wurde nicht nach Geschlechtern unterschieden, wie auch der Begriff *pais* neutral ist (»das Kind«): *Paides* durften sich im gesamten Haus bewegen und Spielgefährten aus verwandten und befreundeten Sippen empfangen bzw. besuchen. Spielzeug aus Holz oder Terrakotta sowie Bälle, Kreisel und Reifen waren auch in einfachsten Haushalten gang und gäbe. Überliefert sind Kinderlieder und Abzählverse. Singvögel, Malteserhündchen und zahme Hasen waren beliebte Mitbringsel für Kinder. Sophokles gibt in seinem Drama ›Tereus‹ (das nur als Fragment erhalten ist) ein schönes Beispiel dafür, dass sich auch kleine Mädchen der Aufmerksamkeit ihrer Väter erfreuten. Als die attische Königstochter Prokne auf ihre Kindheit zurückblickt, erinnert sie sich an ihren Vater Pandion und die ersten glücklichen Jahre, die sie in seiner Nähe zubrachte. Mit dem sechsten oder siebten Lebensjahr endete die unbekümmerte Kinderzeit. Nun folgte eine strenge Dichotomie der Geschlechter, die sich auf die Erziehung, aber auch auf die jeweiligen Aufenthaltsorte bezog.[87]

Die weitere Erziehung der Mädchen war abhängig vom sozialen Status. In adeligen Kreisen dürfte man noch dem Vorbild der großen Dichterin Sappho aus Lesbos nachgeeifert haben und übergab die Mädchen der Obhut gebildeter Frauen. Unter deren Anleitung wurden die Heranwachsenden nicht nur auf häusliche und gesellschaftliche Aufgaben vorbereitet, sondern auch in Poesie, Tanz, Musik, Rhapsodik und der Beherrschung von Flöte und Kithara unterrichtet. Breiten Raum nahmen die Übungen zum Chorgesang ein. Die Reigentänze bestanden aus komplizierten Figuren. Auf Rhythmik und richtige Bewegung legte man großen Wert. Körperliche Ertüchtigung kam nicht zu kurz: Spiel mit dem Handball *(Sphaira)*, Wettlauf und Schwimmen. Die Erlernung von Lesen und Schreiben war in diesen Kreisen selbstverständlich. Analog zur »Knabenliebe« zählten innige und mitunter sexuelle Beziehungen der Lehrerinnen zu den ihnen Anvertrauten zum festen Programm der Erziehung und bereiteten die jungen Mädchen einfühlsam auf das spätere Geschlechtsleben vor. Wie bei der »Knabenliebe« die homoerotischen Verhältnisse mit Eintreten der Pubertät auslaufen sollten, erwartete man auch in der Mädchenerziehung ein Ende dieser Beziehungen beim Eintreten der Menarche. Was darüber hinausging, wurde zwar nicht als Tabu, aber als unpassend erachtet. Sappho übrigens scheint sich, manchen ihrer Verse zu Folge, nicht an diese Vorgabe gehalten zu haben, was ihr besonders bei hellenistischen und römischen Gagschreibern eine Flut von (selbstverständlich männlichen) Anzüg-

Abb. 8 Lesende Athenerin. Vasenbild aus Athen, 5. Jh. v. Chr. Paris, Louvre

lichkeiten und Zoten eingebracht hat. In der Tat ist der Begriff »Lesbische Liebe« nach der Heimatinsel der Dichterin schon im Altertum entstanden. Wir sollten aber bedenken – wie eingangs erwähnt –, dass die antike Sexualität keine strikte Einteilung in Hetero- und Homosexualität kennt und sich von unserer modernen (westlichen) Auffassung durch starke bisexuelle Komponenten unterscheidet.

Das sapphische Erziehungsideal entsprach dem hellenischen Streben nach der *kalokagathia,* der inneren und äußeren Vollkommenheit und Schönheit. Ursprünglich ein Ideal, das nur den aristokratischen Männern und Frauen zustand, eiferten auch die athenischen Polisbürger des 5. und 4. Jahrhunderts diesem Leitbild nach und fügten es in ihr bürgerlich-demokratisches Wertgefüge ein. Es ist klar, dass sich mehrjähriger schulischer Unterricht nach Art der Sappho und ihres Zirkels nur auf die begüterten Teile der athenischen Bürgerschaft beschränkt haben kann. Die Einkommensunterschiede innerhalb des Demos waren ja gewaltig. Töchter aus dem freien, aber weniger wohlhabenden Bauern- und Handwerkerstand (Hopliten, Zeugiten) wurden wohl mit praktischer Ausrichtung im Elternhaus unterwiesen und nur fallweise in die Obhut einer Tanz- oder Gesangslehrerin gegeben. Die Kenntnis der Schrift dürfen wir in diesen Kreisen nicht als selbstverständlich erwarten. Dies gilt besonders für die Mädchen der lohnabhängigen, aber persönlich freien Arbeiter (Theten), die sich früh als Mägde oder Dienstmädchen verdingen mussten. Auch Sklavenmädchen wurden unterrichtet, wobei die Ausbildung einer ganz bestimmten Fertigkeit im Vordergrund stand, z. B. Kosmetik, Massage, Heilkunde oder auch Liebeskunst.[88]

Zwischen dem achten und dem zwölften Lebensjahr wurden die Mädchen des Bürgerstandes in einer Abfolge religiöser Initiationsriten in die Gesellschaft eingeführt. In klassischer Zeit nahm nicht mehr die gesamte Altersklasse der betreffenden weiblichen Jahrgänge an den Zeremonien teil, sondern stellvertretend nur eine ausgewählte Schar von *parthenoi* (Jungfrauen, s. o.) aus alteingesessenen Familien. Am Anfang standen die *arrhephoria,* womit verschiedene Dienstleistungen für die Stadtgöttin Athene gemeint waren. Für etwa ein Jahr lebten die betreffenden *parthenoi* auf der Akropolis, gingen den Athene-Priesterinnen zur Hand und setzten den Webstuhl in Gang, auf dem in neunmonatiger Arbeit der kunstvolle *peplos*, das jährlich erneuerte Gewand der Athenestatue im Parthenon, gefertigt wurde. Archäologen haben das Quartier dieser Mädchen nahe am Erechtheion lokalisiert. Überraschenderweise fand sich darin ein 20 mal 10 Meter messender Ballspielplatz.

Der kultische Ablauf des Jahres bot den jugendlichen Mädchen zahlreiche Gelegenheiten, öffentlich, in Tempelbezirken und in Prozessionen, aufzutreten. Beliebt war die Aufführung der genau einstudierten Reigentänze mit Chorgesang. Auf Hochzeiten erschienen die verwandten und in der Nachbarschaft lebenden Mädchen und begleiteten die Braut mit Gesang und kleinen dramatischen oder lyrischen Einlagen.

Weibliche Initiationsriten

Zum Bärinnenfest *(arkteia)* der Artemis im heiligen Bezirk zu Brauron an der Ostküste Attikas hatte jedes frei geborene Mädchen noch vor dem Eintritt der Menarche (im antiken Hellas etwa mit 14 Lebensjahren) zu erscheinen. Symbolisch verwandelten sich die jungen Teilnehmerinnen in Bärinnen *(arktai)*, Begleiterinnen der Natur- und Wachstumsgöttin Artemis. Die weiter vollzogenen Kulthandlungen betrafen die weibliche Sexualität und Fruchtbarkeit und spiegelten uralte Initiationsriten wider. Wir dürfen davon ausgehen, dass die Heranwachsenden hier »unter Frauen« so eindeutig »aufgeklärt« wurden, dass ihnen weder ihr monatlicher Blutfluss noch das erektierte Balzverhalten ihrer männlichen Umgebung jemals wieder Angst einflößen konnten. Den Abschluss bildeten Opfergaben an die Göttin und ein *agon* (Wettlauf), bei dem, wie beim gesamten *arkteia*-Fest, nur weibliche Wesen zugegen waren. Für die Mädchen lag hier die Schwelle des Übergangs zur *gyne* (griechisch: Frau im Sinne von Gebärerin); sie stellte eine Art Jugendweihe dar.

Interessant sind die beiden Hinweise auf weibliche sportliche Betätigung, auf das Ballspiel auf der Akropolis und den Wettlauf in Brauron. Leichtathletik gehörte also durchaus zum Lehrplan der jungen attischen Mädchen, was auch durch Abbildungen auf Vasen bestätigt wird. Es muss demnach Lehrmeisterinnen und Schiedsrichterinnen gegeben haben, die den Unterricht organisierten. Während wir die athenischen Gymnasien und Arenen für die maskulinen Athleten größtenteils kennen, fehlt uns das Wissen, an welchen Orten Mädchen und Frauen ihre Übungen abhielten. In Sparta war Frauen-Gymnastik, wie bereits erwähnt, gang und gäbe, für Athen mit seiner angeblichen Abschiebung der Frau in die privaten vier Wände wäre diese Frage einer weiteren Untersuchung wert.[89]

Nach der *arkteia* und mit fortschreitender Maturität hatten sich die athenischen Jungfrauen bereits auf die Hochzeit vorzubereiten. Die Bräute stießen dann auf Ehemänner, die mit 28 bis 35 Lebensjahren fast doppelt so alt und lebenserfahrener waren (s. o.). Allerdings scheint diese extrem frühe Verheiratungspraxis nur im demokratischen Athen üblich gewesen zu sein. Im übrigen Hellas und besonders in den aristokratischen Gesellschaften wie Sparta hielt man sich an die Lebensregel des Hesiod, der das beste Heiratsalter für Frauen das fünfte Jahr nach der (vollendeten!) Geschlechtsreife nannte, also das 20. bis 22. Lebensjahr. In dieser fünfjährigen Zwischenphase erblühte das Mädchen zur *kore* und trat bei Schönheits-, Schmuck- und Tanzwettbewerben auf. Wir haben den Koren-Kultus schon an anderer Stelle behandelt und ihn als einen adeligen Brauch definiert. Auch im klassischen Athen dürften die Mädchen der vornehmen Klasse erst nach dem standesgemäßen Lebensabschnitt als Kore geheiratet haben. Das weibliche Lebensalter der Eheschließung unterlag in der attischen Demokratie also sozialen Kriterien und war abhängig vom gesellschaftlichen Status der Familie. Auch Xanthippe stand zum Zeitpunkt ihrer Heirat mit Sokrates im besten Koren-Alter. Dürfen wir auch dies als Zeichen ihrer Herkunft aus höheren Kreisen deuten?

Der Eheschließung konnte sich kein freier männlicher Athener über sein 35. Lebensjahr hinaus entziehen, es sei denn, er hieß Sokrates und nahm seine Rolle als Sonderling in Kauf. Der *oikos,* die Sippe und das Staatswesen selbst erwarteten vom Bürger die Fortführung seiner Familie und die legitime Weitergabe seines Vermögens. Der Grieche verstand sich als Glied einer Kette von Ahnen und Nachkommen, die nicht unterbrochen werden durfte. Verweigerte er sich bewusst und aus eigenem Antrieb, hatte er die Rache der Hausgötter und die Ächtung seitens seiner Standesgenossen zu gewärtigen. Allerdings hält die klassische Literatur kein ernst zu nehmendes Exempel für eine derartige Ehe-Verweigerung parat – ein Beweis mehr, dass die Institution von Ehe und Familie nicht in Frage gestellt wurde. Entsprechend spirituell überhöht wurde die Hochzeit gefeiert. Wie erwähnt war die vorhergehende Brautschau allein Verhandlungssache zweier Familienvorstände (eine Konstante übrigens bis ins 19. Jahrhundert). Die Braut traf den Bräutigam in der Regel erst bei den Hochzeitsfeierlichkeiten, während der Bräutigam auf Grund seines höheren Alters wohl schon vorher einen Blick auf sie werfen durfte. In adeligen Kreisen mangelte es dagegen nicht an Gelegenheiten für die vornehmen Koren, mit standesgemäßen *kouroi* (Jünglingen) zusammenzutreffen. Beliebte Treffpunkte waren Sportplätze und die Nymphäen (Brunnenanlagen) in den besseren Wohnvierteln. Verbindungen aus Zuneigung und Liebe dürften in diesen Kreisen auch eher akzeptiert worden sein. Relativ häufig war hier die Endogamie, d. h. die Heirat von Sippenangehörigen untereinander, um das Vermögen nicht aufzuteilen. In solchen Fällen kannten sich die Auserwählten schon von früher, als sie noch Kinder waren.

Bevorzugter Monat für Eheschließungen war der *gamelion* (unserem Januar/Februar entsprechend), dessen Name bereits auf den *gamos* (griechisch: die Hochzeit) hinweist. Nach den nüchternen privatrechtlichen Förmlichkeiten des Ehevertrags folgten dreitägige Feierlichkeiten. Zur Eröffnung opferte man Hera, der Göttermutter und Bewahrerin des heimischen Herds, und Zeus, nach all seinen Kabalen ein geläuterter Verfechter des Treueprinzips, sodann der Stadtgöttin Athene und zum Schluss den eigenen Vorfahren. Spielzeug als Opfergabe der Braut symbolisierte das Ende ihrer Kindheit und Jugend. Gegen Abend folgte die Reinigungszeremonie, in der das Paar, noch getrennt, im Wasser der heiligen Quelle *kallirhoe* gebadet wurde. Zur Einholung des Wassers von der »schönsprudelnden« Quelle am Südhang der Akropolis in großen Hochzeitsgefäßen bewegte sich ein feierlicher, mit Flötenmusik untermalter Fackelzug durch die Stadt. Das Festtags-Gastmahl fand am nächsten Tag im Hause des Brautvaters statt. Dabei wurde die Braut angesichts der versammelten Festgemeinde entschleiert und vom Bräutigam und den Gratulanten beschenkt. Das gegenseitige »Erkennen« bildete fraglos den zeremoniellen Höhepunkt des Mahls. Das Mädchen hatte damit den Schritt von der *parthenos* (Jungfrau) zur *nymphe* (Braut) vollzogen.

Zur Tafel selbst wurde alles aufgeboten, was man sich leisten zu können vorgab. Wenn wir Aristophanes folgen, kamen auch in bäuerlichen Haushalten Hasenbraten, gefüllte Tauben und Honigkuchen auf den Tisch. Mischwein in unbegrenzter Menge zu kredenzen war selbstverständlich. Aristophanes und andere Literaten berichten denn auch von Zuständen, die an Bert Brechts ›Kleinbürgerhochzeit‹ gemahnen. Hochzeitsmahle boten überdies Bürgern und ihren Frauen Gelegenheit, unter einem Dach zusammen zu feiern, wenn auch getrennt nach Tischen. In wohlhabenden Kreisen ließ man sich zudem von Musikantinnen und Possenreißern unterhalten.

Mit der spätabendlichen Heimführung der Braut ins Haus des Bräutigams war der Höhepunkt des Hochzeitsrituals erreicht. Vasenbilder lassen keinen Zweifel daran, dass dieser Festzug mit geladenen Gästen (auch ungeladenen *parasitoi*, »Mitessern«), Fackelträgerinnen, Geschenkträgern, den Brautführerinnen und den Freunden des werdenden Ehemanns sehr ausgelassen vor sich ging. Wie bei jedem griechischen Fest wurde von den Teilnehmern eine gewisse »dionysische« Entrücktheit, sprich Weinseligkeit, erwartet. Sofern man es sich leisten konnte, fuhren die Brautleute mit einem Pferdegespann und luden den geschenkten Hausrat und die Mitgift auf Eselskarren. Der lärmende Aufzug durch Straßen und auf öffentlichen Plätzen hatte die Funktion, der gesamten Polisgemeinschaft die Heirat bekannt zu geben. An der Schwelle ihres zukünftigen Domizils wurde die neue Ehefrau von der Schwiegermutter bzw. der ältesten weiblichen Verwandten des Ehemanns mit dem Hochzeitskuchen empfangen und zum Zeichen der Aufnahme um den Herd herumgeführt.

Über das nun folgende Brautlager schweigen sich die klassischen Autoren dezent aus, ganz im Gegensatz zur schwelgerischen Liebeslyrik der homerischen Zeit. Ein Weihrauchopfer an Aphrodite neben dem Hochzeitsbett, Duftöle und Parfums sollten die richtige Stimmung hervorzaubern. Vor der verschlossenen Kammer stimmten sodann die Freunde/Freundinnen der beiden Hochzeits- und Brautlieder an, was allerdings auch in Tumult und obszöne Scherze abgleiten konnte. Für die Jungvermählte geziemte sich eine gewisse

Zurückhaltung, schließlich wurde sie, zumindest physisch, mit etwas wirklich Neuem, der sexuellen Kopulation, konfrontiert. Für den wesentlich älteren Bräutigam stellte sich dieser Akt nicht als Problem dar, hatte er doch schon die Jahre zuvor in einschlägigen Etablissements Erfahrungen gesammelt. Ihn überkam eher folgende Reaktion, die der Dichter Theokritos der schönen Helena anlässlich ihrer Hochzeitsnacht mit König Menelaos in den Mund legt:

> Schon so früh, oh geliebter Bräutigam bist du entschlummert
> Sind dir die Glieder so schwer, und ist Schlaf dir gar so willkommen?
> Hattest zu viel du getrunken, dass du aufs Lager dich hinwarfst?
> Wenn es dir eilte, so früh schon zu schlafen, warum nicht allein dann?

Am dritten Tag versammelten sich die Gäste erneut im Hause der Vermählten. Nun ging es ruhiger zu. Die Männer pflegten ihr postalkoholisches Trauma und die Frauen begutachteten die Gaben und halfen der jungen Gattin, sich im neuen Heim zurechtzufinden. Am Nachmittag erfolgte die staatliche, schriftlich in der Bürgerliste niedergelegte Bestätigung der Ehe durch amtliche Sachwalter. Dazu hatten Zeugen nachzuweisen, dass das Paar vollbürtigen athenischen Bürgerfamilien entstammte. Die Eintragung sicherte den zukünftigen Kindern das Bürgerrecht. Wichtig war für die Väter von Braut und Bräutigam, die Hochzeit ihren Kultgemeinschaften (Phratrien) durch eine Opfergabe und Einladung an die Kultgenossen bekannt zu geben. Dies diente ebenso der Rechtssicherheit der Ehe und deren Nachkommenschaft, da im Zweifelsfall alle Mitglieder der Phratrien als Zeugen aufgerufen werden konnten.

Auch nach der Hochzeit bis zu den ersten sicheren Anzeichen einer Schwangerschaft galt die Frau noch als *nymphe* (Braut). In dieser Lebensspanne stand sie im Banne der Liebesgöttin Aphrodite und durfte sich nach allen Regeln der Verführungskunst wohlriechend salben und aufreizend kleiden. Besonders erregend auf hellenische Männer wirkten safrangelbe durchsichtige Kleidchen, Busenbänder, die mehr ent- als verhüllten, und hochfersige Bänderschuhe. Freilich kam das alles nur dem frisch Angetrauten zugute, der dadurch zu erhöhter Beischlaffreudigkeit ermuntert werden sollte, bis sich das gewünschte Ergebnis einstellte. Nach der ersten Geburt trug die Ehefrau den Titel *gyne* (wörtlich »Gebärerin«), manchmal noch versehen mit dem Zusatz *gamete* (verheiratete). Als solche genoss sie innerhalb des *oikos* eine bevorzugte Stellung und wurde in Kultgemeinschaften und Frauenbünde aufgenommen. Mit der Geburt des ersten Sohnes und Stamm- (bzw. *oikos*-) halters hatte Aphrodite sodann ihre Schuldigkeit im Hause getan und sollte der abgeklärten Göttinnen-Matrone Hera weichen. Für eine *gyne* ziemte es sich daher nicht mehr, »den Teint mit Bleipigment aufzuhellen, die Wangen mit Hennastaub rot zu pudern und sich schlank zu halten«.

Das Hochzeitsritual und die anschließende Brautzeit waren ein beliebtes Genre bildlicher Darstellungen, sei es auf Vasen und Gefäßen oder in Reliefs und Figurengruppen. Die dabei zum Vorschein tretenden Epigramme und ikonographischen Merkmale erwecken den Eindruck, dass es sich bei den athenischen Eheschließungen nicht nur um zweckgerichtete Begründungen funktionaler Reproduktionsgemeinschaften gehandelt haben kann, sondern dass enge menschliche Beziehungen, denen Erotik und Liebe nicht fremd waren, eine tragende Rolle spielten. Für die Frau bedeutete die Hochzeit die Erfüllung ihres Daseins und für den Mann den Höhepunkt seines privaten Wirkens. Die genetische und ökonomische Option der beteiligten Sippen mag bei den Ehetrakten im Vordergrund gestanden haben, aber Liebe und gegenseitige Wertschätzung – auf Bildern versinnbildlicht durch den geflügelten Eros – ließen sich nicht übergehen. Das gemeinsame Leben unter einem Dach *(synoikia)*, *homonia*, die Eintracht, und *philia*, der Liebesbund, bedeuteten einen großen und grundlegenden Wert. Sokrates, Platon und Aristoteles, das Dreigestirn der antiken Philosophie, kamen jeder auf seine und durchaus unterschiedliche Weise zu dem Schluss, dass das eheliche Liebesleben die einzige Voraussetzung für »gute Nachkommenschaft« und der Garant für den Fortbestand der Kultur sei – eine Idee, die der Reformation und dann der Aufklärung des 18. Jahrhunderts zugrunde lag, und die über den Code Napoleon in alle westlichen, freiheitlich-demokratischen Verfassungen eingeflossen ist.[90]

Und Sokrates und Xanthippe? Als sie die Ehe eingingen, war er unseren Berechnungen zufolge 58 Jahre alt und sie knapp über 20. Da kein zeitgenössischer Schriftsteller den beträchtlichen Altersunterschied hervorhebt und selbst Aristophanes, der sonst keine Gelegenheit zur Häme ausließ, dazu schweigt, dürfte es sich in den Augen ihrer Mitbürger um nichts Besonderes gehandelt haben. Wie gestaltete sich die Hochzeit? Sokrates wird kaum um die traditionellen dreitätigen Rituale herumgekommen sein. Sicherlich wird er Xanthippe nicht auf einem Wagen heimgeführt haben, aber seine wohlhabenden Schüler – die vielleicht die Heirat eingefädelt hatten – werden dafür Sorge getragen haben, dass die Feierlichkeiten nicht allzu bescheiden abgelaufen sind. Viele seiner Freunde können nicht zugegen gewesen sein, weil sie in diesem Jahr fern der Heimat auf dem Schlachtfeld in Sizilien standen. Die Nachrichten von ihrem verzweifelten Ringen haben die Stimmung auf dem Fest sicher gedrückt. Alkibiades, von dessen enger Bekanntschaft mit Sokrates jeder wusste, hatte ein Jahr zuvor den beispiellosen Hochverrat begangen und konspirierte nun von Sparta aus gegen seine Heimatstadt. Auf Sokrates' Hochzeitsfeier hat man wohl seinen Namen verschwiegen, aber unsichtbar saß er da an der Tafel – ein drohender »Steinerner Gast«!

Da jeder athenische *gamos* immer ein öffentliches Ereignis darstellte, erfuhr die ganze Polis im Jahr 413 vom Ehestand des Sokrates. Über die Reaktionen wissen wir nichts. Die Athener waren in diesem dunklen Jahr auch mit ganz anderen Dingen beschäftigt. Denn im Frühjahr rückten die Spartaner in Attika ein, eroberten die Grenzfestung Dekeleia, verwüsteten das Fruchtland und zerstörten die Silbergruben von Laureion. 20 000 Arbeitssklaven zerstreuten sich in alle Winde. Bei den – wieder einmal – hinter den Langen Mauern zusammengedrängten Athenern wurden die Lebensmittel knapp. Eine Mondfinsternis, die man heute astronomisch genau auf den 27. August 413 festlegen kann, erschreckte den abergläubischen Demos zutiefst. Im Herbst erfuhr man konsterniert vom Untergang des athenischen Heeres und der Flotte (nach Thukydides zusammen 40 000 Mann) in Syrakus. Sokrates und Xanthippe hätten sich kein schlimmeres Jahr für ihre Trauung aussuchen können, und auch wenn es nicht genau das von uns konstruierte Jahr 413 gewesen ist, sondern zwei oder drei Jahre vorher oder nachher, ändert dies nichts an der Tatsache, dass es eine furchtbare Zeit war. Und auch nach 413 hielten Krieg, Niederlagen, Umsturz und Gewalt an. Das 14-jährige Eheleben der beiden (von 413 bis 399) verlief mithin unter sehr traurigen äußeren Umständen.

Das düstere politische und ökonomische Umfeld muss sich nicht zwangsläufig auf das Privatleben ausgewirkt haben. Zu Sokrates' Überlebensstrategie gehörte der »Gleichmut« allem Ungemach gegenüber. Vielleicht hat er wirklich die Katastrophe seiner Heimatstadt gleichmütig, von der Warte des Weisen aus betrachtet. Und ebenso unerschütterlich »von oben herab« das giftige Intrigengespinst, das sich immer enger um ihn legte, ignoriert. Wie jeder athenische Polisbürger hat er streng zwischen öffentlichem und privatem Leben unterschieden. Denkbar ist also, dass Xanthippe zu Hause gar nicht so viel von den politischen Turbulenzen mitbekommen hat. Und da sie in eine schlechte Zeit hineingeboren wurde und keine bessere kannte, dürfte sie die zunehmende Verarmung gar nicht so stark empfunden haben.

Über Sokrates' *oikos,* sein eheliches Hauswesen, können wir nur spekulieren. Wie bereits erwähnt, verfügte er über ein Haus, wobei unsicher ist, ob es sich noch um das Elternhaus in Alopeke gehandelt hat oder um ein neu erworbenes Anwesen in Athen selbst. Die sonstigen Sach- und Geldmittel reichten auf jeden Fall zum Leben (wie oben erwähnt). Auch Xanthippe wird nicht völlig mittellos in die Ehe gegangen sein. War sie eine *epikleros,* so erhielt sie von der Gemeinde ein kleines Brautgeld, und ansonsten wird sie auch von ihren entfernten adligen Verwandten nicht im Stich gelassen worden sein. Die angebliche Armut des Sokrates beruht auf seiner persönlichen Attitüde, sich selbst als bedürfnislos und bescheiden darzustellen. Das führte in der nachfolgenden Tradition dazu, dass jeder Philosoph der Weltgeschichte prinzipiell »arm« zu sein hatte! Wir sollten indessen bedenken, dass Sokrates zeit seines politischen Lebens in der strikten Klasseneinteilung Athens als Zeugit (bzw. Hoplit) eingestuft war. Er zählte damit zur dritten Vermögensklasse, in welcher Grundbesitz und selbstständiges Einkommen obligatorisch waren. Es gibt keinen Hinweis, dass er in die vierte und damit unterste, besitzlose Klasse abgesunken wäre. Bis zuletzt war er Vollbürger und mit einer Frau, mit der er Freiheit und Bürgerrecht weitervererben durfte, legitim verheiratet. Sokrates und Xanthippe zählten somit – wir können es nicht oft genug wiederholen – zur privilegierten Schicht innerhalb der Masse der Einwohner Athens. Sie standen rechtlich hoch über allen Nicht-Bürgern, über Metöken und Unfreien, welche zusammen die Mehrheit der Einwohnerschaft ausmachten. Wir sollten uns also von der beliebten Vorstellung des kargen und vernachlässigten Philosophen-Haushalts trennen. Wenn manche Quellen – deren Seriosität wir noch untersuchen werden – davon sprechen, dass kein Essen im Hause war und dergleichen, betraf das nicht Sokrates allein, sondern die gesamte Polis, die jahrelang unter feindlicher Belagerung und Blockade zu leiden hatte.

Die meiste Zeit war Sokrates tagsüber aushäusig, doch das war jeder freie Mann in Athen. Er dürfte in dieser Hinsicht seinen gewohnten Junggesellen-Lebenswandel nicht merklich geändert haben. Seine Wirkungsstätte war weiterhin das noble Lykeion, wo er disputierte und lehrte, also für den Lebensunterhalt der wachsenden Familie sorgte. Den populären Topos des auf den Markplätzen herumstreichenden und jeden anschwatzenden Eckenstehers haben wir schon ins Reich der Legende verwiesen. Von einer Erwerbstätigkeit der Xanthippe ist nichts überliefert. Für die Frau eines Zeugiten wäre Lohnarbeit als sozial abträglich erachtet worden. Mit den in zeitlichen Abständen von fünf Jahren auf die Welt gebrachten Kindern war sie genug beschäftigt. Kinderpflege und Erziehung galt als ureigene Pflicht der griechischen Hausfrau. Zerstreuung fand sie am Webstuhl. Dafür durfte sie getrost körperlich belastende Tätigkeiten wie Backen, Kochen, Waschen und Putzen abschieben. Das erledigten Dienerinnen, die entweder fest zum *oikos* gehörten oder tageweise bezahlt wurden. Mit einer Obole täglich war ihre Hilfe nicht allzu teuer. Meist waren dies Frauen oder Mädchen aus der Klasse der auf Lohnarbeit angewiesenen Theten.

Ein wichtiger Exkurs: Die antike Sklaverei

Der Preis für einen Sklaven oder eine Sklavin bewegte sich zwischen 140 und 230 Drachmen. (Zum Vergleich: Der Tagesverdienst eines Handwerkers auf der Akropolis belief sich auf eine Drachme).

Dies hat die Kapazität des sokratischen Haushalts wohl überstiegen. Aber man konnte sich auch Sklaven mieten, falls besondere Arbeiten anfielen. Eine Hälfte des Mietpreises stand dann dem Sklaven, die andere seinem Herrn zu. An dieser Stelle ist eine grundsätzliche Bemerkung angebracht: Dass die Menschheit in Freie und Unfreie zerfiel, war eine allseits akzeptierte Vorstellung, welche die Weltgeschichte bis ins 19. Jahrhundert geprägt hat. In der Antike ist die Institution der Sklaverei nie in Zweifel gezogen worden (wie es scheint, auch von den Sklaven selbst nicht). Aristoteles charakterisierte den Sklaven als menschliches Wesen, das unselbstständig ist und nicht fähig, für sich zu sorgen. Ein Sklave würde demnach von Natur aus einen Herren suchen, der ihn einerseits zur Arbeit anleitet, andererseits aber für ihn sorgt und ihn schützt. Der griechische Begriff für den Haussklaven gleich welchen Alters und Geschlechts lautete demnach auch *pais,* also Kind, Unmündiger. Übrigens wurde mit demselben Argument noch im 19. Jahrhundert in den USA die Sklaverei gerechtfertigt. Entgegen einer beliebten Vorstellung hat nämlich auch das Christentum die Sklaverei keineswegs abgeschafft.

Eine reine »Sklavenhaltergesellschaft« hat es in der europäischen Geschichte nie gegeben. Weder in Hellas noch später im Römischen Reich erreichte Sklavenarbeit wesentlichen Anteil am gesamten Produktionsprozess. Bestimmend blieb immer die freie Arbeit in Landwirtschaft, Handwerk, Gewerbe und Handel, und dies gilt ganz besonders für die attische Demokratie. Dass freiwillige Arbeit produktiver ist als erzwungene, leuchtet ein. Wir haben uns das Verhältnis des Sklaven zu seinem Besitzer auch nicht als rein von Gewalt und Ausbeutung geprägt vorzustellen. Schließlich war nur ein gesunder, gut ernährter Sklave von Nutzen. Haussklaven und -sklavinnen *(paides)* waren Teil des familiären *oikos.* Ihnen oblag eine bestimmte Tätigkeit, mit der sie in der Regel nicht überfordert waren. Eheähnliche Sklaven-Gemeinschaften wurden gefördert, weil deren Kinder dann dem *oikos* angehörten. Das Schicksal von Sklaven ließ die Freien auch keineswegs gleichgültig: Als eine junge Sklavin während des xenophontischen Gastmahls gefährliche Kunststücke mit Messern darbot, »wurde den Zuschauern angst und bang um das Mädchen«. Sklaven konnten auch Vermögen bilden und sich letztlich freikaufen. Obgleich sie juristisch als Sache galten und so auf einer rechtlichen Stufe mit den Haustieren standen, wurde ihre willkürliche Tötung oder Misshandlung bestraft. Der Besuch der Tempel und mancher Mysterien-Kulte stand ihnen frei. Es ist nicht anzunehmen, dass sie generell ihr Los als schweres Schicksal empfanden. Im Gegenteil waren sie z. B. in Hungersnotzeiten besser gestellt als freie, aber arbeitslose Tagelöhner. Und während im Peloponnesischen Krieg ganze Bürgerschaften massakriert wurden, wechselten Sklaven nur ihre Herren. Große Häuser, wie die der Adeligen oder der Neureichen, leisteten sich den Luxus von 50 bis über 100 Sklaven und Sklavinnen, die eigentlich nur Repräsentationspflichten ausübten. Beliebt waren hochwüchsige Thraker als Leibwächter und muskulöse Schwarze als Sänftenträger und Pferdeführer, feingesichtige Ägypterinnen als Stylistinnen und großbrüstige Bastarnerinnen als Ammen.

Freilassungen von Sklaven waren häufig, bei Langgedienten und Treuen fast die Regel. Nicht so sehr, weil dies als gottesfürchtiges Werk galt, sondern aus der schlichten Erfahrung heraus, dass Dankbarkeit ein viel stärkeres Bindungselement ist als Zwang und Gewalt. Denn der Freigelassene und seine Nachkommen standen weiterhin in einem besonderen Verhältnis zur ehemaligen Besitzerfamilie und fühlten sich ihr verpflichtet. Gerade ehemalige Sklaven entwickelten enormen Ehrgeiz, wurden entweder Banker, Reeder, Händler oder Lehrer, Jurist oder Rhetor und griffen so ihren mitunter verarmten, wenn auch alten und vornehmen Herrschaften unter die Arme. Die Macht einer athenischen Sippe drückte sich nicht in der Zahl ihrer Sklaven aus, sondern in der Anzahl der Familien von Freigelassenen, die ihr Gefolge bildete. Schwängerte der Hausherr eine Sklavin, so gehörte es zum guten Ton, die Frau vor der Niederkunft offiziell – vor Zeugen in einem Tempel – freizugeben. Das sicherte dem Kind immerhin den Status eines/einer Freien zu. Auch dahinter steht der Gedanke, dass dieser Nachfahre dem *oikos* seines Vaters zeitlebens die Treue halten wird.

Auch der Staat hielt sich Sklaven. In Athen bestand die Polizei- und Nachtwächtertruppe aus langhaarigen Skythen, Angehörigen eines als besonders wild geltenden Volksstammes vom Schwarzen Meer. Nur sie wurden offensichtlich mit betrunkenen Symposanten und randalierenden Nachtschwärmern fertig. Unterdrückter waren hingegen die Sklaven, die auf den attischen Landgütern, in den Steinbrüchen und in den Bergwerken körperliche Schwerstarbeit zu verrichten hatten. Mit einer Obole pro Tag wurden sie übel entlohnt. Sie dürften ihr Schicksal auch beklagt haben, handelte es sich bei ihnen doch meist um Kriegsgefangene aus allen Teilen von Hellas, also um ehedem freie Griechen, die im Krieg der Freiheit beraubt worden waren. Hier gab es sehr wohl Widerstand und Aufstandsbereitschaft. Immer wenn die Spartaner in Attika einfielen, suchten Tausende von griechischen Versklavten das Weite. Wurden sie ihrer athenischen Herren habhaft, landeten diese ihrerseits in der Sklaverei.[91]

Das sokratisch-xanthippische Hauswesen

Zurück zum sokratischen *oikos.* Zuletzt bestand er im Kern aus dem Ehepaar und seinen drei Söhnen. Eine dauerbeschäftigte Dienerin wollen wir Xanthippe als Personal zugestehen, der Besitz eines Sklaven oder einer Sklavin ist aber auch nicht völlig auszuschließen. Ein Esel oder ein Maultier stand im Stall, das gehörte zum athenischen Standard. Das Haus war um einen kleinen, rechteckigen Innenhof herumgebaut, von dem aus Küche mit Herd, Ess- und Wohnraum erreichbar waren. Das Herdfeuer und ein kleiner Hausaltar *(hestia)* bildeten den ideellen Mittelpunkt. Ein eigener Schlafraum existierte nur in größeren Häusern. Meist wurde der allgemeine Wohn- und Aufenthaltsraum des Nachts zum Schlafen hergerichtet. Die Dienerin hauste in einem Verschlag nahe dem Hauseingang. Dort befand sich auch der Stall. Amphoren mit Olivenöl, Wein und Wasser lagerten im fensterlosen, mitunter etwas in die Erde eingetieften Vorratsraum, wo auch Getreide, Anchovis und Honig in Tontöpfen aufbewahrt wurden. Wasser musste täglich beim Brunnen des Stadtviertels geschöpft werden. Über eigene Badestuben mit Bassins verfügten nur die Reicheren. Dort standen *louteria,* kunstvoll bearbeitete, auf Säulen drapierte Waschbecken, ein beliebtes Sujet der Vasenmalerei. Die übrigen wuschen sich stehend in bronzenen Zubern, und zwar täglich. Eigene Latrinen gab es nur in den Palästen der Oberen. Der Normalbürger behalf sich mit Gefäßen, die dann und wann in die kommunalen Abtrittsanlagen entsorgt wurden, sofern der Inhalt nicht von Bauern als Dünger eingesammelt wurde.

Eine Außentreppe führte vom Hof in den Oberstock mit den Frauen- und Kinderräumen. Die einfachen Bürgerhäuser waren nicht massiv gebaut. Über dem gemauerten Sockel erhob sich ein Holzbalkengerüst, das mit luftgetrockneten Lehmziegeln aufgefüllt wurde. Um das Fachwerk vor Regen zu schützen, waren Dächer aus gebrannten Ziegeln unerlässlich. Fenster richteten sich nur nach innen, nicht nach außen. Einerseits hielt man so die Sommersonne und die Winterwinde ab, andererseits demonstrierte man damit aber auch die Abgeschlossenheit seines Haushalts. Auch in weniger wohlhabenden Häusern waren die Innenhöfe gepflastert, ja häufig mit Kieselmosaiken geschmückt. Auch stuckierte und bemalte Wände, zumindest im Empfangs- und Wohnraum, waren häufig. Über das Mobiliar »bei Bürgers« wissen wir wenig. An Tisch, Truhen und mehreren Klinen hat es sicher nicht gefehlt. In jedem Haus stand ein Webstuhl, geradezu das Sinnbild des *oikos*. Gewebte Teppiche, schwere Decken und Kissen verbreiteten eine gewisse Behaglichkeit. Die sonstige Ausstattung, wie Gebrauchskeramik, Öllämpchen, Metall- und Holzgeräte, waren in Athen wohlfeil und allgemein erschwinglich. Ob sich im sokratischen Haushalt auch Bücher, d. h. Schriftrollen, befanden, sei dahingestellt. In der ›Apologie‹ weist Sokrates allerdings darauf hin, dass man auf der Agora Schriften von Philosophen erwerben könne. Vielleicht hat er das auch selbst getan.[92]

Die uns bekannten antiken Quellen, seien sie amtlicher Natur (Urkunden, Akten) oder Historiographie, berichten in der Regel nichts über das intime Eheleben. Bettgeschichten und Blicke durchs Schlüsselloch erfreuten sich zwar großer Beliebtheit, bezogen sich aber stets auf die Halbwelt der Hetären und Freudenhäuser. Den Ehestand tastete man in dieser Hinsicht nicht an. Und selbst wenn ein notorischer Paparazzo wie Aristophanes dieses Tabu in der ›Lysistrate‹ durchbrach, tat er dies in einer für ihn eher dezenten Weise. Wo die Dachtraufe des Bürgerhauses, und war es noch so bescheiden, begann, endete der öffentliche Bereich. Die Privatsphäre wurde allgemein respektiert. Innerhalb der vier Wände eines *oikos* hatte niemand, auch nicht der Staat, etwas zu suchen. Der Zweck der attischen Ehe lag – wir wiederholen es – in der Fortpflanzung und Hervorbringung der von Religion, althergebrachter Sitte und der Gesellschaft geforderten legitimen, vollbürtigen Nachkommenschaft. Dafür war die später vom Christentum erhobene ausschließliche Einheit von Zeugungsakt und Libido allerdings nicht konstitutiv. Xenophon legt dazu Sokrates seinem Sohn Lamprokles gegenüber folgenden Satz auf die Zunge: »Solltest du dir etwa einbilden, man zeuge Kinder der Befriedigung des Geschlechtstriebs wegen, so würdest du dich sehr irren, denn von Gelegenheit diese Lust auszuleben sind Straßen und Häuser voll.« War der männliche Stammhalter geboren (besser waren zwei, um Todesfälle auszugleichen), bestanden für den Gatten keine »ehelichen Pflichten« mehr. Seine Libido vermochte er schließlich auch anderweitig auszuleben. Ein Beispiel für dieses Handeln gab Perikles ab, der nach der Geburt zweier legitimer Söhne sein Eheweib verließ und sich Aspasia hingab. Auch sein Widersacher Kimon empfahl sich seiner Gattin Isodike nach erfolgreicher Paarung und lebte fortan unter Hetären. Solange man(n) Frau und Kindern weiter den Unterhalt sicherte, galt dieses Verhalten zwar nicht gerade als edelmütig, wurde aber von den athenischen Phallokraten toleriert.

Im Gegenzug genossen Ehefrauen, welche die erwarteten männlichen Erben hervorgebracht hatten, mit jeder Geburt ein Stückchen mehr Autorität und Unabhängigkeit gegenüber ihrem *kyrios* (Eheherrn). Jeder Sprössling vermehrte ihr Ansehen im eigenen *oikos* und ebenso in der Polis. Mit drei Söhnen, die allem Anschein nach wohlgeraten waren, hatte Xanthippe ihr Mutter-»Soll« gegenüber der Familie und der Polis-Gemeinschaft quasi übererfüllt. Ihre Reputation als *gyne gamete,* als Ehefrau und Mutter, kann daher in Athen nur von hohem Renommee und von Wertschätzung geprägt gewesen sein. Völlig abwegig sind folglich neuzeitliche und moderne Schilderungen einer Xanthippe als verspotteter oder mitleidig belächelter Schlampe! Ausgehend vom altgriechischen Modell der Ehe als Fortpflanzungsgemeinschaft pflegten Sokrates und Xanthippe geradezu eine erfolg- (ertrag-)reiche Beziehung! Drei Kinder in regelmäßigen Abständen lassen in Anbetracht von Sokrates' Alter und der Tatsache, dass im statistischen Durchschnitt für die historische Zeit noch mindestens die gleiche Anzahl an Tot- oder Fehlgeburten hinzuzurechnen ist, auf ein recht aktives »generatives Verhalten« der beiden schließen. Ihre letzte Schwangerschaft erlebte Xanthippe, als ihr Gatte 68 oder 69 Jahre alt war. In diesem Lebensalter ist der männliche Sexualimpuls – um es vorsichtig auszudrücken – habituell nur noch sehr rudimentär ausgeprägt. Das Begehren allein kann also nicht der Grund für das enge, auch nach langen Jahren nicht abgeklungene Intimleben unseres Paares gewesen sein. Was war es dann? Eros? Nennen wir es einfach »Liebe«!

Liebesbund und Ehehölle

Sokrates und Xanthippe ein Liebesbund? Gibt es dafür noch weitere Hinweise? So apodiktisch dürfen wir die oben genannte antike Unterteilung von Ehe, Sex und Liebe nicht werten. Im Altertum existierte sehr wohl das Ideal der ehelichen Liebesgemeinschaft. Wie oben zitiert, wünschte Odysseus sie seiner Retterin Nausikaa und er selbst und Penelope kommen dem Ehe-Ideal nahe, wenn auch erst nach 10-jährigem Warten und allerlei Fährnissen. Doch Homers Gesänge reflektierten für den athenischen Polisbürger eine längst versunkene sagenhafte, von Heroen und Heroinen bevölkerte Epoche. Ihre hohen Ideale glaubte man den Sterblichen nicht zumuten zu dürfen, zumal ja auch die olympischen Götter und Göttinnen mit der trauten Zweisamkeit ihre bekannten Schwierigkeiten an den Tag legten. So glaubte man, dass nur zwei der genannten Faktoren, entweder Ehe plus Liebe (aber ohne Sex) oder Liebe plus Sex (aber ohne Ehe) erreichbar seien. Ehe, Liebe und Sex als unauflösliche Einheit stand hingegen nur dem höchsten Götterpaar Zeus und Hera zu. Deren Vereinigung garantierte den Fortlauf der irdischen Welt. Die Menschen verehrten sie alljährlich ehrfürchtig im Ritus des *hieros gamos,* der Heiligen Hochzeit der Höchsten. Für sie auf Erden war sie heilig und somit unerreichbar, ja ein Streben danach hätte sogar den Zorn, den Neid *(phtonos)* der Götter provoziert. Erst als die alte Götterwelt durch das Wirken der Wissenschaftler und Philosophen ins Wanken geriet, versuchte man, die himmlische Ehe auf die Erde herabzuholen. Beim Sophisten Protagoras finden wir Anklänge daran und selbst in der Ehe-Persiflage ›Lysistrate‹ vermag man hinter manch burlesken Formulierungen ein zartes Wunschbild herauszulesen.[93]

Am wichtigsten für uns sind freilich Sokrates' Ansichten zum Wesen der Ehe selbst, wie sie Platon überliefert hat. Die Sokrates zugeschriebenen Formulierungen sind nicht ganz ohne Widersprüche, was als Zeichen einer biographischen bzw. lebensgeschichtlichen Entwicklung interpretiert werden kann.

Grundsätzlich steht der Philosoph den Frauen positiv gegenüber. Daran mag seine Mutter Phainarete ihren Anteil gehabt haben, die Sokrates mit den Attributen »weit berühmt und mannhaft« rühmt. Der Bestandteil *arete* in ihrem Namen, den wir nur sehr unvollständig mit »Tugend« übersetzen können, wird zum sokratischen Ziel allen menschlichen Handelns schlechthin. Der mütterliche Name bedeutet »eine, die die Tugend erscheinen lässt« und ist kein typisch bürgerlicher Name, wie etwa Sokrates (der »Kraftprotz«) oder Sophroniskos (»der mit gesundem Verstand Begabte«), sondern weist auf eine höhere gesellschaftliche Kategorie hin. Wir wollen aber nicht weiter spekulieren, zumal ihre Hebammen-Tätigkeit eher für bäuerliche Herkunft spricht. Geburtshilfe war dabei nur ein Teilaspekt ihres Wirkens. Hebammen waren in historischer Zeit für das ganze weite Feld der Frauenheilkunde zuständig. Der Besitz uralten Wissens, das für Männer unzugänglich war, umgab sie mit der Aura des Heiligen, denn mit der Göttin der Geburt, Eileithyia, stand ihnen eine der mächtigsten tellurischen (d. h. mit der weiblichen Erde, dem Mutterboden, verhafteten) Kräfte des hellenischen Universums zur Seite. Phainarete war jedenfalls während ihres Berufslebens eine selbstbewusste Frau, die weit herumkam und keinesfalls genügsam zu Hause saß. Sokrates hat später ihre Tätigkeit, die *maieutik* (Hebammenkunst) im übertragenen Sinne als Vorbild für seine philosophische Methode des »Hervorholens, »Ans-Licht-Bringens« bezeichnet.

Und durch jene mütterliche Mäeutik ist der junge Sokrates mit der »Frau an sich« konfrontiert worden, und zwar ganz sicher nicht im misogynen Sinne. So geht aus verschiedenen seiner Reden hervor, dass er der Frau vorbehaltlos eine unsterbliche Seele *(pneuma)* zumaß. Im zeitgenössischen hippokratischen Frauenbild bedeutete dies fürwahr keine Selbstverständlichkeit! Und dass er diese Erkenntnis sogar im Gespräch mit der Hetäre Theodote über ihre körperlichen Reize einfließen lässt (»... in diesem Körper hast du eine Seele«), unterstreicht das Postulat von der weiblichen Seele in ganz besonderem Maße. Auf die Fortpflanzung bezogen heißt das nämlich, dass die Frau am Zeugungsakt beteiligt ist und ihre Seele zusammen mit der des Mannes den Nachkommen weitergibt. Die Ehe stellt damit für Sokrates eine Zeugungs-Gemeinschaft dar, nicht ein einseitiges Eingießen des männlichen Pneumas in ein seelenloses weibliches Gefäß, wie es Hippokrates und seine Jünger propagierten.[94]

Sokrates und »die Frau an sich«

Im Lebenslauf des Sokrates und seines Jüngers Platon gab es gewisse Parallelen. Auch Platon hatte eine »starke Mutter«, Periktione, eine Adlige, die ein eigenständiges Leben führte. Sokrates und Platon wählten beide für sich die Ehelosigkeit, nicht aus Hedonie, sondern um ohne Ablenkung sich der Philosophie widmen zu können. Sokrates hielt immerhin bis zum 58. Lebensjahr durch, Platon durchgängig, scheint dies aber im hohen Alter bereut zu haben.

Xenophon, freilich in allem ein Simplificateur, lässt Sokrates während des Gastmahls sagen, dass die Frau von Natur aus nicht geringer sei als der Mann, ihm freilich an Körperstärke und Erkenntnisfähigkeit unterlegen. Im ›Oikonomikos‹ spricht Sokrates davon, dass das häusliche Wirken einer guten Frau für das Allgemeinwohl genauso wichtig sei wie das der Männer im öffentlichen Bereich. Das waren durchaus starke Worte, die der misogynen Grundstimmung der athenischen Demokratie entgegengesetzt waren. Im Werk Platons, das seinen Angaben gemäß auf dem Weltbild seines Lehrers Sokrates aufbaut, sind verschiedene Phasen zur Ansicht des Wesens der Ehe feststellbar. Im Dialog ›Menon‹ lesen wir noch die ganz traditionelle Rolle: »Die Frau muss eine gute Hausverwalterin sein, die Ordnung im Innern des Hauses wahren und dem Manne gehorsam sein.« Auf die nachfolgende Frage, ob es für den Mann eine andere Tugend *(arete)* gäbe als für die Frau, lautet die Antwort aber eindeutig nein. Im Dialog ›Kriton‹ wird folgende Alternative formuliert: Entweder soll man der Ehe um einer höheren Berufung willen entsagen und auf Kinder verzichten oder aber sich mit ganzer Hingabe der Erziehung der Nachkommenschaft hingeben. »Halbe Sachen« oder Kompromisse seien nicht möglich. Platon selbst wählte für sich die erste Möglichkeit, um seine Lebensführung ohne Abstriche ganz seinen philosophischen und politischen Zielen widmen zu können. Im platonischen ›Symposion‹ zitiert Sokrates die – fiktive – Prophetin Diotima, die ihm entschlüsselt habe, dass der Mensch in der Liebe, dem Eros, und der Zeugung von Kindern Anteil an der Unsterblichkeit nehmen könne. Darüber erhebe sich zwar der von den irdischen Fesseln der Sinnlichkeit und der Sexualität befreite »wahre« Eros – die so genannte »platonische Liebe« –, für den aber nur wenige Auserwählte ausersehen seien. Für die Mehrheit der Menschen gälte die schwer genug zu erfüllende Lebensmaxime des Strebens nach wahrer Lebensgemeinschaft.[95]

Konkreter nahm Platon in seinen späteren Hauptwerken, dem ›Staat‹ (›Politeia‹) und den ›Gesetzen‹ (›Nomoi‹) zum Problem der Ehe Stellung. Beide Werke kennen keine prinzipielle Auf- oder Abwertung eines der beiden Geschlechter. Die Menschen werden »organisch« nach ihren »natürlichen« Anlagen als Führer, Krieger (Wächter) oder Bürger und Bauern unterschieden, nicht jedoch nach dem Geschlecht. Am Staatsleben sollte die weibliche Hälfte zu gleichen Teilen mit gleichen Rechten und gleichen Pflichten (also auch Kriegsdienst) partizipieren. Aus der geschlechtlichen Differenz sei keineswegs die im zeitgenössischen Hellas tief verwurzelte Auffassung abzuleiten, dass Männer grundsätzlich andere Tätigkeiten als Frauen zu verrichten hätten. Das Prinzip der Gütergemeinschaft innerhalb des Wächter- (Krieger-)Standes wird auch auf die geschlechtlichen Beziehungen übertragen und folglich wird die monogame Ehe im Wächterstand überflüssig. »Heirat, Ehe und Kindererzeugung muss nach dem Sprichwort ›Unter Freunden herrscht Besitzgemeinschaft‹ geregelt werden.« Zeugung erfolgt innerhalb der männlich-weiblichen Gemeinschaft ohne monogame Vorgabe und mit obrigkeitlicher Bevorzugung der »Besten« beiderlei Geschlechts, ein suspekter, aber gleichwohl hochaktueller Gedanke, der in Gestalt der Gentechnik unser 21. Jahrhundert bestimmen wird.[96]

Mit 70 Jahren, dem Lebensalter, in dem sein Lehrer Sokrates den Tod fand, veröffentlichte Platon seine ›Gesetze‹, sein letztes Werk, das zwischen Altersweisheit, Altersmilde und Altersstarrsinn hin und her mäandert. Einen wichtigen Raum nehmen die Ehegesetze ein, die nun nicht mehr nur für die Führungs- und Wächterschicht, sondern für die gesamte Gesellschaft verbindlich sein sollten. Es überrascht schon, wie Platon das Dasein des Unverheirateten (seine eigene Lebensform) in aller Schärfe verurteilt: Mit spätestens 35 Lebensjahren hat jeder Mann eine legitime Ehe einzugehen. Wer sich weigert, wird in der Taxe besteuert, wie ihn Frau und Kinder kosten würden. Vorsätzliches Single-Dasein dürfe im Alter nicht zu mehr Wohlstand und Annehmlichkeit führen als für Familienväter. Von Ehrerweisungen, die Jüngere generell allen Älteren als »Väter« zu zollen haben, sollten Junggesellen ausgeschlossen werden. Daraus wird nebenbei klar, dass der alte Platon nur Männer als verantwortungslose Bindungs-Verweigerer im Auge hatte. Päderastie und Homoerotik, die im platonischen ›Symposion‹ noch in mehreren Beiträgen favorisiert und von Sokrates nicht explizit verurteilt wurden, werden nun als unheilvoll für den Einzelnen und schädlich für die Gemeinschaft abqualifiziert. Mit besonderer Akribie listet Platon in einer Art Katalog die gesetzlichen Festlegungen zum Geschlechterverhältnis auf. Nichts wird ausgelassen: Auswahl der Ehepartner, Verlobung, Hochzeit, Kinderzeugung, deren Erziehung, Witwenversorgung, aber auch Ehebruch, Ehescheidung und Gewalt in der Ehe. Der reinen Zweckehe zur Mehrung des Vermögens erteilt der Philosoph eine Abfuhr: Der Ehebund mit einem armen Mädchen sei dem mit einer Reichen gegebenenfalls vorzuziehen, denn wichtig sei allein das rechte Gleichgewicht *(harmonia)* und die gegenseitige Zuneigung. Die physische und eugenische Tauglichkeit des Paares sollte von einem eigenen Gremium überprüft werden. Der Jüngling hatte sich dazu nackt, die junge Frau bis zum Nabel entblößt vorzustellen. Wichtig erschien dem gestrengen Platon auch diese Verordnung: Weingenuss vor dem ersten ehelichen Beilager hatte zu unterbleiben, um Blackouts, vornehmlich des Gatten, wie oben geschildert, zu unterbinden.

Wie Donnerhall muss Platons Forderung gewirkt haben, Frauen nach dem 40. Lebensjahr – also nach Beendigung der Aufzuchtphase der Kinder – in hohe und höchste Staatsämter zu berufen! Mit seinem vom Gleichheits- und Gemeinschaftsprinzip geleiteten Frauen- und Ehebild ging Platon weit über die fest gefügte Männergesellschaft seiner Zeitgenossen hinaus. Als große Idealvorstellung hat man seine Schriften in den Zirkeln der Akademie wohl wahrgenommen und diskutiert, in die politische Realität der Polis drangen sie zu seinen Lebzeiten und auch Jahrhunderte danach nicht ein. Die Frage, inwieweit der authentische Sokrates an Platons Ansichten über Ehe und Familie Anteil hatte, ob Sokrates aus Platon spricht oder nur als fingierter Dialogpartner Platons fungiert, ist, wie eingangs erwähnt, ein letztlich nicht beantwortbares Überlieferungsproblem. Die kurzen Sätze, die Xenophon dem Sokrates zu diesem Thema in den Mund legt, widersprechen dem platonischen Sokrates jedenfalls in ihrer frauenfreundlichen Tendenz nicht. Platons ›Symposion‹ dürfte noch echte sokratische Dialoge reflektieren, während ›Politeia‹ und ›Nomoi‹ (hier kommt der Name Sokrates gar nicht mehr vor) eigene Kreationen Platons sind.[97] Der Vergleich dieser Alterswerke Platons mit der sokratischen (gleichwohl platonischen) ›Apologie‹ und dem Dialog ›Kriton‹ bewog den Philosophen Karl Popper zu dem Schluss, dass beider politische Ansichten, etwa über die Isonomie (Gleichheit) und die Demokratie, völlig konträr gewesen seien. Bei der Darstellung der sokratischen Lehre durch Platon habe es sich daher um eine geniale Umdeutung gehandelt. Die Kontroverse um den ›Zauber Platons‹ (so Karl Poppers Werk von 1945) ist noch nicht beendet.[98]

Anklage, Prozess und Tod des Sokrates

Vorgeschichte: Dämonie und Gottlosigkeit

Mit der Anzeige und der Anschuldigung, dem Prozess, dem Verfahren, der Verteidigung und dem Todesurteil gegen Sokrates sich grundsätzlich auseinander zu setzen, würde nach 2000-jähriger, bis heute anhaltender mehr oder weniger wissenschaftlicher Polemik wahrlich »Eulen nach Athen tragen« bedeuten. Es sind alle Seiten volviert worden und das Wesentliche ist gesagt. Beschränken wir uns auf die wenigen überlieferten oder kombinierbaren Tatsachen. Eines steht fest: Die Anklage kam weder aus heiterem Himmel noch überraschend. Schon lange schwebte über Sokrates das Damoklesschwert der *Asebeia*, einer, wie wir schon erörtert haben, platten Allerweltsbeschuldigung, die gleichwohl die Reputation des Beschuldigten zu stigmatisieren, wenn nicht zu zerstören vermochte. Das, und nur das, hatten die Ankläger im Sinn, als sie 399 die Gelegenheit als günstig erachteten, ein Exempel zu statuieren. Sokrates bot sich als Opfer für all die voran erfolgten Misserfolge Athens an, für die demütigende Niederlage der Demokratie, den Sturz vom goldenen Zeitalter ins wirre Chaos der Nachkriegszeit. Hatte er, dessen Eltern treue Bürger gewesen waren, nicht seinen Aufstieg unter Perikles' letzten Herrschaftsjahren gemacht, als der Stratege nicht mehr richtig durchblickte, hatte er nicht mit den »gottlosen« Sophisten wie Protagoras in Kontakt gestanden und sich mit Aspasia, wer weiß wie, verständigt? Und seine Schüler Charmides und Kritias, die sich all seiner menschenfreundlichen Rhetorik zum Trotz zu blutrünstigen Tyrannen aufgeschwungen hatten! War dies etwa die Quintessenz seiner Lehre? Und: Während des Regimes der Dreißig war Sokrates in Athen geblieben und hatte nicht, wie viele angesehene Mitbürger, das Exil vorgezogen.

Wie war sein Verhältnis zu Sparta, dem aristokratischen Gegenspieler und letztendlichen Sieger über Athen? Wenn sich auch aus den Dialogen zahllose Referenzen auf das »Modell Sparta«, meist unumwunden positiver Richtung, herauslesen lassen, so dürfen wir Sokrates aus unserem heutigen Kenntnisstand heraus davon exkulpieren. Denn die spartafreundliche Disposition geht sicher auf Platon und Xenophon, beide Aristokraten, zurück. Aber wie verhält es sich mit Alkibiades, von dem der athenische Klatsch behauptete, dass er der *eromenos* dieses seltsamen Satyrs namens Sokrates gewesen sei? Gut, man hatte sich Alkibiades kürzlich wieder angebiedert, sich aber gleich wieder seiner entledigt, als er sich nicht mehr als glücksbringend erwiesen hatte. Und wenn die Rede der Athener auf den diabolischen (»durcheinander werfenden«) Alkibiades kam, drängten gleichzeitig wieder die alten Verdächtigungen und Mutmaßungen über den Hermenfrevel hoch. Dieses blasphemische Sakrileg war den Athenern nie aus dem Sinn gegangen. Man war fest überzeugt, dass es den Beginn des Untergangs markierte, denn eine solche Untat musste zwangsläufig den Zorn der Götter provozieren. Das Verbrechen an Religion und Staat heischte geradezu nach Sanktion. Bevor es nicht geahndet worden sei, war die irdische Welt aus dem Lot und es würde niemals Ruhe und Frieden zwischen den Göttern und Athen einkehren.[99]

Freilich, alle Hauptbeschuldigten, an denen man sich hätte rächen können, allen voran Alkibiades und sein Kreis, waren tot und nicht mehr belangbar. Nach dem Sieg über die »Dreißig« war die Bürgerschaft in ihrer neu formulierten demokratisch-oligarchischen Mischverfassung zudem bestrebt, die alten Wunden möglichst zu verdecken. Dem diente eine Amnestie, die politische Widersacher und Mitläufer der Gegenseite straffrei ließ. Selbst der demokratiefeindliche Platon bezeugte in seinem ›Siebten Brief‹ die Besonnenheit der innenpolitischen Sieger von 403. Und doch schien es den Athenern, dass ihre rachsüchtige Stadtgöttin Pallas Athene ein Opfer verlangte, um sie zu beruhigen. Kam hier nicht gerade der Fall Sokrates recht, dessen Anklage man aufbauschen konnte bis zur Götterleugnung? Seine despektierlichen Äußerungen waren ja stadtbekannt, Aristophanes hatte hierzu ganze Arbeit geleistet.

Hauptankläger war Anytos, kein finsterer Sykophant, sondern ein hochangesehener Bürger und Repräsentant der demokratisch gesonnenen Bürgerschaft. Er zählte sogar einmal zu Sokrates' Zirkel, jedenfalls findet er im Dialog ›Menon‹ Erwähnung, bezeichnenderweise als Sophistenfeind. Dann war er maßgeblich am Sturz der »Dreißig« beteiligt und bekleidete im Jahr 399 das Strategenamt. Dagegen stellte der zweite Ankläger, Meletos, eine eher zwielichtige Figur dar, einen erfolglosen Tragiker und Dichter, von Ehrgeiz getrieben und verbittert. Vom dritten Kläger, einem Redner namens Lykon, ist nichts weiter bekannt. Platon und Xenophon überliefern beide übereinstimmend die Anklageschrift. Sie wird von der modernen Forschung im Wortlaut und in der Sache als authentisch angesehen. Favorinus, ein römischer Griechenfreund und Zeitgenosse Plutarchs im ersten nachchristlichen Jahrhundert will die Anklagerolle im Athener *metroon*, dem Staatsarchiv, sogar noch eingesehen haben. Sie umfasste, juristisch kurz gefasst, drei Punkte: 1) dass »Sokrates, des Sophroniskos Sohn aus Alopeke« nicht an diejenigen Götter glaube, an welche die Polis glaube, 2) dass er stattdessen neue Wesenheiten *(daimonia)* einführe und 3) dass er dies alles die Jugendlichen lehre und sie damit verdürbe.

Wie die Ankläger dies begründeten, ist unbekannt und lässt sich allenfalls aus der umfangreichen Verteidigungsrede, die Platon Sokrates in der ›Apologie‹ halten lässt, erschließen. Dem durchschnittlichen Athener mussten die drei Anklagepunkte allerdings gar nicht weiter erläutert werden, so klar und nachvollziehbar erschienen sie ihm. Gefährlich waren die Anschuldigungen insofern, als die beiden ersten den Tatbestand der *asebeia* (Gott-, Glaubenslosigkeit) umfassten, der mit der Todesstrafe, mindestens jedoch mit dem »sozialen Tod«, nämlich mit Ehrverlust und Verbannung, geahndet wurde. Mit den ominösen *daimonia* hatten die Ankläger Sokrates entweder aus Kalkül oder aus Unwissen gründlich missverstanden. Unser Wort Dämon bezeichnet zwar einen bösen Geist, doch der griechische *daimon* ist ein wertfreier Geist, zumeist als »göttliche Kraft« übersetzt. Sokrates bezeichnete damit eine innere Stimme, die ihn zeit seines Lebens vor falschem Handeln bewahrt habe, also einen durchaus göttlichen, positiven Eingriff in sein Leben, den er selbst auf den delphischen Apollon zurückführte.[100]

Mit solchen Spitzfindigkeiten gedachten sich die Richter freilich nicht auseinander zu setzen. Da es sich um einen Staatsprozess handelte, wurden per Losentscheid aus der *ekklesia*, der Volksversammlung, 501 Bürger als Laienrichter *(dikastes)* bestellt. Die ungerade Zahl sollte eine einfache Mehrheit garantieren. Der allgemeinen Tendenz folgend dürfte der größere Teil von vornherein gegen den Angeklagten eingestellt gewesen sein. Wir Heutigen wissen zwar, dass Sokrates beileibe kein »Sophist« (gemäss moderner Definition) gewesen ist, doch der athenische Jedermann war gerade davon fest überzeugt.

Ernste Männer, lamentierende Frauen

Bürgerliche Angeklagte verteidigten sich in der Regel selbst, ließen sich aber von juristisch versierten Ghostwritern (Logographen) pathetische Reden schreiben, die sie dann auswendig vortrugen. Durch gefühlvolle Appelle, zerknirschte Selbsterniedrigung und hochheilige Versprechen der Besserung usf. ließ sich nämlich der aus dem Demos hervorgehende Gerichtshof durchaus im Sinne des Angeklagten erweichen. Beliebt war auch der Einsatz um Gnade bettelnder Ehefrauen und wehklagender Kinder. Wer es geschickt anstellte, durfte mit mildernden Umständen und einer Linderung des Strafmaßes rechnen. Die Höchststrafe wurde meist erst im Wiederholungsfalle ausgesprochen. Erwarteten die Richter auch im Falle Sokrates einen reumütigen Angeklagten, der sie durch Wortgeklingel günstig zu stimmen trachtete?

Wir sollten jedenfalls davon ausgehen, dass zu Prozessbeginn noch keiner der 501 Richter das spätere Todesurteil überhaupt in Betracht zog. Zwar forderten die drei Ankläger den Tod wegen des Kapitalverbrechens der *asebeia,* doch war das nur die übliche Maximalforderung, an die das Gericht in solchen Fällen keineswegs gebunden war. Andererseits war es das erklärte Ziel der Polis, den jahrzehntelangen Querulanten und notorischen Schattenmann aller bisherigen athenischen Unruhestifter und Verräter zum Schweigen zu verurteilen. Die mildeste Form wäre wohl gewesen, wenn Sokrates allein durch die Anklage schon so schockiert und verstört gewesen wäre, dass er nach einer symbolischen Sühne sich freiwillig aufs sprachlose Altenteil begeben hätte – aber an diese Option glaubten wohl auch seine engsten Freunde nicht.

Eine vorformulierte Schönrede, mit welcher der angeklagte Sokrates voll Reue dem hohen Gericht und damit dem Demos geschmeichelt hätte, wäre Anlass gewesen, ihn zum offiziellen Schweigen zu verdonnern, verbunden mit einer saftigen Geldbuße und maximal der Androhung von Ehrverlust und Verbannung. Doch die Richter und der Demos täuschten sich. Sokrates nahm die Sache ernst und rechtfertigte sich selbst, aber keineswegs so, wie es die Richter sich vorgestellt hatten. Seine dialektisch-ironische Verteidigungsrede, die uns Platon als ›Apologie‹ überliefert hat, erforderte ganze Aufmerksamkeit, brachte unliebsame Wahrheiten auf den Tisch und ließ Athen und seine Bürgerschaft nicht im besten Licht, ja selbst auf der Anklagebank erscheinen. Und das Ganze erfolgte ohne das ansonsten übliche Lamento von Angehörigen und Freunden. Sokrates war also ein Überzeugungstäter, der aber alle drei Anklagepunkte ad absurdum führte. Und mit der zum Besten gegebenen Geschichte von Chairephon, der von der Seherin Pythia in Delphi einst das Orakel erhalten habe, es gäbe in ganz Hellas keinen Weiseren denn ihn, Sokrates, hat er seine Zuhörerschaft wohl überfordert. Nun blieb wirklich nur noch übrig, ihm die bürgerlichen Rechte abzusprechen und ihn der Stadt zu verweisen. Das war der »soziale Tod«, den sich der störrische Greis den Athenern zufolge selbst zuzuschreiben hatte.

Platons Apologie des Sokrates wird zwar nicht das tatsächliche Protokoll der Rede wiedergeben, aber doch den Grundlinien von Sokrates' echter Verteidigungsstrategie folgen. Der Verhandlungsverlauf, so wie ihn Platon und Xenophon schildern, entsprach den athenischen Gepflogenheiten eines Prozesses gegen einen freien Bürger der Stadt. Nach den Reden der Ankläger antwortet der Angeklagte. Daraufhin stellen die Richter per Mehrheitsbeschluss fest, ob der Angeklagte überhaupt schuldig sei und der Prozess fortgeführt werden solle. Bei Freisprüchen hatten die Kläger selbst Sanktionen zu erwarten. In der Angelegenheit des Sokrates kam es erwartungsgemäß zu einem Schuldspruch. Mit dem knappen Verhältnis von 280 Stimmen für »schuldig« und 221 für »nicht-schuldig« fiel das Ergebnis überraschenderweise keineswegs eindeutig aus. Der Philosoph hatte also mit seiner ersten Rede durchaus zu überzeugen vermocht. Unter den Richtern gab es selbstkritische Bürger, die seiner Sicht beipflichteten. Offensichtlich war er doch nicht so verhasst, wie es die Ankläger weismachen wollten. Bei einem solchen Stimmenverhältnis entfiel jedenfalls schon einmal die Höchststrafe.

Im zweiten Stadium des Prozesses wurde sodann das Strafmaß festgelegt. Dazu hatten sich wiederum die Ankläger wie auch der Angeklagte zu äußern. Anytos, Meletos und Lykon, schon etwas verunsichert, beharrten weiter auf der Todesstrafe, um nicht ihr Gesicht zu verlieren. Und was hatte man von Sokrates erwartet? Immerhin eine Entschuldigung bei der Polis und ihren Göttern und die Bereitschaft, eine hohe Geldsumme zu »spenden«. Selbstverständlich hätte man ihn damit nicht davonkommen lassen, sondern hätte ihm die Geldstrafe erhöht und ihn für den Rest des Lebens aus Athen verbannt, nicht unbedingt ins Ausland, sondern in eine nahe gelegene attische Ortschaft. Dann hätte man Ruhe vor ihm gehabt, sich aber nicht weiter an ihm vergriffen. Dazu noch eine Bemerkung. Geld war, so paradox es klingt, für den »armen Sokrates« bei der Verhandlung kein Problem. Alle, das Volk, die 501 Richter und nicht zuletzt Sokrates selbst wussten, dass wohlhabende Freunde für ihn finanziell bürgen und einspringen würden. Die Geldbuße wäre also nur symbolisch gewesen, hätte Sokrates selbst nicht geschadet, aber den angenehmen Zweck erfüllt, die Staatskasse etwas aufzufüllen.

Doch Sokrates' Reaktion ging in eine ganz andere Richtung. Kann man es den Geschworenen, auch jenen, die für nicht-schuldig plädiert hatten, verdenken, dass sie sich verhöhnt vorkamen, als der Angeklagte eine Geldsumme von einer Mine (100 Drachmen) als Buße anbot, angeblich der Wert seines *oikos?* Nach ernsten Vorhaltungen seiner Freunde, darunter Platon, erhöhte er das Angebot immerhin auf 30 Minen, verband die Offerte aber mit der grundsätzlichen Feststellung, dass er, Sokrates, nicht Strafe, sondern im Gegenteil Belohnung verdient habe, weil er die Menschen nicht zu »zersetzen«, sondern zu bessern gesucht habe. Ihm stünde daher die höchste staatliche Auszeichnung zu, welche die Polis zu vergeben habe, nämlich die tägliche unentgeltliche Speisung im Amtssitz der Prytanen! Das war typische sokratische Ironie – allerdings zum unpassendsten Augenblick und am ungeeignetsten Ort. Ein ungeheurer Affront! Schlagartig schlug die Stimmung um. Sokrates hatte das Gericht verspottet, sich über seine Richter gestellt. Eine arrogante Selbstüberschätzung eines einzelnen Außenseiters und die Verunglimpfung des Gemeinwesens, der gesamten Polis! Wer all die goldenen Brücken, die man ihm gebaut hatte, so überheblich abbrach, musste gottlos und »zersetzend« sein. So erfolgte das Todesurteil, das nun mit einem Votum von 360 zu 141 eindeutiger, wenn auch nicht einhellig ausfiel.

Und doch hat kein Athener dieses Ergebnis im Ernst gewollt. Selbst den drei Anklägern dürfen wir zubilligen, dass sie die Höchststrafe nur verlangt haben, um im Verhandlungs-Kompromiss zumindest ein lebenslanges Exil für Sokrates zu erreichen. Keiner der Geschworenen (Dikasten), die im Zorn über ihre »Canaillisierung« für das Todesurteil stimmten, wollte dem 70-jährigen Familienvater ans Leben. Und so hat es auch nach dem Schuldspruch nicht an mehr oder weniger offiziösen Versuchen gefehlt, Sokrates zur Flucht zu bewegen. Was hat man nicht alles getan, ihn dazu zu bringen: das Gefängnis hat man unversperrt gelassen, die Fesseln »vergessen«, ja seine Freunde Kriton und Platon bekniet, sie mögen mit ihm gehen, wohin sie nur wollten.

Es hat alles nichts genützt, Sokrates blieb standhaft: »Es ist besser Unrecht zu leiden als Unrecht zu tun.« Selbst ein ungerechtes Urteil müsse respektiert werden, andererseits verlören die Gesetzte insgesamt ihre Kraft. Seien die Gesetze schlecht, müsse man sie ändern, dürfe sie aber nicht übertreten. Flucht hätte Schuldeingeständnis bedeutet und hätte sein ganzes Lebenswerk zerstört. Wenn man Sokrates' Lebensführung und Lehre (so wie sie uns von Platon übermittelt wurden) überblickt, überrascht seine Konsequenz bis zum bitteren Ende nicht. Nach dem ersten Schuldspruch hat er die Verurteilung zum Tode billigend in Kauf genommen, ja geradezu forciert. Nichts, nicht die Bedrohung seines Lebens und schon gar nicht das lächerliche Feilschen um die Vermögensstrafe, vermochte ihm ein Gran eines Zugeständnisses und die Änderung seines Lebens abzuringen. Die Geschichte hat ihm Recht gegeben, Märtyrer sind per definitionem unschuldig, bleiben im Gedächtnis der Menschheit und bewirken mehr als alle Kriegsherren und Weltenstürmer.

Noch etwas anderes mag eine Rolle gespielt haben, Sokrates war mit 70 Lebensjahren ein Greis, zwar rüstig noch und im Vollbesitz aller geistigen Kräfte, aber eben doch im hellenischen Selbstverständnis und angesichts einer Lebenserwartung, die selten über 60 hinausging, ein Mensch, der sich auf seinen – natürlichen – Tod vorzubereiten hatte. Er hatte sein Leben gelebt, war in der Rückschau hochzufrieden mit dem, was er vorgelebt, gelehrt und bewirkt hatte, wie er an mehreren Stellen ausdrücklich betonte, und hatte zu guter Letzt noch für »gute Nachkommenschaft« seines *oikos* gesorgt. Die Götter, vertreten durch das *daimonion,* hatten es gut mit ihm gemeint. Alles war getan. Das Alter war, selbst in einer Gesellschaft, welche die Alten ehrte, nichts Erstrebenswertes, ein Vorgeschmack auf das Schattenreich des Hades. Was hinderte ihn, diese Anklage dazu zu benutzen, noch einmal, rückschauend und zusammenfassend, eine rhetorisch ausgefeilte Quintessenz seines Lebenswerkes zu bieten? Wir sollten Sokrates nicht für so lebensfremd halten, dass er nicht gewusst hätte, dass Platon, der den Prozess mitverfolgte, seine Reden im Gedächtnis gespeichert und allabendlich niedergeschrieben hatte. Selbstverständlich wollte Sokrates sein Lehrwerk in die Zukunft weitervermitteln, der Beweis des Gegenteils fällt schwer! Er selbst hat es vermutlich, wie viele Geistesschaffende, immer vor sich hergeschoben, bis es zu spät war. Doch nun, im Angesicht der Anklage, war Sokrates gezwungen zu handeln und diktierte in der Apologie und den letzten Dialogen seine wichtigsten Kernsätze Platon in die Feder.

Die komplizierte *apologia* war nicht so sehr den simplen Gemütern der Geschworenen zugedacht, sondern der Nachwelt. Sokrates war sich bewusst, dass die Athener der herrschenden Staatsraison wegen auf seiner Schuldigsprechung beharren und eine – wie auch immer geartete – Strafe erteilen mussten. Er fühlte sich in jedem Falle unschuldig. Die Wahrheitsfindung qua Mehrheitsentscheid war von seiner eigenen Methode der Wahrheitssuche so himmelweit entfernt, dass er durch ein solches Banausen-Urteil nur profitieren konnte. Wieso also nicht gleich die Höchststrafe auf sich nehmen und sein Lebenswerk mit dem »demokratisch« legitimierten Urteil einer emotional hin- und herschwankenden unbewussten Menschenmenge krönen lassen?

Gleichwohl sollten wir nicht von Justizmord sprechen. Rechtshistoriker betonen, dass formaljuristisch alle Vorschriften eingehalten worden sind. *Asebie* war eine Allerweltsanklage, aus welcher sich herauszuwinden nicht allzu schwer fiel, wie viele derartige Prozesse zeigten. Auch bei Sokrates war diese Anklage bereits vom Tisch, nachdem der erste Schuldspruch gefällt worden war. Er bezog sich nur noch auf sein politisches und a-soziales Fehlverhalten, das man mit einer leichteren Strafe zu ahnden beabsichtigte. Die Beschuldigung, anständige Bürger in ihrem Werteempfinden durch permanentes Hinterfragen und gedankliche Führung in die Aporie (Ausweglosigkeit) zu verunsichern, war so weit hergeholt nicht.

Ebenso war der Vorwurf, in der Auswahl der Schüler nicht wählerisch gewesen zu sein und Staatsverräter wie Alkibiades, Kritias und Charmides hervorgebracht zu haben, keineswegs aus der Luft gegriffen. Auch Platon, der engste Vertraute von Sokrates, ein überzeugter Aristokrat und enger Verwandter von Kritias und Charmides, wurde von den herrschenden athenischen Demokraten misstrauisch beäugt. Dass die Vernunft auch Monster gebiert, haben die aufgeklärten Jahrhunderte, insbesondere das 19. und 20., schließlich schmerzlich erfahren. Um die Statuierung eines Exempels an Sokrates kam die Polis 399 jedenfalls nicht herum. Es endete, unter tatkräftiger Mitwirkung von Sokrates selbst, nicht in einem rechtlichen Falsch-, aber in einem Epoche machenden Fehl-Urteil.[101]

Für die hellenische Antike spricht, dass all die gräßlichen Hinrichtungsmethoden des Alten Orients, der Perser und Karthager unüblich waren und nur in schweren Fällen bei Unfreien und Sklaven zur Anwendung kamen. Der von seinen Standesgenossen zum Tode verurteilte freie athenische Bürger hatte Anspruch auf die verhältnismäßig »sanfte« Todesart durch den Giftbecher. Der bitter schmeckende Absud aus echtem Schierling *(conium maculatum)* wirkt in geringen Mengen halluzinogen (und diente daher als Rauschtrank bei Mysterien), führt in höherer Dosierung aber zu zentralen Lähmungen und einer Art »natürlichen« Entschlafens. Von hoher Wichtigkeit war dem antiken Menschen, dass sein Leichnam dadurch unverstümmelt blieb und seinen Angehörigen unversehrt zur ordnungsgemäßen Bestattung übergeben werden konnte.

Bei Sokrates verzögerte sich der Vollzug der Todesstrafe noch um etliche Wochen. Prozess und Urteil fanden im Anthesterion, dem »Blütenmonat« des Jahres 399 statt, etwa unserem März entsprechend. In diesem Monat pflegten die Athener ein Festschiff zum

Apollon-Heiligtum auf der Insel Delos zu schicken. Bevor es nicht nach Piräus zurückgekehrt war, hatte die Polis kultisch rein zu bleiben. Darunter fiel auch das Verbot, während dieser Zeit Hinrichtungen durchzuführen. Aus den Quellen lässt sich errechnen, dass Sokrates auf diese Weise noch 30 Tage Aufschub erhielt. Man setzte ihn in dieser Zeit im »Gefängnis«, vermutlich einem Nebenraum des *prytaneion* (Rathaus) fest. Die moderne archäologische Deutung eines anderen Gebäudes mit acht »Kerkerzellen« im Südwestgelände der Stoa als *desmoterion* (Staatsgefängnis) und – laut aktuellem dortigem Hinweisschild – als Sokrates' letztem Aufenthaltsort unterliegt starkem Zweifel. Bei einer heute gezeigten Felsenhöhle am Museion-Hügel, die unbedarften Touristen entweder als Kerker oder Gruft des Sokrates verkauft wird, handelt es sich übrigens um ein mykenisches Kammergrab ohne jeglichen Bezug zum Philosophen.[102]

Wir dürfen uns des Sokrates Gefangenschaft nicht allzu hart vorstellen. Die Fesseln, die ihm angelegt wurden, hatten eher symbolische Bedeutung. Das ständige Aus und Ein von Freunden und Schülern veranlasste den Verurteilten sogar, manchmal um Ruhe und Alleinsein zu bitten. Die schon genannten penetranten Anreize zum Ausbruch ignorierte er. Die intensiven Gespräche, die er in diesem Zeitraum führte, hat Platon später zu den Dialogen ›Kriton‹ und ›Phaidon‹ verarbeitet. Mit dem Gesprächspartner Kriton, der ihn zur Flucht nach Thessalien überreden will, bespricht Sokrates Ordnung, Gesetze und gerechtes Handeln. Mit Phaidon von Elis erörtert er am letzten Tag die Unsterblichkeit der Seele und die Welt der Ideen. Bei Sonnenuntergang leert er im Beisein seiner engsten Freunde den Schierlingspokal.

Sokrates ist also bewusst und von sich und seinem Handeln unerschütterlich überzeugt in den Tod gegangen. Für ihn bedeutete er eine Erhöhung und Verklärung. Und auch seine Freunde hatte er zuletzt davon überzeugt, dass sein Sterben Gutes bewirke. Im profanen Alltag jedoch ließ er eine Frau in den besten Jahren und drei unmündige Kinder zurück. Kritons Hinweis, derjenige werde seinen Söhnen untreu, der freiwillig in den Tod ginge, wird von Sokrates um des höheren Zieles willen abgelehnt. Und als derselbe Kriton besorgt nachfragt: »Oh Sokrates, was trägst Du diesen (Freunden) oder mir auf Deiner Kinder wegen ...«, so erwidert er »... nichts Besonderes weiter« und fordert die Anwesenden auf, »richtig« für sich selbst zu sorgen, denn dies würde allen, auch seinen Angehörigen, zugute kommen. Eine sehr kryptische Antwort, die man verschieden deuten kann. Entweder war Sokrates schon so vom Irdischen entrückt, dass ihn die Zukunft seiner Familie nicht mehr interessierte, oder – näher liegend – dahinter verbarg sich die etwas camouflierte Aufforderung, Kriton (ein wohlhabender Handelsmann) sowie seine anderen nicht gerade armen Adepten mögen für die Hinterbliebenen sorgen.

Generell gilt, dass Ehefrauen und Unmündige unter athenischen Männern, selbst in einer solchen Situation, kein Gesprächsthema darstellten. Für den Überlieferer Platon war das Schicksal Xanthippes und der drei Kinder im Kontext der ›Apologie‹, des ›Kriton‹ und ›Phaidon‹ nachrangig, jedoch keineswegs aus Verachtung, sondern weil es als unschicklich galt, »Privates« mit in die für die Nachwelt bestimmten sokratischen Dialoge zu übernehmen. Dem antiken Leser dieser Schriften dürfte überdies sonnenklar gewesen sein, dass Schüler und Freunde die Familie ihres Mentors weiter unterstützt haben. Dies war so selbstverständlich, dass es keiner eigenen Erwähnung bedurfte. Auch scheint es zu keiner Konfiszierung des Vermögens des Verurteilten gekommen zu sein. In der Tat hat ja der *oikos* des Sokrates überlebt, und zwar im heimatlichen Athen, nicht etwa im Exil.[103]

Xanthippes letzte Nacht mit Sokrates

Obgleich Familienleben und Gespräche in der Männerrunde im zeitgenössischen Verständnis zwei völlig verschiedene Themen darstellten, die nicht miteinander vermengt werden durften, erwähnt Platon Sokrates' Gattin dreimal in den Abschiedsszenen, zweimal im Dialog ›Phaidon‹ und einmal in der ›Apologie‹.

Im ›Phaidon‹ lesen wir über den Besuch der Freunde am Morgen des Todestages: »Als wir nun hineintraten, fanden wir den Sokrates eben entfesselt, und Xanthippe, du kennst sie doch, sein Söhnchen auf dem Arm haltend, saß neben ihm. Als uns Xanthippe nun sah, wehklagte sie und redete allerlei dergleichen, wie die Frauen es pflegen, nämlich: O Sokrates, nun reden diese deine Freunde zum letzten Male mit dir und du mit ihnen. Da wendete sich Sokrates zum Kriton und sprach: O Kriton, lass doch jemand diese nach Hause führen. Da führten einige von Kritons Leuten sie heulend und sich übel gebärdend fort.« Soweit die alte Schleiermacher-Übersetzung, die freilich an dieser Textstelle nicht unbedingt den Kern treffen muss, sondern vielmehr die Wertung Schleiermachers enthält. Richtiger wäre nämlich folgende Übertragung der letzten Zeilen: »Sokrates blickte zu Kriton und sagte ruhig: Kriton, lass jemand sie nach Hause geleiten. Da geleiteten sie einige von Kritons Leuten hinaus, weinend und sich an die Brust schlagend« (*boosan kai koptomenen*). Mit der Hinauskomplimentierung seiner Frau in dieser letzten Lebensphase enthob sich Sokrates im Zeitverständnis der unkontrollierbaren Gefühlswelt, die angesichts seines nahenden Endes ja jederzeit auch bei ihm selbst durchbrechen konnte. Bemerkenswert erscheint die Tatsache, dass Xanthippe und Sokrates ganz offensichtlich die letzte Nacht ihres gemeinsamen Lebens zusammen und auf einer Lagerstatt verbracht haben! Bis zum morgendlichen Erscheinen der Freunde und Schüler waren sie vielleicht in intimer Zärtlichkeit vereint – ein schlafender Säugling stört dabei nicht. Mit Phaidon und Konsorten brach freilich die »äußere Welt« in die private Zwei-/Dreisamkeit herein. Den Konventionen seiner Zeit folgend, hatte Sokrates sich nun um die Freunde zu kümmern und musste Frau und Kind nach Hause schicken.

Man hat nicht zu Unrecht darauf hingewiesen, dass diese ganze Lamento-Szene (an deren Authentizität gleichwohl nicht zu zweifeln ist) im Textzusammenhang des ›Phaidon‹-Dialogs irgendwie hineinkonstruiert wirkt. Sie sollte wohl den szenischen Schauplatz kontrastieren und frei machen für das nun folgende entscheidende Gespräch über die Unsterblichkeit und darüber hinaus wieder einmal Sokrates' Gleichmut gegenüber dem Schicksal unterstreichen. Die Parenthese »Xanthippe – du kennst sie doch –« *(gignoskeis gar)* weist darauf hin, dass man sich in den Kreisen der Jünger und Anhänger des Sokrates seiner Gattin wohl bewusst war.[104]

Im ›Phaidon‹ schildert Platon die letzten Stunden vor dem Trank des Giftbechers: »Nachdem er nun gebadet und man seine Kinder zu ihm gebracht hatte, er hatte nämlich zwei kleine Söhne und einen

Abb. 9 Sokrates verabschiedet sich von seinen Angehörigen, von Januarius Zick. Düsseldorf, Kunstmuseum

größeren, und die ihm angehörigen Frauen gekommen waren, sprach er mit ihnen in Kritons Beisein, und nachdem er ihnen aufgetragen, was er wollte, hieß er die Frauen und Kinder wieder gehen.« Der Plural »Frauen« sollte uns nicht überraschen und uns nicht wieder zum leidigen Myrto-Thema verführen. »Frauen und Kinder« ist ein fester Begriff, der allgemein den *oikos* umfasst. Mit »Frauen« waren die Gattin und sie begleitende Dienerinnen, Ammen oder weibliche Verwandte gemeint. Hier genauer zu unterscheiden, erschien Platon indiskret. Aufhorchen aber lässt Kritons Beisein in der letzten Familienunterredung. Wurden hier etwa Abmachungen hinsichtlich der Zukunft für Frau und Kinder getroffen?

Die Verabschiedung (»nach Hause führen« oder »geleiten« bzw. »hieß sie gehen«) muss mitnichten als barsch oder abweisend ausgelegt werden, wie es in zahlreichen Kolportagen und Bildern der

Nachwelt übermittelt worden ist. Es entsprach den Gepflogenheiten in Athen, dass Männer ihre letzten Stunden unter ihresgleichen verbrachten, nicht im Kreis der Familie. Dies galt in besonderem Maße für einen Philosophen, dem geistige Gespräche zustanden, ohne sich von Gefühlen übermannen zu lassen. Dagegen wurden von den Frauen von alters her Emotionen, Wehklagen und »Sich-an-die-Brust-Schlagen« erwartet – was der pikierte Schleiermacher mit »Sich-übel-Gebärden« missdeutet hat! Lautes Lamento hätte Sokrates auf seinem letzten Gang jedenfalls empfindlich gestört. Als nämlich seine Freunde nach dem Leeren des Bechers nun ihrerseits in Wehgeschrei und Tränen ausbrachen, sagte er: »Ich habe vorzüglich deshalb die Frauen weggeschickt, dass sie dergleichen nicht begehen möchten, also haltet euch ruhig und wacker.«

Sokrates' Tod, den wir mit einer Art Entschlummern unter Drogen vergleichen können, verkündet Platon mit den bewegenden Worten, die er Phaidon sprechen lässt: »Dies ... war das Ende unseres Freundes, des Mannes, der unserem Urteil nach ... der trefflichste war, und auch sonst der vernünftigste und gerechteste.« Und wie ging es weiter, nachdem die Freunde und der von der Polis geschickte Staatssklave, der den Giftbecher überbracht hatte, – alle unter Tränen – Sokrates' Ableben festgestellt hatten? Als freier Bürger war er auch im Tode noch privilegiert, denn sein äußerlich unversehrter Körper wurde der Familie zur ordnungsgemäßen Grablege übergeben. Dies war keine Selbstverständlichkeit, denn ansonsten wurden die Leiber von Verbrechern entweder ins Meer entsorgt oder in einer Karstschlucht den Geiern vorgeworfen. Nach seiner Lehre und seinen eigenen Worten am letzten Tag hat der Philosoph keinen besonderen Totenkult verlangt. Das göttliche Gebot sah die baldige Aufnahme in die Erde vor. Dem Ritus seiner Zeit folgend wurde sein Leichnam zusammen mit wohlriechenden Kräutern, Ölen und Hölzern eingeäschert und in einer Urne bestattet. An dieser Zeremonie nahmen die weiblichen Familienangehörigen unter lauten Klagegesängen teil. Ob über dem Urnengrab ein Denkmal oder ein Epitaph errichtet worden ist, wissen wir nicht. Es spricht einiges dafür, dass der Verurteilte sich dies ausdrücklich verbeten hatte.[105]

Und wie reagierten seine engen Angehörigen und seine Freunde auf den Schuldspruch? Wir wissen nur explizit von Platon, dass er im nämlichen Jahr 399 Athen verließ und nach Süditalien und Sizilien ging. Ob das nun eine Flucht-Reaktion auf das Urteil über seinen Lehrer oder ob die Reise schon länger vorbereitet war, bleibt uns verborgen. Konfrontiert mit der politischen Realität und schwer ernüchtert über seine Versuche, zusammen mit dem Philosophen-Tyrannen Dionysos von Syrakus einen Idealstaat einzurichten, kehrte er nach 11 Jahren zurück und begründete 388 die philosophische Lebensgemeinschaft der Akademie. Allem Anschein nach hatte er seinen Status in Athen und seinen Wohlstand zu erhalten vermocht. In den achtziger Jahren dürfte er auch seine Notizen zu Sokrates in den Dialogen und der ›Apologie‹ zusammengefasst haben.[106]

Xenophon, unser zweiter Gewährsmann über Sokrates, war während dieser ganzen Affäre überhaupt nicht in Athen gewesen. 402 hatte er nämlich das gut dotierte Angebot angenommen, als Söldnerhauptmann in die persischen Thronwirren einzugreifen, und zwar auf Seiten des Usurpators Kyros gegen den Großkönig Artaxerxes. Sokrates, deswegen um Rat gefragt, verwies den damals 30-jährigen Kriegsmann Xenophon zweideutig an das Orakel von Delphi weiter, worauf dieser in die Dienste des Kyros trat. Das Unternehmen ging 401 schief, doch Xenophon sollte es immerhin gelingen, seine 10 000 hellenischen Mitstreiter bis 399 unbeschadet zurückzuführen. Sein Werk ›Anabasis‹, die Heimführung der Truppe, das er daraufhin verfasst hat, sollte bis ins 20. Jahrhundert als Schullektüre dienen. Xenophon schloss sich nach diesem Unternehmen den Spartanern an, welche die Perser in Kleinasien bekämpften. Erst spät, gegen 370, kehrte er wieder in seine Heimatstadt Athen zurück.[107]

Staatswitwe Xanthippe

Xanthippe und ihre drei Söhne blieben in Athen. Wieso sollten sie nach Thessalien oder Syrakus ziehen, wie in modernen Romanen vorgeschlagen? Für all die Kolportagen, die sie als Vertriebene, ja als Ausgestoßene brandmarken, existiert kein Beleg. Sippenhaftung und Vergeltung bis ins letzte Glied war der Antike zwar keineswegs fremd, aber in der bei den Richtern umstrittenen »Pragma Sokrates« kam sie nicht in Betracht. Xanthippe behielt sowohl ihren bürgerlichen Status wie das Vermögen des sokratischen *oikos.* Für die sicherlich nicht unerheblichen Gerichtskosten kamen Freunde und Schüler auf. Zuwendungen von Kriton und Platon hielten die sokratische Restfamilie weiter auf dem Level des Zeugiten-Standes. Von dieser Warte aus gesehen, haben alle drei Söhne des Sokrates die für freie Athener übliche Erziehung durchlaufen und das Bürgerrecht erhalten. Was aus ihnen geworden ist, entzieht sich den Quellen. Aber warum sollte Sophroniskos, der Mittlere (oder Jüngste?) nicht dem Vorbild seines namengebenden Großvaters als Steinmetz und Skulpteur gefolgt sein? Sicher ist nur, dass keiner in die Fußstapfen des Vaters trat und Philosoph wurde.

Athen hatte die Talsohle seiner Depression in den neunziger Jahren des neuen Jahrhunderts durchschritten. Unter den fähigen Strategen Konon und Thrasybulos ging es wieder leicht aufwärts. Marksteine waren eine neue Flotte, die Wiederaufnahme der Handelsbeziehungen zur See und der Wiederaufbau der Langen Mauern. Der »Königsfriede« mit Spartanern und Persern von 387 leitete sogar eine Periode der *koine eirene,* des gemein(griechisch)en Friedens, ein.

Xanthippe war nach der rituellen Trauerzeit von drei Jahren eine Witwe von nicht mal 40 Jahren. Sie war damit im griechischen Selbstverständnis zwar alt im Sinne der Prokreation, aber durchaus noch begehrenswert im Sinne des Eros. Ihr *oikos* besaß das athenische Bürgerrecht, um das sich viele bemühten. Sie repräsentierte demnach einen hohen gesellschaftlichen Status. Mit drei Söhnen, deren eherne Pflicht es war, später für sie zu sorgen, durfte sie beruhigt ins Alter schauen. Wir wollen ihr wünschen, dass sie noch einmal einen adäquaten Partner gefunden hat. Aus den Quellen lässt sich erschließen, dass solche späten Verbindungen gar nicht selten waren. Hatten Frauen der freien Klasse einmal das fertile Alter mit seinen Gefährdungen durch Geburt und Kindbett überstanden, lag ihre durchschnittliche Lebenserwartung bei 60 Jahren.

Und die Bürger von Athen? Viele Belege sprechen dafür, dass dem athenischen Staatswesen Prozess und Urteil über ihren Mitbürger Sokrates letzten Endes peinlich waren. Allzu deutlich kam zum Vorschein, dass Sokrates als Stellvertreter für die wahren Verräter Alkibiades, Charmides, Kritias und viele andere abgestraft wurde.

Den provokativen Tod des 70-Jährigen hatte doch keiner gewollt. Mit der ostentativen Freiwilligkeit der Todesannahme hatte der Verurteilte seine Unschuld letztlich erwiesen. Auf wenig Entgegenkommen der Athener stieß der plumpe Versuch seiner Gegner, die Anklage noch einmal posthum, um 393/92, von einem Winkeladvokaten namens Polykrates begründen zu lassen. Und besonders über das apollinische *daimonion* zeigten sich die abergläubischen Kleingeister Athens verunsichert, denn musste man nicht damit rechnen, dass der wankelmütige Apollon irgendwann einmal seine Verderben bringenden Pfeile auf die Stadt abschoss?

Glaubhaft klingt also, die Athener hätten schon kurz nach Sokrates' Hinrichtung den Philosophen rehabilitiert und ihm gar eine Bronzestatue gewidmet. Davon berichtet freilich nur der späte Diogenes Laertios, keine zeitgenössische Quelle. Die Statue habe der Bildhauer Lysippos gefertigt, sie sei im *pompeion* aufgestellt worden. Lysippos war der bedeutendste Bronzekünstler seiner Zeit. Seine Schaffenszeit fällt in die Jahre 380 bis 350. In diesem Zeitraum wird er auch das Bild des Sokrates gestaltet haben, also mindestens zwei Jahrzehnte nach dessen Tod. Bildhauer des 4. Jahrhunderts bemühten sich in der Regel um authentische Porträts der Dargestellten. Lysippos konnte in dieser Hinsicht auf viele Zeitzeugen zurückgreifen, die Sokrates noch aus persönlicher Anschauung gekannt hatten. Die erhaltenen hellenistischen und römischen Kopien der originalen athenischen Sokrates-Statue zeigen denn auch die einem Satyr gleichenden sokratischen Gesichtszüge, wie sie Alkibiades im ›Symposion‹ geschildert hatte.

Das *pompeion* war sozusagen das Staatsgymnasium Athens, in dem die Epheben ausgebildet wurden, ein eindrucksvoller Bau mit geräumigem Innenhof und umgebender Säulenhalle, in der Statuen hochberühmter Männer aufgestellt waren. Vom Leben der Epheben zeugen zahlreiche mehr oder weniger geistvolle juvenile Graffiti an Säulen und Mauern. Da von hier die panathenäischen Festzüge *(pompai)* ihren Ausgang nahmen, kam dem Gymnasium auch hohe staatstragende Bedeutung zu. Wessen Bildnis hier zum Vorbild der lernenden Jugend enthüllt wurde, der musste sich um die Polis in hohem Maß verdient gemacht haben. Und wenn dies Sokrates widerfahren ist – und nach den erhaltenen Bildnissen besteht kein

Zweifel, dass es ein athenisches Urbild gegeben hat, so muss er posthum in allen Punkten freigesprochen und in vollem Umfang rehabilitiert worden sein! Wir dürfen nicht vergessen, dass die athenische Polis einen bürgerlichen Rechtsstaat repräsentierte (Fehlurteile bestätigen dies), der auf Wahrung der ausgleichenden Formen Wert legte. Die Aufhebung eines Urteils war Gegenstand eines Staatsakts in der *ekklesia* und mit der Aufstellung des Bildwerks im *pompeion* entsühnte sich die Gemeinschaft. Für die Familie des Sokrates bedeutete dies die Wiedereinsetzung in den vorigen Stand und die Wiederherstellung all seiner Rechte einschließlich Entschädigung in finanzieller Hinsicht. Für Xanthippe als Staatswitwe hatte die Polis zu sorgen, ebenso für die unmündigen Söhne. Damit entfiel die Abhängigkeit der Familie von Sokrates' Freunden und Adepten. Ehre und Ansehen Xanthippes in ihrer Heimatstadt dürften infolge der umfangreichen öffentlichen Sühnemaßnahmen und Exkulpationen gestiegen sein. Ein krasser Widerspruch also zu jener üblen Nachrede, die Xanthippe nach Sokrates' Tod als halbverrückte Verfemte verzeichnet!

Und warum berichtet Platon nichts weiter über Sokrates' Familie? Hierzu müssen wir wieder in Betracht ziehen, dass Familien- und Frauenangelegenheiten für seriöse griechische Schriftsteller – und das gilt vorab für den gesetzten Platon – tabu waren und als unzulässiges Eindringen in die Privatsphäre eines *oikos* galten. Indiskretionen dieser Art überließ Platon Xenophon und anderen Schreibern, deren Werke heute verloren sind, welche Diogenes Laertios aber noch ausgewertet und zitiert hat.

In seiner Ehrenrettung für Athen schoss Diogenes Laertios allerdings übers Ziel hinaus, als er die Behauptung aufstellte, die Ankläger Sokrates' seien ins Exil, Meletos gar zum Tode verurteilt worden. Anytos, der Hauptankläger, war um 384 jedenfalls Archon, erfreute sich also nach wie vor der Wertschätzung der Polis. Eine Rechtsgrundlage für ihre Verurteilung hätte auch gefehlt, schließlich fällten nicht sie, sondern die 501 Laienrichter als Vertreter der ganzen Kommune das Todesurteil. Denkbar ist ihre kurzfristige Verbannung aus Athen per *ostrakismos.* Das Scherbengericht brauchte nicht begründet zu werden, kratzte aber auch nicht an der Ehre des Exilanten.[108]

Historischer Klatsch:
Wie wird frau zur Megäre?

Xenophon versucht sich zu erinnern

Um das Jahr 380 hat Xenophon, zu dieser Zeit noch auf seinem Gut auf der Peloponnes lebend, seine Erinnerungen an Sokrates zusammengefasst. Da er niemals zum inneren Zirkel des Philosophen zählte und seiner häufigen Abwesenheit aus Athen wegen auch eher selten mit ihm in Kontakt gestanden hat, können die ›Memorabilien‹ nicht auf eigener Anschauung fußen, sondern nur aus zweiter Hand stammen oder schlicht erfunden sein. Die Tendenz, Sokrates zu entschuldigen, steht jedenfalls im Vordergrund. Während Xenophon in seiner ›Anabasis‹ ein gut beobachtender Militärschriftsteller war, sollten wir seinen philosophiegeschichtlichen Ergüssen nicht allzu viel Erkenntnis beimessen. Seine Erinnerungen an Sokrates bestehen denn auch nur aus einer zusammenhangslosen Melange angeblich sokratischer Gespräche und Episoden. Zwei seiner Geschichtchen um Sokrates mögen zwar dem Plaisir seiner männlichen Leserschaft gedient haben, hatten freilich einen der verleumderischsten Treppenwitze der Weltgeschichte zur Folge: Xanthippe als *unverträglichste Ehefrau!*

Betrachten wir die Textstellen näher: Xenophon referiert einen Dialog zwischen Sokrates und dessen Ältestem Lamprokles, in welchem sich der Sohn über seine Mutter »beschwert« *(chalepei).* Aus dem späteren Zusammenhang geht hervor, dass deren Launenhaftigkeit, Scharfzüngigkeit und Strenge der Grund ist. Sokrates weist ihn aber auf die trotzdem bestehende Sohnespflicht zur Dankbarkeit hin und überzeugt ihn, dass Xanthippe in guter Absicht *(eunoia)* handle. Eigentlich entlastet Sokrates damit Xanthippe vom Vorwurf ihres Sohnes, doch Xenophons Text vermag diese Essenz nicht adäquat auszudrücken. Das Einzige, was beim antiken Leser (bzw. Hörer) haften blieb, war das Substantiv *chalepotes,* die »Unverträglichkeit«, »Beschwerlichkeit« und das Eigenschaftswort *chalepos* (feminin: *chalepe*), das hinfort untrennbar mit Xanthippe verbunden sein wird! Historisch kann das Gespräch nur 399 oder kurz zuvor stattgefunden haben mit Lamprokles als noch unreifem jungem Burschen von zwölf Jahren, wie er in Sokrates' Todesjahr bezeichnet wurde. Doch plausibler erscheint das ganze Gespräch als xenophontische Fiktion, und zwar als Paradigma der Eltern- und Mutterliebe. Xanthippe scheint sich hier als literarische Kunst-, ja Kontrastfigur zu Sokrates angeboten zu haben – eine Rolle, die an ihr bis in die Jetztzeit haften bleiben sollte!

Xenophon verfasste auch ein sokratisches Symposion, nahm aber einen Sportsieg des jungen Ringers Autolykos zum Anlass, verlegte es ins Jahr 422 und ins Haus des verschwenderischen Kallias. Neben dem Hausherrn, dem Athleten, Charmides, Sokrates und einigen anderen nahm auch noch ein gewisser Antisthenes teil. Obgleich die Gesprächspartner historisch belegte Personen sind, dürfen wir Xenophons Bankett mit Fug und Recht die Historizität absprechen und es in das Reich der xenophontischen Paradigmen (Beispiel-Erzählungen) übertragen. Im Verlaufe der Tischreden, die die sokratischen Themen Gerechtigkeit, Schönheit, Reichtum, aber auch die Spaßmacherei behandeln, stellt Sokrates (wohl im Konnex des letztgenannten Themas) die These auf, ein Mann könne einer Frau alles beibringen, wenn er nur mit ihr richtig umzugehen wisse. Worauf besagter Antisthenes kontert: »Warum erziehst Du dann Deine Xanthippe nicht?« und sie im nächsten Satz geradezu exemplarisch als die »Unverträglichste *(chalepotate)* unter allen Frauen der Gegenwart, der Vergangenheit und Zukunft« bezeichnet. Sokrates bleibt ihm jedoch nichts schuldig und gibt zurück: Er trainiere sich wie ein »Zureiter an störrischen Pferden« (Wortspiel mit *Xanth-hippe!*) an Xanthippes Unverträglichkeit, um desto besser mit allen anderen Menschen auszukommen. Wer Xanthippe ertragen könne, ertrage die Menschheit. Der Sinn des Anekdötchens ist klar: Wieder einmal soll hier Sokrates' legendäre Schlagfertigkeit unter Beweis gestellt werden. Die von Antisthenes satirisch übertriebene »Unverträglichkeit« seiner Frau dient dazu nur als Transportmittel. Dass die reale Xanthippe, nur um einem Witz die Pointe aufzusetzen, erneut mit dem Unwort *chalepe* diffamiert worden ist, störte Xenophon nicht. Mit einer zänkischen Gattin als Widerpart konnte die Gelassenheit und Geistesgegenwart des Sokrates den – männlichen – Lesern doch viel effektvoller vermittelt werden!

Wenn wir, der modernen Kommunikationstheorie folgend, hinter jedem Klischee ein Körnchen Wahrheit vermuten dürfen, was könnte es dann mit der *chalepotes* auf sich haben? Sokrates war kein einfacher Mensch. Nachdem er erst mit 58 in den Ehestand eingetreten war, vermochte er all die Verhaltensweisen und Allüren, die sich bei ihm während der langen Zeit des ungebundenen Single-Daseins tief eingeschliffen hatten, nicht einfach abzuschütteln. Und auch Xanthippe wird, wenn wir ihre höhere Herkunft ernst nehmen, kein »Weibchen« gewesen sein, das alles widerspruchslos hinnahm. Das mag zu häuslichen Konflikten geführt haben. Sie haben aber sicher nicht die übliche athenische Norm überstiegen. Das Bild des Ehepaares, wie wir es geschildert haben, widerspricht jedenfalls deutlich der »Unverträglichkeit«. Diese Wertung muss also nachträglich fingiert worden sein, aber von wem und zu welchem Zweck?[109]

Die literarische Xanthippe – eine »zynische« Erfindung

Interessant ist, dass Xenophon die bösartige Wertung über Xanthippe gerade dem Antisthenes in den Mund legt. Dieser war zwar in der Tat ein ergebener Schüler des Sokrates, der sogar bei dessen Ableben zugegen war, gründete aber um 390 eine eigene Denker-Schule, die er nach dem Gymnasium Kynosarges bei Athen kynisch und seine Adepten Kyniker nannte. Schroff lehnte Antisthenes Staat, Gesetze, Religion, Ehe, Familie, ja alles »Herkömmliche« ab. Lebensfreude und Lust (vornehmlich die sexuelle) waren ihm besondere Gräuel. Hoch im Kurs standen dagegen Bedürfnislosigkeit, Ehelosigkeit, Enthaltsamkeit von allen Trieben und *zynisches* In-Frage-Stellen herkömmlicher Bräuche, Riten und Ordnungen. Zur Untermauerung dieser sarkastischen (»zynischen«) Wertvorstellung musste gerade Sokrates herhalten! Denn Anthistenes dekonstruierte zu diesem Zweck das sokratische Gedankengebäude zur »Genügsamkeit« und »Unangepasstheit«, um Sokrates als Vorläufer des Kynismus darstellen zu können. Um dies zu unterstreichen, setzten die Kyniker in der Folgezeit eine Flut von Anekdoten in Umlauf, die Sokrates im Widerspruch zur herkömmlichen Auffassung über Lebensführung und Ehe zeigten. Klar, dass Xanthippe bei den extrem misogynen Kynikern schlecht abschneidet! Genügsam sei Sokrates gewesen, ein aufrechter unbestechlicher Habenichts, der allerdings den Fehler gemacht habe zu heiraten, und der folglich mit seiner Frau im Dauerstreit gelegen habe. Ein echter Kyniker also! Mit dem authentischen Sokrates und mit der wahren Xanthippe haben diese zynischen Burlesken freilich nichts, aber auch gar nichts zu tun. Antisthenes hat seinen Meister instrumentalisiert und sein Andenken im kynischen Sinne manipuliert – eine wahrhaft zynische Umwertung der sokratischen Lehre!

Mit dem Kyniker Antisthenes haben wir also den Hauptverantwortlichen für das spätere Xanthippe-Image als unverträglichem, zänkischem Hausdrachen ermittelt. Doch Antisthenes galt, wie sein Nachfolger im Geiste, Diogenes im Fass, Griechen und Römern als ein nicht ganz ernst zu nehmender Wanderphilosoph im sprichwörtlich »härenen Gewand«. Es war der simpel gestrickte, gleichwohl als Literat höchst einflussreiche Xenophon, der diesem radikalen Frauen-, Kinder- und Ehefeind eine Plattform für seine Tiraden gegeben hat. Und zwar unwissentlich, denn Xenophons Absicht bestand ja eigentlich gerade darin, der Nachwelt nur Gutes über Sokrates zu unterbreiten. Xenophon hat sich dieser Aufgabe freilich nicht gewachsen gezeigt. Sein Sokrates tritt entweder – wie im ›Oikonomikos‹ – als humorloser Pauker, als oberflächlicher Gruppen-Kasper wie im ›Symposion‹ oder als reine Knallcharge wie in den ›Memorabilien‹ auf. Welch ein Kontrast zum platonischen Sokrates, jener Versinnbildlichung von Esprit, Ironie, Mitmenschlichkeit, Bürgersinn und Gesprächsführung hin zum höchsten Niveau!

Die Lektüre von Platons diffizilen Dialogen blieb freilich immer einer schmalen Schicht Gebildeter vorbehalten. Das von dort tradierte durchwegs positive Bild des Philosophen und (wenn auch nur in Ansätzen erkennbar) seiner Familie blieb auf eine geistige Elite beschränkt, deren Interesse auf die reine Lehre gerichtet war und die den profanen Lebensumständen ihres Idols keinen besonderen Erkenntnisgewinn abzuziehen vermochte. Doch umso emsiger stürzten sich viel gelesene Schaumschläger, Klatschkolumnisten und Kolporteure auf Xenophons ignorant offerierte Szenarios von Sokrates' Ehestreit und -zank, unterschwellig insistiert und assistiert von Antisthenes und seinen Z(K)ynikern! Und es war gerade diese Art der Trivialliteratur, die den Kommenden, im Grunde bis heute, ein verzerrtes Bild von Sokrates und Xanthippe weitergegeben haben.

Selbst der große Aristoteles und ernst zu nehmende Geister wie Roms Staatsschriftsteller Marcus Varro (116–27 v. Chr.) und Seneca (4–64 n. Chr.), der Biograph Plutarch (46–120) und der hohe römische Beamte Arrian (95–175) scheuten sich nicht, auf diese Geschichten zurückzugreifen. Dagegen erhob der römische Griechenfreund Aulus Gellius für seine Rhapsodie ›Attische Nächte‹ (um 150), die mehrere Sokrates-Xanthippe-Szenen wiedergibt, keinen Anspruch auf Wahrheitsgehalt. Trotzdem nahm man ihn später, im Mittelalter und der Frühen Neuzeit, für bare Münze. Claudius Aelianus (um 170–240) sammelte all jene Storys und schmückte sie weiter mit allerlei groteskem Rankenwerk aus. Der Titel seines Werks ›Bunte Geschichten‹ drückt schon aus, dass ihr Inhalt nicht so ernst genommen werden sollte, doch die Nachwelt, insbesondere das absolut keinen Spaß verstehende Christentum, hat gerade dies getan. Der späte Kompilator Diogenes Laertios hat sodann im 3. Jahrhundert nach Christus die zu seiner Zeit kursierenden Schwänke über Sokrates und Xanthippe noch einmal zusammengefasst und damit der Nachwelt einen Fundus an ehelichen Grotesken und Travestien überlassen, ein gefundenes Fressen für die natur-, lebens- leib- und weiberfeindliche christliche Propaganda. Doch davon später.[110]

Xanthippische Blondinenwitze und Kalauer

Sehen wir uns einige dieser Legenden an, die Sokrates' Bild verfälscht und Xanthippe nachhaltig in falsches Licht getaucht haben. Im Grunde laufen sie alle nach demselben Schema ab, ja wir können von einem regelrechten literarischen Typus der Sokrates-Anekdote sprechen. Zwei Variationen lassen sich herauspräparieren: Die kynische und die stoische. In ersterer versetzt Xanthippe ihren Mann stets in eine beschämende Situation, die der Weise mit Gleichmut und Schlagfertigkeit quittiert und somit als Situationssieger hervorgeht. Dazu folgende Beispiele: Die eifersüchtige Xanthippe zertritt einen von Alkibiades geschickten Kuchen, worauf Sokrates höhnt: »Siehst du, jetzt hast du auch nichts mehr davon.« Die Überlieferer dieses müden Witzes, Arrian und Aelian, hat es sichtlich nicht gestört, dass der historische Alkibiades längst aus Athen entschwunden war, als Sokrates und Xanthippe heirateten. Bei Plutarch wirft eine enragierte Xanthippe den Tisch um, an dem Sokrates und ein Freund gerade speisen. Der Philosoph vergleicht die Wütende daraufhin mit einem Huhn, das einmal ins Speisezimmer hereingeflattert war und das Mahl gestört hatte. Die Quintessenz soll wohl sein, dass man sich über vom Zorn erfasste Frauen nicht weiter aufregen sollte. In ihrer Emotion gleichen sie halt unvernünftigen Tieren.

Ähnlich flach geartet ist der von Diogenes Laertios überlieferte Vergleich von Xanthippes »Knarren« im Sinne von Keifen, das Sokrates wie das unvermeidliche »Räderknarren« auf der Straße hinnimmt. Als Alkibiades Xanthippes Reaktion mit »Gänseschnattern« vergleicht und einwirft: »Gänse bringen wenigstens Eier und Küken«, entfleucht dem Sokrates folgende Erwiderung: »Und mir bringt Xanthippe Kinder«. Das mag eine kynische Spitze gewesen sein, aber von unserer Warte aus gesehen lässt sich dieser Witz an Blödheit wohl nicht mehr überbieten. Müßig zu sagen, dass Alkibiades hier nur als provokante Kunstfigur auftritt. Als Xanthippe ihr erstes Kind Lamprokles gebar, war er längst als Unperson aus Athen verbannt.

Genauso witzlos für unser Verständnis ist die Geschichte von Xanthippe, die dem Sokrates in aller Öffentlichkeit den Mantel herunterreißt. Vorausgesetzt wird offenbar, dass beide nur einen besitzen, Xanthippe ihn in dieser Situation aber widerrechtlich für sich reklamiert. Die Botschaft soll wohl sein, dass Sokrates es in »weiser Voraussicht« vermeidet, sich auf eine Prügelei mit seiner Frau einzulassen, und ohne Erregung öffentlichen Ärgernisses auf sein Anrecht verzichtet. Aelian versuchte diese Story noch etwas auszureizen, indem er Xanthippe, als sie sich einen Festzug ansehen will, trotz Kälte auf den Mantel verzichten lässt, um vor ihrer Nachbarschaft zu verbergen, dass sie beide nur diesen einzigen *himation* besitzen. Sokrates leitet daraus ein typisch kynisches Gesetz weiblicher Eitelkeit (sehen, um gesehen zu werden) ab.

Die zweite Variante lässt Xanthippe nur als wohlfeile Stichwortgeberin zu. So schämt sie sich, weil die Vorbereitungen für ein Festmahl ihres Mannes so kärglich ausfallen. Doch dieser sondert folgende Weisheiten ab: Sind die Gäste bescheiden (*metrioi*, mittelmäßig), so werden sie vorlieb nehmen, sind sie's nicht, so haben sie es überhaupt nicht verdient, umsorgt zu werden. Sokrates' kynischer Standpunkt der Bedürfnislosigkeit lässt sich durch weibliche Intervention also nicht beirren.

Mehr Geistesblitze verraten folgende Plots: Xanthippe beklagt, dass Sokrates unschuldig sterben werde. Darauf der Verurteilte: »Wäre es dir lieber, ich stürbe schuldig?« Eine an Hybris kaum mehr zu überbietende sophistische Wortspielerei, welche die gutmeinende Frau plötzlich als Dumme dastehen lässt. Immerhin nimmt sie auf das von Platon im ›Phaidon‹ geschilderte Zusammentreffen Xanthippes mit dem gefangenen Sokrates Bezug.

Die folgende, von Seneca und Arrian gestreifte, von Diogenes Laertios aber bildhaft geschilderte Episode hat das Sokrates-und-Xanthippe-Bild wohl am nachhaltigsten geprägt: Nach einem furiosen Ehezwist schüttet Xanthippe ihrem Mann ein Becken voll Spülwasser übers Haupt. Sokrates bleibt gefasst und gleichmütig: »Ich wusste es, nach dem Donnerwetter folgt der Regen.« Die Pointe liegt darin, dass Xanthippe hier die Funktion des Wettergottes Zeus übernimmt. Bildlich ließ sich dieses Sujet bestens darstellen. Eine besonders plakative Illustration lieferte der Fuldaer Hof- und Genremaler Emanuel Wohlhaubter (1683–1756). Seine barockes Gemälde ›Sokrates wird von seiner Frau Xanthippe mit Wasser übergossen‹ wurde in zahlreichen Repliken verbreitet und erfreute sich besonderer Popularität in biedermeierlichen deutschen und österreichischen Wohnstuben des 19. Jahrhunderts. Offenbar konnten sich auch Ehefrauen jener Zeit mit diesem Thema arrangieren. Der Grund liegt darin, dass der in der Genre-Malerei gewiefte Wohlhaubter die ganze Szene in eine teutsche Fachwerk-Stadt des späten Mittelalters versetzt hat und Sokrates als ungepflegten, verschrobenen Bücherwurm porträtiert, währenddessen die hier nun den Nachttopf leerende Xanthippe als wohlbekleidete, auf Bürgerstand, Sitte und gute Erscheinung achtende Patrizierin dargestellt wird.

Ein besonders hinterhältiges Produkt der frauenfeindlichen kynischen Gerüchteküche war jene Fabel, die Sokrates zwei Frauen, neben Xanthippe noch Myrto, zuspricht. Historisch ist daran nichts stimmig, wie wir schon ausgeführt haben, doch welch eine Fama ließ sich daraus züchten! Einerseits konnte man Sokrates' Seelenruhe

Abb. 10 Sokrates wird von seiner Frau Xanthippe mit Wasser übergossen, von Emanuel Wohlhaubter. Augsburg, Städtische Kunstsammlungen

angesichts gleich zweier Kratzbürsten noch weiter steigern – trefflich dargestellt im Gemälde des Niederländers Reyer von Bloemmendael von 1655 (s. Umschlagmotiv) –, und andererseits ergab sich die Möglichkeit, gegen den Meister selbst zu sticheln. Für Kyniker und Stoiker war Sokrates' Lebenswandel nämlich zu wenig radikal leibfeindlich gewesen, und mit dem moralischen Vorwurf der Bigamie aus schierer Wollust ließ sich trefflich eine Herabsetzung des philosophischen Übervaters konstruieren. Auch die christliche Polemik hakte später hier ein.

Eher stoischen Charakter verraten folgende Possen: Auf die Frage, ob man heiraten solle, antwortet Sokrates unwirsch mit Jein: »Tu, was du willst, so oder so wirst du es bereuen.« Xanthippe behauptet, dass Sokrates jeden Abend mit derselben Miene aus der Stadt zurückkehre, mit der er des Morgens von zu Hause aufgebrochen war. Das ist Stoik in Reinform! Die Philosophenschule der Stoiker (Stoizismus) – benannt nach ihrem Versammlungsort, der *stoa* (Wandelhalle) auf der Athener Agora – ist erst ein Jahrhundert nach Sokrates entstanden. Zur Attitüde ihrer Anhänger gehörten Gleichgültigkeit gegenüber irdischen Gütern, Leidenschaftslosigkeit *(apatheia)* und gleichmütiges, »stoisches«, Ertragen aller Fährnisse. Auch dafür musste Sokrates herhalten – wenn auch mit mehr Berechtigung, denn auch der platonische Sokrates tendiert zu Gleichmut und innerer Ruhe. Als Kronzeugin für dieses Verhalten diente Xanthippe. Immerhin wurde sie in der stoischen Tradition nicht als Furie gezeichnet, sondern nur als Stichwortgeberin instrumentalisiert. Für die Weiterverbreitung dieser Geschichte bis in unsere Zeit sorgte Cicero, der in seinen ›Gesprächen aus Tusculum‹ darauf Bezug nimmt.

Dagegen verblasste eine stoische Traditionslinie, die eine durchaus positive Wertung der sokratischen Ehe zur Grundlage hatte. Musonius Rufus und Epiktet, beide um 50 n. Chr. in Rom tätig, kamen nämlich anlässlich der Frage, ob die Ehe der Philosophie hinderlich sei, auf die Beispiele des Pythagoras und des Sokrates zu sprechen und betonten, dass diese beiden ja gerade wegen ihrer normalen Existenz als Bürger, Ehemann und Hausvater so große Philosophen geworden wären. Voll Bewunderung für Sokrates stellte Epiktet dessen »normales« Leben als Familienvorstand dem »anormalen« und unproduktiven kynischen Fassbewohner Diogenes gegenüber. Doch wie gesagt ist diese Überlieferung in der Folgezeit nicht weiter verfolgt worden und endete mit Epiktet. Ein unglücklich verheirateteter Philosoph bietet ganz einfach mehr als eine »ganz normale Ehe« – *bad news is good news.*

Halten wir fest: Das Xanthippe-Bild der Folgezeit wurde nicht von Platons relativ wertneutraler Schilderung geprägt, sondern durch Xenophons Interpretation als »Unverträglicher«, die besonders durch die Kyniker noch weiter abgewertet wurde.[111]

Xanthippe – Mythos und Motiv: Die nachantike Rezeption

Das Christentum, das sich über drei Jahrhunderte latent im Römischen Reich ausgebreitet hatte und 330 von Kaiser Konstantin zur alleinigen Staatsreligion erhoben wurde, tat sich schwer mit Sokrates. Gewiss, sein freiwilliger Opfertod glich äußerlich der Passion Christi, doch Sokrates war trotz seiner Tugendlehre ein Mensch aus Fleisch und Blut gewesen. Ein gewisser Theophilos, christlicher Bischof von Antiochia, glaubte dies um 150 zum Anlass nehmen zu dürfen, der »heidnischen« Lebensauffassung, und insbesondere Sokrates, Unmoral vorzuwerfen. Dazu paraphrasierte er Platons tiefgründigen Dialog ›Phaidon‹ in seinem Sinne, und Theophilos' Nachfolger im Geiste sorgten dafür, dass der christlichen Nachwelt nicht etwa Platons echtes Werk, sondern die perfide theophilische Verfälschung vorgelegt wurde.

Freilich konnte auch mancher der »heidnischen« Philosophen als Vorläufer des Christentums gedeutet werden. Der palästinensische christliche Apologet Iustinus, der 165 in Rom den Märtyrertod erlitt, sprach insbesondere dem platonischen Sokrates zu, bereits »Samenkörner der christlichen Wahrheit« *(logos spermatikos)* in sich getragen und weitergegeben zu haben. Auch Platon und Aristoteles hätten bereits Teile der christlichen Lehre erfasst. Die Kirchenväter feilten diese christliche Interpretation der antiken Philosophie weiter aus. Ihrer Tendenz, die Welt als irdisches Jammertal darzustellen, kam dabei die kynische Weltabgewandtheit und Lebensfeindlichkeit gut zupass.

Der für das ganze Mittelalter einflussreiche Kirchenlehrer Tertullian (um 150–230) normierte in zahlreichen Schriften die christliche Misogynie. In einem Traktat tadelt er den *cultus* (d.h. hier: die Eitelkeit und den Schönheitswahn) der Frauen, fordert wenn nicht schon lebenslange Jungfräulichkeit, so doch strengste Monogamie, Keuschheit auch unter Gatten, und schmähte zweite, nach dem Tod eines der Partner eingegangene Ehen als pure Unzucht. Interessant auch für den modernen Diskurs ist, dass auf Tertullian das Schleiergebot für Frauen zurückgeht! Seine Schrift ›De virginibus velandis‹ (Über die zu verhüllenden Jungfrauen) vertritt unmissverständlich den alten Standpunkt, Frauen seien sexuelle Naturwesen, die zu jeder Tages- und Nachtzeit Männer zu »schwächen« suchten. Sie müssten daher im Haus gehalten und, falls ein Gang nach draußen unvermeidlich sei, verschleiert werden.

Frühchristliche Furcht vor Frauen

Tertullian repräsentierte insofern einen gewaltigen Rückschritt, als im »heidnischen« Römischen Reich der Status der Frau, sei sie nun eine Freie, eine Freigelassene oder auch eine Sklavin gewesen, bereits entscheidend verbessert worden war. Dem pragmatischen Römischen Recht nach waren freie Frauen in zivil-, ehe-, erb- und vermögensrechtlicher Hinsicht Männern zwar nicht den Buchstaben nach, aber in der praktischen Rechtssprechung gleichgesetzt. Wirtschaftliche Selbstständigkeit von Frauen wird oft belegt, gerade bei Halbfreien oder Freigelassenen. Nicht nur auf dem Forum, sondern auch im Zirkus, im Theater, in öffentlichen Bädern und Thermen und selbst auf Banketten waren Frauen aller Stände und Altersklassen eine normale Erscheinung.

Geschlechtlichkeit *(sexus)* und Leiblichkeit mit der daraus resultierenden »reproduktiven Funktion« wurden als göttliche Grundlage des Gemeinwesens und des öffentlichen Lebens *(res publica)* sowie der Zivilisation schlechthin aufgefasst. Ehe und Familie standen unter dem besonderen Schutz des Staates. Unter Kaiser Augustus wurden zwar für die freie Bürgerschaft drakonische Ehe- und Moralgesetze erlassen, sie galten aber ausdrücklich für beide Geschlechter. Natürlich herrschte weiterhin krasse Doppelmoral in Bezug auf vor- und außereheliche Verhältnisse, doch wurde dies immerhin von der sich um Objektivität bemühenden römischen Jurisprudenz bemängelt. Der Rechtslehrer Ulpian erkannte: »Es erscheint als ungerecht, dass der Mann von seiner Frau fordert, an das er sich selbst nicht hält .« Aus zahlreichen Graffiti in Pompeji wissen wir, dass sich Frauen intensiv an den kommunalen Wahlkämpfen beteiligten. Obgleich sie selbst nicht wahlberechtigt waren, gestalteten sie doch die Politik mit. Das galt in besonderem Maße für gebildete Frauen aus den höheren Ständen und Damen aus den Kaiserhäusern.

Dem historischen Betrachter öffnet sich im 1. und 2. nachchristlichen Jahrhundert ein Szenario von Libertinage, erotischer Raffinesse und sexueller Promiskuität, das weltgeschichtlich erst wieder Ende des 20. Jahrhunderts in Europa erreicht wurde. Selbstverständlich müssen wir bei dieser Aussage den Trend der Quellen nach dem »Absonderlichen« berücksichtigen; das »normale« Alltagsleben fiel weitgehend unter den Tisch. Die Verfechter der altrömischen Tugenden stemmten sich nach Kräften gegen den angenommenen allgemeinen Werteverfall und versuchten, die strenge altrömische *virtus* (Moral) und *pietas* (Frömmigkeit) wieder herzustellen. Ein beliebtes Erbauungswerk dieser Richtung war das Fabelbuch des Hyginus aus dem 2. Jahrhundert. Als hervorragendes Exempel der *caritas Romana,* der römischen Menschenliebe und weiblichen Frömmigkeit, führte er – ausgerechnet – eine gewisse Xanthippe an, die ihren von einem Despoten eingekerkerten Vater mit der Milch ihrer wundersam gefüllten Brüste vor dem Hungertode bewahrt habe. Ob solche Salbadereien die abgebrühten Römer auf den Pfad der Tugend zurückzubringen vermochten, darf bezweifelt werden.

Das relativ freie, für alle Stände geltende Verhältnis der Geschlechter auch in sexueller Hinsicht rief in der Kaiserzeit diverse spirituelle und asketische Gegenbewegungen hervor, die sich an kynischen und stoischen Gedanken orientierten. Römische Kulturpessimisten übten scharfe Kritik an der angeblich zügellosen Frivolität, in denen sie Symptome des Sittenverfalls und der kulturellen Dekadenz erblickten. Für orientalische Erlösungsreligionen wie das Christentum, die ebenso Askese und Weltentsagung predigten, war also der Boden schon bereitet. Ein wichtiger Bestandteil der Askese bestand in der *gynaikophobia,* der Furcht vor der Frau. Auch hier standen Kyniker und Stoiker Pate, und das frühe Christentum hat sie sich bereitwillig einverleibt. Exemplarisch wird die Furcht vor der verschlingenden Frau in den Darstellungen der Versuchung des

Antonius dargestellt, in welchen der Heilige (er lebte um 300) von Schimären wollüstiger Frauen gequält wird.

Die Klimax frühchristlicher Frauenfeindlichkeit blieb Aurelius Augustinus (354–430) vorbehalten. Bis zum 30. Lebensjahr war er in sinnliche Verfehlungen jeder Sorte verstrickt, um nach diesen Erfahrungen zum allwissenden Kirchenlehrer aufzusteigen. Seine erschreckend menschenverachtende, gleichwohl an Plattheit kaum zu überbietende Einsicht »inter urinam et faeces nascimur« (Zwischen Harn und Kot werden wir geboren) verunsichert die Christenheit bis zum heutigen Tag. Hat er diesen bösen Satz vielleicht schon bei einem jener extrem misanthropischen Kyniker und Stoiker der Antike vorformuliert gefunden? Bis heute bemühen sich jedenfalls Augustinus-Exegeten um einen entsprechenden Nachweis. Als Fazit erhob das frühe Christentum die keusche Jungfrau und die bereits unfruchtbare Witwe zum weiblichen Idealstatus. Da das Weltgericht im Wochenrhythmus erwartet wurde, galt Nachkommenschaft dem frühen Christentum als Folge ungezügelter Triebe und daher als unerwünscht. Für die Kirchenväter war die Teilung der Menschheit in verschiedene Geschlechter eine Folge des Sündenfalls und ein vorübergehender und anormaler Zustand, den es zu überwinden gälte. Auf Erden wäre dies durch Entsagung und Askese möglich. Das Himmelreich kenne keine Geschlechter, weder Sex noch Gender, sondern nur geschlechtslose Wesen, wie Adam vor dem Sündenfall und die Tausendschaften der Engel.

Mit Augustinus war der profunde Paradigmenwechsel weg von der antiken Sinnlichkeit hin zur christlichen Leibfeindlichkeit vollzogen. Begonnen hatte dieser Weg bereits mit Tertullian. Dieser scheute sich nicht, einen Bischof abzumahnen, der sexuelle Sünder und Sünderinnen zur Buße zugelassen hatte, und bestritt der Kirche überhaupt das Recht zur Vergebung der »fleischlichen« Todsünde. Für unseren Kontext ist bemerkenswert, dass auch Sokrates von ihm sein Fett wegkriegt, und zwar als fleischeslüsterner Weiberheld, der seine Frauen gar mit den Freunden teilt! Als Argument kramt der belesene Kirchenmann dafür ausgerechnet die alte Kamelle vom Dreiecksverhältnis Sokrates-Xanthippe-Myrto heraus. Mit dieser infamen Invektive Tertullians geht die antike Xanthippe-Interpretation zu Ende.[112]

Die Xanthippe der Renaissance

Im abendländischen christlichen Mittelalter hatten die Menschen zunächst andere Sorgen, als sich mit sokratischen Paradoxa zu beschäftigen. Aus den Gebieten des im 5. Jahrhundert untergegangenen Weströmischen Reiches hören wir bis ins 12. Jahrhundert fast nichts mehr von antiker Philosophie, höchstens Cicero und Seneca wurden in Klosterschulen weiter gelehrt. Erst die Scholastik griff im 13. Jahrhundert wieder auf die Antike zurück; in ihrem Mittelpunkt stand aber nun Aristoteles. Im Byzanz, dem erhalten gebliebenen Oströmischen Reich, wurde zwar das Wissen der Antike konserviert, blieb aber auf engste gelehrte Zirkel in Konstantinopel beschränkt. Die christlich-orthodoxe Volkskirche bemühte sich dagegen, ihren einfachen Schäfchen all die erhalten gebliebenen nackten aphrodisischen und apollinischen Statuen und Torsi als Überreste eines enthemmten Teufelskultes vorzugaukeln. Antike Denker wie Sokrates fungieren denn auch in der byzantinischen Volksliteratur als heidnische Zaubermeister, Xanthippe erscheint zusammen mit Kirke und Kalypso als männerfällende Hexe.

Gegen Ende des 13. Jahrhunderts kam es dagegen in den oberitalienischen Stadtstaaten zu einer bemerkenswerten Rückbesinnung auf die lateinisch-römische Welt des Altertums. Man betrachtete sie als vorbildlich und versuchte wieder an sie anzuknüpfen. Im Verlaufe der im 14. und 15. Jahrhundert zunehmenden Bedrohung des Byzantinischen Reiches aus dem Osten verließen immer mehr Gelehrte Konstantinopel und ließen sich in Rom, Venedig, Florenz, Ferrara, Mailand und Paris nieder. Sie nahmen ihr Wissen über die griechische Antike und ihre Bibliotheken mit und verstärkten die seit dem 13. Jahrhundert im Abendland einsetzende Tendenz, sich auf die Antike zu besinnen. Auf diese Weise setzte sich – sehr verkürzt gesagt! – die abendländische Renaissance, das Zeitalter der Wiedergeburt, in Gang. Und in jenem traten Platon, Sokrates und auch Xanthippe ins europäische Bewusstsein.

Der Florentiner Giovanni Boccaccio (1313–1375), der erste *uomo universale* des neuen Zeitalters, übersetzte Platons Werke ins Lateinische, reinigte sie von frühchristlichen Pollutionen und machte damit das Abendland wieder mit diesem Denker bekannt. Für sein

›Decamerone‹ und die Anthologie ›De Mulieribus Claris‹ (Über berühmte Frauen) wertete er neben den bereits bekannten lateinischen Autoren auch griechische Poeten aus. Auf diese Weise vermochte er Penthiseleia, die Königin der Amazonen, Kirke, Tochter des Sonnengottes, und die Dichterin Sappho dem europäischen Publikum wieder nahe zu bringen. Boccaccios Werke dienten als Vorbild für den englischen Dichter Geoffrey Chaucer (1340–1400), in dessen ›Canterbury Tales‹ Xanthippe zum ersten Mal seit fast 1000 Jahren wieder literarisch genannt wird. Allerdings taucht sie als dieselbe Schrulle aus der Versenkung auf, in der sie in der Spätantike verschwunden war. Im Prolog zur Erzählung der Frau aus Bath (›The Wife of Bath's Tale‹) gibt der Text die Szene wieder, in der Sokrates von seiner Frau mit Wasser übergossen wird. Chaucer verschärft das Ganze noch: »How Xantippa caste pisse upon his head/This sely man sat stille as he were dead.« Wir haben diesen von Diogenes Laertios besonders drastisch ausgewalzten Plot schon erwähnt. Da der begossene Weise auch in Senecas viel gelesenem Werk ›De Constantia Sapientis‹ (›Über die Standhaftigkeit des Weisen‹), das während des Mittelalters nicht verschollen war, als Beispiel genannt wird, hatte er an Popularität nichts verloren. Chaucers Freund John Gower (1330–1408) führte dieselbe Posse in seinem Versepos ›Confessio Amantis‹ an. Xanthippe wird hier »wickid wif« (*wicked wife*, »böses Eheweib«) genannt.

Eine außergewöhnliche Erscheinung war die französische Landadelige Christine de Pizan. In ihrer 1405 vollendeten Utopie ›Das Buch über die Stadt der Frauen‹ kommt auch Xanthippe vor, doch nicht als der übliche unerträgliche Hausdrachen, sondern als edelmütige Frau von großer Klugheit und Güte und als geduldige, ja vorbildliche Gattin eines schwierigen Mannes. Christine de Pizan bezieht sich auf die von Diogenes Laertios zitierte Antwort des Sokrates »Wäre es dir lieber, ich stürbe schuldig« auf Xanthippes Klage über die Ungerechtigkeit des Urteils, interpretiert sie jedoch pro Xanthippe! Diese geradezu moderne »feministische« Deutung fällt völlig aus dem Rahmen der Zeit. De Pizan (1365–1430), von der übrigens auch ein Handbuch der Kriegskunst stammt, ist wieder in Vergessen geraten, eine Fortführung ihres Ansatzes sollte erst in der Aufklärung des 18. Jahrhunderts folgen.

Xanthippen der Reformation

In den polemischen Schriften der Reformation geisterte wieder die herkömmliche Xanthippe durch die Blätter, nun durch die neu erfundene Druckkunst tausendfach verbreitet. Martin Luthers Frau Katharina von Bora soll von manchen Zeitgenossen als »Xanthippe der Reformation« bezeichnet worden sein. Bezeugt ist, dass sie eine energische Hausverwalterin war, die dem Reformator erfolgreich den Alltagskram vom Hals hielt. Von Luther wurde sie daher in Briefen scherzhaft, aber unverkennbar respektvoll »Herr Käthe« geheißen. Neben sechs eigenen Kindern hatte sie ein Hauswesen mit täglich durchschnittlich 100 anwesenden Menschen zu versorgen. Sie verwaltete die schwankenden Einkünfte ihres Doctoris, kümmerte sich um Landwirtschaft, Viehzucht und Pacht, vermietete Zimmer an Studenten und übte sogar das Braurecht aus. Luthers Entschluss im Jahre 1525, die 16 Jahre jüngere ehemalige Nonne aus dem sächsischen Kleinadel zu heiraten, war von seinen Mitstreitern zunächst sehr skeptisch beurteilt worden. Der streng sachliche Philipp Melanchthon gewann dem Vorhaben gar nichts ab und sah schon das ganze gewaltige Werk der Kirchenerneuerung in Gefahr.

Bei dieser Belastung waren eheliche Beschwernisse dem Hause Luthers und den seit 1525 in wachsender Zahl entstandenen protestantischen Pfarrhäusern nicht fremd. Auf die nicht anders denn als töricht zu bezeichnende Polemik der katholischen Gegenseite, Pfarrer und gewesene Mönche gingen »fleyschlicher wollust halber« in die Ehe, erfolgte die kühle Antwort: »Es ist warlich eyn geringe lust darbey, für eyne familia zu arbeiten.« Die Ehe sei ein Joch, was auch der lateinische Begriff *coniugum* (gemeinsames Joch) ausdrücke. Aus der offensichtlichen Tatsache, dass der »Teuffel« nicht müde werde, gerade die Verheirateten mit allerlei Sorgen und Zank in Versuchung zu führen, zogen die Reformatoren den einzigen Schluss, dass der eheliche Stand wirklich Gottes Werk sei und diejenigen wahrlich fromm, die ihn ertragen.

Eine Xanthippen-Burleske, die bisweilen ins Obszöne abgleitet, stammt ausgerechnet von Erasmus von Rotterdam, dem humanistischen *praeceptor Europae* (Lehrer Europas). In seiner keineswegs zimperlichen Sammlung ›Colloquia familiaria‹ (Vertraute Gespräche, 1523), von denen Erasmus selbst sagte, er würde sie seinen Schülern zu lesen verbieten, lässt der Humanistenfürst zwei Frauen über den Ehestand parlieren. Eine heißt Xanthippe, die andere Eulalia (griechisch: die »Wohlredende«). Entsprechend programmatisch sind ihre Rollen verteilt: Xanthippe beklagt sich über ihren frisch angetrauten Ehemann, einen Dummkopf namens Nikolaus, der ihre Mitgift verspielt, seine Tage im Wirtshaus und Bordell verbringt und trunken ins Ehebett speit. »Ich soll tot umfallen, wenn ich nicht lieber mit einer Sau schliefe als mit solch einem Mann.« Gegen den Versuch, sie zu verprügeln, hätte sie sich aber wie eine *virago* (Walküre) mit einem Stuhl als Waffe zu wehren vermocht. Worauf die »Wohlredende« erwidert: »Ah mea Xantippe, non ita decet.« (Aber meine Xanthippe, das schickt sich nicht) und die Einsicht weitergibt: »Es hängt nicht wenig von den Frauen ab, wie die Männer sind.« Schritt für Schritt überzeugt nun Eulalia nach Art eines sokratischen Dialogs ihre Freundin, dass Anpassung und Nachsicht seitens der Frau das Beste sei, um eheliche Harmonie walten zu lassen. Durch ein freundliches Wort ließe sich männlicher Zorn am besten abmildern. Das gleiche gälte für betrunkenes nächtliches Heimtorkeln: »Auch bei einer solchen Gelegenheit sagte ich (Eulalia) ihm nur Angenehmes und zog ihn mit Liebkosungen ins Bett.« Weibliche Ermahnungen seien allerdings dann am besten an den Mann zu bringen, »falls dieser gerade sorgenfrei, nicht bekümmert oder betrunken« sei.

Drei Aufzählungen exemplarischer Ehepaare überzeugen Xanthippe noch nicht. Handfeste sexuelle Ratschläge finden da eher ihr Entgegenkommen: Das Schlafzimmer sei der Ort, der der Beseitigung von Kränkungen und der Wiederherstellung der Gunst geweiht sei, folglich dürfe es beim Beischlaf zu keinen Zänkereien kommen. Und die Frau soll danach streben, bei diesem Zusammensein sich dem Manne gefällig und angenehm zu erweisen. Die Lust *(voluptas)* sei nämlich die Arznei, welche die Herzen reinige! Schließlich verfüge jede Frau über den »Gürtel der Venus«, damit ein fruchtbarer Acker einen guten Pflüger finde. Eulalia betont zwar mehrfach, dass die Gattin dem Gatten Ehrerbietung schulde, diese aber dazu einzusetzen imstande sei, jenen zu formen. Wobei Vergleiche von der Zähmung »wilder Tiere« bis zum Spracherwerb eines Papageis genannt werden. Erasmus legt der Protagonistin der Ehe gar das sokratische Wortspiel in den Mund: »Wieviel Mühe nehmen die Menschen auf sich, sich ein Pferd zuzureiten, und uns Frauen verdrießt es, dahin zu arbeiten, dass wir angenehmere Männer haben?« Taktisch angewandte Schmeichelei, Gefälligkeit und ein bisschen liebevolle Irreführung wären demnach erlaubte weibliche Mittel, die häusliche Gemeinschaft in Einklang aufrechtzuerhalten. Xanthippe ändert darüber ihre störrische und abweisende Haltung. Mit dem Hinweis auf Christus im vorletzten Satz wird bekräftigt, dass es sich bei der lockeren Unterhaltung im Grunde um einen ernsten christlichen Ehespiegel handelt.

Erasmus war ein profunder Kenner der antiken Literatur, der sie bewusst zur Klärung zeitgenössischer Probleme eingesetzt hat. Auch in diesem Dialog sind inhaltliche Anklänge an Plutarchs Ehe-Ratgeber ›Coniugalia praecepta‹ unübersehbar. In der Form gleicht er freilich eher Lukians anzüglichen Hetären-Geprächen. Erasmus zog aus der tausendjährigen Erfahrung der Antike die pragmatische Essenz, dass Eheglück möglich sei, sofern sich beide Partner an bestimmte Grundregeln des zwischenmenschlichen Verkehrs hielten. Besonders der Frau obliege es, ihre erotische und sexuelle Rolle zum Vorteil beider Gatten zu gestalten. Abschließend sei noch kundgetan, dass Desiderius Erasmus von Rotterdam (1469–1536) nie verheiratet war und keine legitimen Kinder hatte. Die ›Vertrauten Gespräche‹ offenbaren aber, dass ihm praktische Erfahrungen mit dem anderen Geschlecht nicht völlig fremd waren. Bei aller Kritik am Papsttum seiner Zeit und hoher Sympathie für die Reformationsbewegung blieb er, zumindest formell, der alten Kirche treu.

Der Anlass zu Erasmus' Stück ›Uxor mempsigamos, sive Coniugium‹, frei übersetzt: »Die Gemahlin als Hausdrachen oder Das gemeinsame Joch«, war wohl Martin Luthers Schrift ›Vom ehelichen Leben‹, die 1522 in hoher, bereits zweiter Auflage erschienen war. Dem schwerblütigen Luther ging nämlich regelmäßig der Mund über, wenn er auf dieses Thema zu sprechen kam. »Faltsch Keuschheyt« hatte er als Mönch genug erlebt und sein Aufenthalt in Rom mit der neurotischen Sexbesessenheit der Pfaffen, all den Bischofsmätressen, päpstlichen Kurtisanen, Cicisbeos (bezahlten Liebhabern) und »Sodomitern« (Homosexuellen) führte ihm drastisch die apokalyptische »Hure Babylon« vor Augen. Widersprach doch das gesamte klerikale Leben um ihn herum dem von der päpstlichen Kirche immer noch aufrechterhaltenen bigotten Kirchenrecht, das Gläubigen, die (und wenn auch erst im hohen Alter) Keuschheit gelobten, einen bevorzugten Eingang ins Himmelreich zusagte! Der Ehestand erfreute sich kirchlich-offiziell, frei nach Augustinus, überhaupt keiner Hochschätzung, weshalb die fleischliche Lust der Gläubigen und in Sonderheit die der Geschorenen – der Mönche – und der Klerisei sich eben woanders ihre mehr oder weniger perversen Bahnen brach.

Luther leitete dagegen bekanntlich aus der Bibel einen klaren Schöpfungsauftrag ab (»alles, was ein Mann ist, muss ein Weib haben, und was ein Weib ist, muss einen Mann haben«) und erhob die Ehe zur einzig gottgemäßen gemeinsamen Lebensform der Geschlechter. Noch als zweifelnder Augustinermönch war ihm bewusst geworden, dass im Ehestand (allerdings nur in diesem) »lust« walte, »wenn mann und weyb sich lieb haben, eynes sind«. Mehr noch, in seinem späteren Verständnis glich die Ehe »in guten wie in schlechten Tagen« einem Beruf, einem Amt, gar einem erlernbaren »weltlich ding«, das der Anleitung und Beratung bedürfe. In seinem oben genannten Ehe-Traktat kam er darin zu wahrlich revolutionären Ansichten: Ein Ehemann, der die Windeln seiner Kinder wasche, würde zwar vom Jedermann seiner Zeit als »frawen man« (also als Softie) verspottet, von Gott hingegen mit Wohlgefallen betrachtet.

Die Ansichten Erasmus' und Luthers über die eheliche Liebe unterschieden sich nicht grundsätzlich. Doch hat sich der aus dem antiken Fundus schöpfende Erasmus wohl herausgefordert gesehen, auf Luthers pedantische Bibelauslegung über das Wesen der Ehe mit leichter Feder zu antworten, und zwar auf die alltägliche Frage, auf welche Weise Mann und Frau dieser lebenslangen Herausforderung am besten gewachsen seien. Und im Ehe-Alltag erwiesen sich Erasmus' Ratschläge als durchaus lebensnah und auch für Laien nachvollziehbar. Die Reformatoren übernahmen daher seine Ansicht und auch die einer lernfähigen Xanthippe. Es war Stefan Roth, der erste protestantische Pfarrer in Zwickau, der im Auftrag Luthers des Erasmus ursprünglich nur in Latein gehaltene Gespräche ins Teutsche übertrug und verbreitete. Waren Luthers Forderungen an die Ethik des protestantischen Ehelebens für den Laien zu hochgestochen, ließ sich indes mit Eulalias und Xanthippes konstruierter Unterhaltung unter christlichen Vorzeichen lehren, »wie zeitweilig Zorn und Zwietracht geglättet« und die eheliche Eintracht wiederhergestellt werden kann. Nicht nur Luther und Erasmus, sondern die gesamte, im sozialen Aufstieg befindliche frühbürgerliche Gesellschaft forderte konträr zum adeligen Hedonismus und zur katholischen Doppelmoral echtes eheliches Miteinander und geregelte bürgerliche Lebensverhältnisse. Beide waren sich über das Ideal einig, »wie ungeschliffene, grobe Mannspersonen oder ungezogene, halsstarrige Weibsbilder« zu einem friedlichen Verhalten zu bringen seien. Xanthippe kam in diesem Zusammenhang die progressive Rolle der »Lernfähigen« zu.

Dieses neutrale Bild der reformatorischen Xanthippe wich jedoch alsbald wieder der alten Farce von der zürnenden Megäre. Wirkte diese Zuschreibung doch zu verführerisch auf Autoren und deren Leserschaft! Auch bildhaft wurde die »zürnende Xanthippe« – im Dienst entweder der Reformation oder der Gegenreformation – auf zahlreichen Flugblättern unter die Leute gebracht. Hans Baldung Griens Darstellung von Phyllis, die auf Aristoteles reitet und ihn antreibt, wurde in vielen Kopien auch uminterpretiert zu Sokrates und Xanthippe. Großer Beliebtheit erfreute sich Lucas van Leydens Kupferstich ›Sokrates und Xanthippe‹ von 1521. Sehr holzschnittartig spielte man also erneut die alte Leier um des grobianischen Effekts willen. Spätestens im 16. Jahrhundert ist der Begriff Xanthippe nicht mehr als Eigenname verstanden worden, sondern als Synonym für »zänkisches Weib«, Zankteufel, Putz- und Hausdrachen, in geflügelte Worte und Sprichwörter der großen europäischen Sprachen, des Italienischen, Französischen, Deutschen, Englischen, der nordischen Sprachen und des Tschechischen und Polnischen eingegangen. Diese Sprachen kennen generell keinen Buchstaben »X« am Wortbeginn. In den ABC-Fibeln für den Schul- und Hausgebrauch, die sich seit dem 17. Jahrhundert europaweit großer Popularität erfreuten, erschien daher sehr häufig der Begriff Xanthippe als Chiffre für den Buchstaben X. Bis heute gilt dies übrigens für die deutschsprachige telefonische Buchstabiertafel (A wie Anton, X wie Xanthippe).[113]

Doch kein Geringerer als William Shakespeare, dessen gesamtes Œuvre mit Anspielungen auf die griechisch-römische Antike durchsetzt ist, ergriff die Gelegenheit, eine Kleinstadt-Furie namens Katharina von ihrem in xanthippischer Richtung verlaufenden Lebenswandel abzubringen. In der Beziehungskomödie ›The Taming of the Shrew‹ (Der Widerspenstigen Zähmung, wahrscheinlich 1594 entstanden) muss Xanthippe dem liebessuchenden Petruchio als Exempel herhalten für eine Ehefrau »as curst and shrewd as Socrates' Xanthippe, or a worse«. Das klingt zwar nach Rückkehr zum bewährten Xanthippe-Topos, doch Shakespeare leitet in einem Umkehrschluss die »Zähmung« der Unwilligen durch einen Mann ein und bringt die Geschichte zu einem guten Ende. In Franco Zefirellis opulenter Verfilmung der Komödie von 1967 spielte Elizabeth Taylor eine hinreißende und überzeugende »shrewd« Katharina. Man konnte sich des Eindrucks nur schwer erwehren, dass die Schauspielerin sich dazu nicht zu verstellen brauchte.[114]

Kein besonderer Fortschritt lässt sich Georg Philip Telemanns barocker Oper ›Der geduldige Sokrates‹ von 1721, die auf einem Dramolett Johann U. von Königs beruht, abgewinnen. Einfältig wird hier wieder die Geschichte von Sokrates' Doppelehe und den daraus entstehenden Verwicklungen aufgetischt. Ähnlich schwelgerisch im Motiv und wohl auch in der Musik, aber arm im Text liest sich das Libretto von Antonio Caldaras Singspiel ›La pazienzia di Socrate con due moglie‹ von 1731. Der Titel sagt alles.

Ehrenrettung in der Aufklärung

Ernster ging die deutsche Aufklärung zu Werke. Man rezipierte mühsam Platons Dialoge im Originaltext und nahm den Ariadnefaden auf, um wieder zur sokratischen Wahrheit zurückzufinden. Der Schlesier Christian Hoffmann von Hoffmannswaldau dramatisierte 1679 den ›Sterbenden Sokrates‹ in der zeitgenössischen manierierten Schwulstsprache. Dagegen kommt Gotthold Ephraim Lessings erstes Bühnenstück (1747) ›Der junge Gelehrte‹ sehr leichtfüßig daher. Die Hauptperson des Lustspiels, ein 20-jähriger Streber, der sich mit so wichtigen wissenschaftlichen Fragen beschäftigt, ob Kleopatra die Giftschlangen an ihrer linken oder rechten Brust angesetzt hatte, erhofft eine akademische Auszeichnung und räsoniert darüber, ob ihm ein »Eheteufel« darüber hinaus dazu verhelfen könne, unsterblich wie Sokrates zu werden. Als sein bodenständiger Vater scheinbar auf diese »Narrenposse« eingeht und ihm eine echte Xanthippe an den Hals wünscht, erwidert der junge Gelahrte: »Mit Ihrer Xanthippe! Ich habe es Ihnen ja schon mehr als einmal gesagt, dass Xanthippe keine böse Frau gewesen ist. Haben Sie meine Beweisgründe vergessen?!« Wir wollen auf den weiteren Inhalt des Stücks nicht eingehen, aber dieser Satz, den Lessing seiner Koryphäe in den Mund legt, ist bemerkenswert, spricht er doch dafür, dass in aufgeklärten Kreisen das alte Xanthippe-Bild mittlerweile nicht mehr ernst genommen wurde.

Als Folge der textkritischen philologischen Bearbeitung und Verbreitung der platonischen Dialoge fiel nun tatsächlich ein anderes Licht auf die Gattin des Sokrates. Diese Ergebnis blieb freilich auf kleine Zirkel beschränkt, und Lessing verhehlt in diesem Lustspiel nicht, dass er sie im Grunde für eine vergleichbare Gelehrten-Quisquilie hält wie jene neue »Erkenntnis« über Kleopatras Giftschlangen. Wir dürfen aber davon ausgehen, dass Lessing in seinem Fragment gebliebenen Alkibiades-Drama (1760) das neue, aufgeklärte Xanthippe-Bild der Nachwelt weitergegeben hätte.

In Johann Jacob Zedlers ›Universal-Lexicon aller Wissenschaften und Künste‹, welches das gesamte Wissen der damaligen Zeit in 68 imposanten Bänden, herausgegeben im Zeitraum von 1732 bis 1754, zusammenfasst, finden wir auch das Lemma »Xantippe« (ohne »h«). Auf die Erklärung »Des Sokrates Ehe-Frau, wird gemeiniglich als sehr böses und mürrisches Weib beschrieben, die ihrem Manne alles ersinnliche Hertzeleid angethan« folgt eine kurze Aufzählung der aus Diogenes Laertios bekannten Anekdoten (unvermeidlich das »vergossene Nacht-Geschirr auf dem Kopff«), dann aber auch der aufgeklärte Gestus: »Wenn man alle dise Erzehlungen weiter zusammen hält und recht erwägt, findet man Ursache, deren Glaubwürdigkeit in Zweiffel zu ziehen. Zwar ist es sehr wahrscheinlich, dass sie eine etwas hefftige Frau gewesen, welche sich in die grosse Verfolgungen des Socrates von seinen Feinden und dessen dabey gezeigter Gelassenheit nicht allzuwohl finden können.« Mit dem Verweis auf die Verabschiedungsszene in Platons ›Phaidon‹ (»wie schmertzlich ihr der Verlust ihres Socrates fiele«) wird der Eingangssatz weiter entschärft.[115]

Auch Goethe plante ein Drama mit Sokrates als Hauptfigur. Wenn es erlaubt sei, über das Vorhaben des Dichterfürsten zu spekulieren, so dürfen wir mutmaßen, dass er Xanthippen sicher von ihrem »übeln« Rufe endgültig und irreversibel für alle Zeit befreit hätte! Leider ist es nicht dazu gekommen. Doch Xanthippe hat ihren Fürsprech in der deutschen Aufklärung gefunden. Christoph Martin Wieland (1733–1813), ein leider immer mehr in Vergessenheit geratender Literat, Poet und Dramatiker, der sich in allen literarischen Gattungen hervortat und den Weg von pietistischer Schwärmerei hin zur strengen Klassik fand, war auch ein begnadeter Übersetzer. Wir Deutsche verdanken ihm Horaz und Lukian und nicht zuletzt ›Sokratische Gespräche aus Xenofons Denkwürdigen Nachrichten von Sokrates‹, 1799 und 1800 in Folge erschienen, sowie ›Xenofons Gastmahl‹ (1802) und den ›Versuch ueber das Xenofontische Gastmahl‹ von 1802. Wielands antikisierender Briefroman ›Aristipp und Einige seiner Zeitgenossen‹ war schon 1800 erschienen.

Wieland sah, wie auch Lessing, seine Aufgabe als Aufklärer darin, den üblen Leumund historischer Personen auf ihren Wahrheitsgehalt zu überprüfen und gegebenenfalls zu korrigieren. Dies betraf in erster Linie den Titelhelden seines Romans ›Aristipp‹ – Aristippos von Kyrene –, den die Tradition zum abtrünnigen Sokratiker und Begründer des lustbetonten Hedonismus gestempelt hatte. Doch auch in den Anmerkungen zum xenophontischen Dialog des Sokrates mit seinem Sohn Lamprokles über Xanthippe weicht Wieland der Rettung dieser Ehefrau und Mutter nicht aus. Bemerkenswert ist, dass bereits Wieland aus dem Eigennamen Xanthippe geschlossen hatte, diese sei dem »Banausos« Sokrates standesmäßig überlegen gewesen. Wieland notiert dazu: »Ich stelle sie mir ... als eine Frau aus der Klasse der Männinen vor ... von leichtem, rasch aufbrausendem Temperamente, etwas streitlustig und gerne das letzte Wort behaltend«, dabei jedoch »eine fleißige emsige auf alles aufmerksame, strenge über guter Zucht und Ordnung haltende Hausmutter, die ihre liebe Noth mit drey solchen Bengels hatte, wie ich mir die Söhne des Sokrates vorstelle.« Weil Wieland (nun seinerseits kritiklos) das Bild vom verantwortungslosen Müßiggänger Sokrates übernimmt, »begreift man umso leichter, wie eine Frau, auf welcher so viele Sorgen liegen, zu einer habituellen Säure kommen kann, die nur kleiner Veranlassungen nöthig hat, um alle Augenblicke in ungestüme Hitze aufzubrausen und ihrer übeln Laune durch Brummen und Schelten Luft zu machen.« Von Sokrates, dessen viel gepriesene »Kälte und Gleichmüthigkeit« Wieland hier unpassend findet, war er »... überzeugt, dass Sokrates in ganz Attika keine Frau hätte finden können, die besser für ihn getaugt hätte und ihme sogar zur Aufrechterhaltung seines Hauswesens unentbehrlicher gewesen wäre als Sie«.[116]

Bemerkenswert ist Wielands noble Ehrenrettung Xanthippes insofern, als er dazu nur aus Xenophon schöpfte, dem wir oben doch vorgeworfen hatten, er sei für die spätere kynische Missinterpretation Xanthippes verantwortlich gewesen! Doch hatte Wieland sicherlich auch seinen Platon im Hinterkopf und dessen wertfreie Xanthippe-Schilderung in der ›Apologie‹ und im ›Phaidon‹. Friedrich D. E. Schleiermachers grandiose Übersetzung der platonischen Dialoge erschien in den Jahren 1804 bis 1810. Bis ins letzte Jahrhundert war Schleiermachers Text maßgebend für deutsche Leser. Seine auf uns Moderne verschachtelt und mit zahlreichen Füllwörtern artifiziell klingende Sprache trifft jedoch den Tenor und das »Eigentliche« des Originals. Bis heute existiert keine adäquat kanonische deutsche Übersetzung. Schleiermacher (1764–1834), protestantischer Theologe, Philosoph und Literat, formulierte als erster das »sokratische Problem«, die Frage nach der Differenzierung, was nun originär »sokratisch« und was »platonisch« sei. In erster Linie erhitzt die Zuschreibung der Ideenlehre die Gemüter der Gelehrten.

Für Georg Wilhelm Friedrich Hegel (1770–1831) bedeutete Sokrates »nicht nur eine höchst wichtige Figur in der Geschichte der Philosophie, die interessanteste in der Geschichte des Altertums, sondern er ist welthistorische Person. Er ist Hauptwendepunkt des Geistes in sich selbst.« In Hegels Dialektik diente Sokrates als Werkzeug des Weltgeistes und führte durch seinen Widerspruch den Wendepunkt von der alten zur modernen Zeit herbei. In diesem Sinne war er nach athenischem Recht durchaus schuldig, denn er habe »der unbefangenen Sittlichkeit des griechischen Volksgeistes ein Ende bereitet«. Von der höheren Warte des Fortschritts aus gesehen war sein Opfer notwendig, um der Welt einen qualitativen Sprung zur »mit Reflexion verbundenen Sittlichkeit« zu ermöglichen. Das reale Leben seines Weltgeist-Mediums interessierte Hegel wenig. Sonderbarerweise übernahm er den alten Topos vom »herumschlendernden Sokrates«, dessen Mitbürger wie er »den größten Teil des Tages ohne eigentliches Geschäft, im eigentlichen Müßiggange auf dem Markte waren oder sich in den öffentlichen Gymnasien herumtrieben und ... vorzüglichst miteinander schwatzten«. Dem preußisch-protestantischen Schulmeister Hegel gefiel das nicht: »Heutigentags würde ein solches Herumleben gar nicht zu unseren Sitten passen.« Über Xanthippe schweigt er sich aus. So wissen wir nicht, welche Aufgabe der hegelsche Weltgeist ihr zugedacht hatte.[117]

Das 19. Jahrhundert: Entmythologisierung und misogyne Rückfälle

Nach Wielands Exegese folgten weitere Entlastungen, etliche davon in Romanform gegossen. Herausragend ist Fritz Mauthners (1849–1923) Werk ›Xanthippe‹ von 1884. Mauthner war ein seinerzeit viel gelesener volksaufklärerischer Publizist, der sich dem Kampf gegen Obskurantismus, akademische Dünkelhaftigkeit und verbeamtetes Duckmäusertum verschrieben hatte. So umgab er die Geschichte der Xanthippe mit einer Parodie auf den Universitätsbetrieb seiner eigenen Zeit und nahm die Gelegenheit wahr, zahlreiche satirische Bemerkungen zum bismarckschen Junkerstaat im Allgemeinen und zeitgenössischen Geistesgelehrten im Besonderen zum Besten zu geben. Jenseits dieser Sottisen ist seine Hauptperson eine einfache, sympathische Frau, die, ohne den Höhenflügen ihres besserwisserischen Gatten folgen zu wollen, wacker seinem Hauswesen vorsteht. Bei der Aufführung der verleumderischen ›Wolken‹ des Aristophanes und beim Tod des Weisen offenbart sich ihr zutiefst menschliches Empfinden. Sokrates selbst bleibt der Vorwurf nicht erspart, als verantwortungsloser Familienvater gehandelt zu haben. Die gleiche Rechtfertigungstendenz Xanthippes auf Kosten des weltfremden Philosophen zeigt der Roman von Hans Sassmann ›Xanthippe. Die Ehrenrettung einer klassischen Frau‹ (1944), der von der UFA noch verfilmt werden sollte.

Einen interessanten, aber eher Xanthippe-unfreundlichen Aspekt hat Robert Hamerling in den Mittelpunkt seines Romans ›Aspasia‹ (1876) gestellt. Erst nach Ablehnung durch Aspasia habe sich Sokrates resignativ an Xanthippe vergeben. Auch seine Hinwendung zur Ethik sei erst nach der Abfuhr seitens Aspasias erfolgt. Hamerling interpretierte die sokratische Frage nach der Ethik denn auch – frei nach Nietzsche – als Dekadenzerscheinung der hellenischen Kultur und die Ehe mit Xanthippe als »Verspießbürgerung«.[118]

»Ungeheure Bedenklichkeit« ergriff Nietzsche jedesmal »angesichts des Sokrates, der fragwürdigsten Erscheinung des Altertums«. Nietzsche brandmarkte Sokrates als den Zerstörer der altgriechischen Kultur. Auch er spricht wie Hegel vom sokratischen Wendepunkt der Weltgeschichte, erkennt darin aber keinen dialektischen Fortschritt zu Höherem, sondern das Gegenteil, einen fortschreitenden Prozess der Dekadenz. Sokrates habe den ursprünglichen »gesunden« Instinkt verdammt und den Primat der »Vernünftigkeit« propagiert, wodurch die kreative Fülle des ursprünglichen Lebens abrupt zu Ende gekommen sei. Rationalismus, Ökonomismus und Wissenschaft würden die Welt entzaubern und sie schließlich in den Untergang führen. Sokrates sei »Pöbel« gewesen, Vertreter des Sklavenaufstands der Moral, »ein Hanswurst, der sich ernst nehmen machte«, ja Nietzsche, immerhin ein gelernter Altphilologe, stellt sogar sein Griechentum in Frage. »Die schöne Welt der Antike«: »Weh, weh, du hast sie zerstört mit mächtiger Faust, sie stürzt, sie fällt.« Nietzsche war freilich kein über Handschriften und Originaltexte gebeugter Wissenschaftler, sondern ein donnernder Prophet, der sich um die Stimmigkeit der von ihm benutzten antiken Quellen wenig scherte. Wir dürfen daher für den nietzscheanischen Sokrates keine neuen historischen Erkenntnisse oder gar die Berücksichtigung quellenkritischer Untersuchungen erwarten. Auch Xanthippe knüpfte sich der misogyne Philosoph vor. Er teilte ihr eine ganz bestimmte Rolle zu: »Sokrates fand die Frau wie er sie brauchte – aber auch er hätte sie nicht gesucht, falls er sie gut genug gekannt hätte, so weit wäre auch der Heroismus dieses freien Geistes nicht gegangen. Thatsächlich trieb ihn Xanthippe in seinen eigenthümlichen Beruf immer mehr hinein, indem sie ihm Haus und Heim unhäuslich und unheimlich machte. Sie lehrte ihn auf den Gassen und überall dort zu leben, wo man schwätzen und müßig sein konnte, und bildete ihn damit zum größten athenischen Gassen-Dialektiker aus, der sich zuletzt selber mit einer zudringlichen Bremse vergleichen musste, welche dem schönen Pferde Athen von einem Gotte auf den Nacken gesetzt sei, um es nicht zur Ruhe kommen zu lassen.« Nach diesem Aphorismus wären also der Rationalismus und die moderne Wissenschaft unter dem Nudelwalker Xanthippes entstanden!

Nietzsche, bekanntlich von Frauen – in Sonderheit seiner Mutter und seiner Schwester – bis in die geistige Umnachtung hinein kujoniert und nach einem vergeblichen Heiratsantrag an die 21-jährige Lou Andreas-Salomé (1861–1937) in schwerste gynaikophobe Depression gestürzt, zog 1887 aus dieser persönlichen Niederlage folgendes Resultat: »Dergestalt perhorresziert der Philosoph die Ehe samt dem was zu ihr überreden möchte – die Ehe als Hindernis und Verhängnis auf deinem Wege zum Optimum. Welcher große Philosoph war bisher verheiratet? Heraklit, Plato, Descartes, Spinoza, Leibniz, Kant, Schopenhauer – sie waren es nicht, mehr noch man kann sie sich nicht einmal denken als verheiratet. Ein verheirateter Philosoph gehört in die Komödie, das ist mein Satz, und jene Ausnahme Sokrates – der boshafte Sokrates hat sich, scheint es, ironice verheiratet, eigens um diesen Satz zu demonstrieren. Jeder Philosoph würde sprechen, wie einst Buddha sprach, als ihm die Geburt eines Sohnes gemeldet wurde: Rahula ... ist mir geboren, eine Fessel ist mir geschmiedet.«[119]

Die erste philologisch-historische Untersuchung zum Phänomen Xanthippe verdanken wir dem Tübinger Theologen und Altphilologen Eduard Zeller, dem Verfasser der mehrbändigen Philosophie der Griechen (1859–1868), der besten Zusammenfassung des bis dato erreichten Kenntnisstandes. Bei der Schilderung von Sokrates' Lebensumständen bezeichnet er dessen Gattin als »eine nicht eben bösartige und auch für die Ihrigen redlich besorgte, aber dabei äußerst heftige, unverträgliche und schwer zu behandelnde Frau«. Mit dieser Wertung kam der Gelehrte freilich nicht über Zedlers barocken Lexikoneintrag 100 Jahre zuvor hinaus. Auffallend ist auch, dass er Wieland unterschlägt. Aus der Tatsache, dass Aristophanes Xanthippe, »die doch zu den reichlichsten Scherzen geführt haben müsste«, nicht erwähnt, schloss Zeller auf eine Verheiratung nach den aristophanischen ›Wolken‹ von 423. Barsch weist er die Geschichte von der Doppelehe »ins Reich der Dichtung« und führt dazu eine Fülle antiker und spätantiker Quellenbelege an. In einem eigenen Parergon ›Zur Ehrenrettung der Xanthippe‹ (1875) schoss er allerdings für viele Zunftgenossen übers Ziel hinaus, als er versuchte, die überlieferten Vorwürfe gegen Xanthippe ins Gegenteil zu kehren.

Zeller blieb daher ein Einzelfall. Die »Frau in der Antike« war in der Klassischen Altertumswissenschaft, die sich im ausgehenden 19. Jahrhundert als die Königsdisziplin an den deutschen Universitäten wertete, kein Thema. Wie weit entfernt man in humanistischen Kreisen von einer ernsthaften Beschäftigung mit der Frau der Antike war, mag ein Zitat aus dem Werk Ulrich von Wilamowitz-Moellendorffs veranschaulichen. Wilamowitz-Moellendorff (1848–1931; seit 1897 in Berlin tätig) gilt bis heute als einer der Großen der Klassischen Philologie. Auf dem Gebiet der Textkritik hat er das Fach methodisch grundlegend neu geprägt. Seine Editionen, Kommentare und Monographien – darunter der zweibändige Platon von 1919 – sind richtungweisend geblieben. Doch über die antike Frau – hier vertreten durch Aspasia – entfließt seiner Feder im Jahre 1893 Folgendes: »Ich bin nicht so albern, dem toten Frauenzimmer (Aspasia) zu grollen, aber man soll es lassen, wie es ist, und ein Frauenzimmer. Leute, die ohne weibliches Parfum keine Geschichte riechen mögen und ihre Helden nicht menschlich finden, wenn sie nicht unterweilen girren oder meckern, mögen Hamerling statt Thukydides lesen.« Das »klassische Menschenbild« sah den Mann im Zentrum. Für Frauen oder Gender-Fragen war bis in die achtziger Jahre des vergangenen Jahrhunderts kein Platz in den humanistischen Disziplinen.[120]

Wenig berührt von der süffisanten Meinung deutscher Professorenschaft wie auch von der wohlwollenderen Wertung Xanthippes durch Belletristen blieb ihr Bild im Volksmund. Das Grimmsche Wörterbuch verzeichnet gegen Ende des 19. Jahrhunderts unverändert: »Des Sokrates gerne belfernde, seine philosophische Ausgeglichenheit auf die Probe stellende zänkische Ehefrau. Berlinerisch Zanktippe.« In einem längeren Abschnitt mit Referenzen – u. a. auf

Jakob Fischart, Abraham a Santa Clara, Fürst Pückler und Heinrich Heine – sind historische Literaturdaten aufgeführt. Zur geschichtlichen Einordnung wird auf Zeller hingewiesen.

Einen eigenen Resonanzboden erhielt Xanthippe an den Biertischen deutscher Burschenschaftler und akademischer Verbindungen im wilhelminischen Deutschen Kaiserreich. Der Studentenjargon suchte sich von der gewöhnlichen Sprache des Bürgertums abzuheben und griff auf die vermeintliche humanistische Bildung zurück. So wurden Begriffe wie »Banause« (Kleinbürger), Phäake (Weichling), *filia hospitalis* (Haustochter), Sophist (Lehrer), *famos* (berühmt-berüchtigt), *colossal* (riesig, »great«) und eben »Xanthippe« vom Paukboden-Milieu wiederentdeckt. »Xanthippe war ein böses Weib, haut Sokrates zum Zeitvertreib«, so der bramarbasierende Anfang eines Burschenschaftler-Liedes. Auch in bürgerlichen Komödien und Lustspielen erfreute sich die Bezeichnung Xanthippe besonders für Schwiegermütter hoher Beliebtheit. Man konnte darauf warten, dass die so Angesprochenen mit einem verdatterten »Was bin ich?« antworteten, während der »gebüldete« Widerpart seine brillante Bildung an den Tag legen durfte.[121]

Eine der großen Liebenden der Literaturgeschichte

Fast unvermeidlich hat sich auch Bert Brecht des Sokrates-und-Xanthippe-Mythos angenommen. In den ›Alfabet‹-Versen, die er 1934 für seinen kleinen Sohn Stefan reimte, wurde der Buchstabe »X« wieder einmal von Xanthippe repräsentiert:

»Xanthippe sprach zu Sokrates/Du bist schon wieder blau? Er sprach: Bist du auch sicher des?/Kein Mensch weiß was genau/Er gilt noch heut als Philosoph/Und sie als böse Frau.«

Die Strophe zeugt von Brechts Sinn für effektvolle Komik – wobei nicht von der Hand zu weisen ist, dass der Stückeschreiber (so Brecht über sich selbst) hier Anleihen bei burschenschaftlichen Saufliedern genommen hat, die ihm ja keineswegs fremd waren. Das Thema der exzentrischen Philosophen-Ehe kam auch seiner Absicht entgegen, hehre »bürgerliche« Vorbilder vom Sockel zu stoßen. Dazu zählte er u. a. Sokrates bzw. denjenigen Sokrates, wie er von den »reaktionären« Denkschulen dargestellt wird. In einer von Brechts ›Geschichten vom Herrn Keuner‹ (1932) tritt der »Sophist Sokrates« höchst arrogant auf, wird aber, weil er seine Maxime: »Ich weiß, dass ich nichts weiß« wegen des einsetzenden, mittlerweile zweitausendjährigen Jubels nicht vollenden kann, gründlich missverstanden. Seine hochfliegende Gedankenwelt ließ sich trefflich mit den Niederungen des irdischen Geschlechterkampfes konterkarieren.

Ein günstigeres Bild des Philosophen-Paares zeichnete Brecht in der Kurzgeschichte ›Der verwundete Sokrates‹ von 1938. Die Parabel erschien zuerst als reich illustriertes Kinderbuch, wurde aber nach dem Krieg den ›Kalendergeschichten‹ eingefügt. Brecht griff darin auf die Tragikomödie ›Der gerettete Alkibiades‹ des expressionistischen Dramatikers Georg Kaiser von 1920 zurück, in welchem der Tatmensch Alkibiades vom Geistmenschen Sokrates im Krieg gerettet wird, und zwar auf sehr ungewöhnliche Weise. Sokrates hatte sich nämlich auf der Flucht einen Dorn in den Fuß getreten und fiel zu Boden, worauf der Feldherr Alkibiades höchstpersönlich vom Ross steigt, um dem Gestürzten weiterzuhelfen. Dabei begibt sich der Kommandeur freilich in höchste Gefahr, denn die Gegner beginnen ihn zu umzingeln. Vor Schmerz durch den Dorn schlägt Sokrates indes wild um sich und wirbelt dermaßen viel Staub auf, dass die Feinde an eine zahlreiche Übermacht glauben und zurückweichen. Obgleich Sokrates mehr oder weniger freiwillig zugunsten des geretteten Alkibiades auf den Siegespreis verzichtet, muss er am Schluss doch mit seinem Leben für die späteren Untaten des Alkibiades einstehen. Auch bei Brecht ist Sokrates – ein Schuster (!), ein Denker und nebenbei Pazifist – ein Antiheld, ein Held wider Willen. Ein eingetretener Dorn im Fuß hindert ihn nämlich an der Flucht vor dem Feind und zwingt ihn, die Stellung zu halten, was von seinen Vorgesetzten als höchste Tapferkeit (miss)verstanden wird. Anlässlich der öffentlichen Ehrung droht der wahre Grund jedoch offenbar zu werden, worauf sich Sokrates Alkibiades anvertraut. Dieser jedoch kommt zu dem Schluss, dass die wahre Tapferkeit des Sokrates gerade im Eingeständnis der Schwäche bestünde.

Kaisers Drama streift Xanthippe nur am Rande und lässt sie als respektheischende Gegnerin zu Alkibiades nicht unsympathisch erscheinen. Dagegen nimmt Xanthippe bei Brecht eine Hauptrolle ein.

Sie ist es nämlich, die der Sache nicht traut und hartnäckig nach der Wahrheit forscht: »Sie war unheimlich klug, wenn es galt, etwas Ungünstiges über ihn herauszubekommen.« Zuerst entspricht ihr Bild dem zornigen Hausdrachen, doch im Verlaufe der Erzählung wandelt sie sich zur besorgten und liebenden Gattin. Sie ist die eigentliche Philosophin, obwohl er sich doch auf das Nachdenken so viel einbildet. »Philersophie« nennt Xanthippe hingegen das, was er da auf Straßen und Plätzen herumalbert und womit er nichts verdient – und wird immer wieder von ihm korrigiert: »Es heißt Philerphobie«. Gleichwohl verehrt Sokrates seine wahrheitsliebende Frau und möchte mit ihr nicht weiter in Lüge leben. Während sie versucht, ihm die Wahrheit zu entlocken, gelingt es ihm immer weniger, sich durch Drehen und Winden aus der Affäre zu ziehen. Ihre Erscheinung an der Küchentür bringt ihn schließlich dazu, ein ehrliches Geständnis, erst vor ihr, dann vor Alkibiades, abzulegen. Brechts Sokrates achtet Xanthippe demnach so sehr, dass es höchstes Unrecht wäre, in ihrer Gegenwart zu lügen.

Dagegen fällt der schwermütige Roman ›Xanthippe‹ des flämischen Autors Paul Lebeau von 1955 mit seiner tränenreichen Tragik stark ab. Allzu konstruiert wirkt die ohne einen Funken Ironie und Humor ausgebreitete Geschichte und allzu plakativ scheint des Dichters Bemühen, sein christliches Gedankengut mit der sokratischen Lebensart zu verschmelzen. Xanthippe ist hier nur weibliches Opfer, zuerst des Vaters, dann falscher Liebhaber, eines mönchischen Sokrates' und schließlich ihrer Söhne. So greift sie ihrerseits zum Schierlingsbecher.

Erheblich mehr Tiefgang bewiesen drei deutsche Autorinnen, die sich unter dem schönen Pseudonym »Delphica« zusammenschlossen und 1958 das ›Gastmahl der Xanthippe‹ publizierten. Inmitten der Aufbruchstimmung der fünfziger Jahre treffen sich die Damen Xanthippe, Aspasia, Diotima und Sappho im Café Kranzler am Berliner Kurfürstendamm und parlieren eine Woche lang bei Kaffee und Kuchen, der ihnen von Gretchen, der zunehmend interessierten Wirtin, kredenzt wird, über Gott und die Welt. Doch so süß ihre Reden auch klingen mögen, so hart sind deren Inhalte: Geist und Seele, die Rolle der Frau in der Geschichtsschreibung, das verleugnete Matriarchat, garniert mit unfreiwillig hochkomischen Zitaten zeitgenössischer Schriftsteller, wie aus Hermann Hesses frauenlosem ›Glasperlenspiel‹, und versehen mit ebenso treffenden Feststellungen zu so genannten frauenrechtlerischen Männern. Was den Leser des 21. Jahrhunderts jedoch zutiefst aufwühlt, sind die höchst modernen Probleme, die hier bereits in aller Deutlichkeit angesprochen werden: Die aus dem männlich-faustischen Streben erweckte Atomkraft, die Gentechnik und eine machbare Naturwissenschaft ohne ethische Skrupel, welche das Ziel hat, letztlich die Frau durch die Möglichkeit künstlicher Zeugung und Chromosomenteilung im Labor überflüssig zu machen und die männliche Libido, soweit sie nicht geldwertig umgeleitet werden kann, mit Hilfe von unpersönlichem Cybersex zu entlasten. Ob Doctor Fausti naives Gretchen, das Urbild männlicher Sehnsüchte, das dem Gespräch der vier emanzipierten Helleninnen immer mehr abgewinnt, daraus die Konsequenzen zieht, lassen die Autorinnen offen. Delphica war eine Plattform hochgebildeter Ehefrauen und Mütter, die, wie in Akademikerfamilien in den fünfziger und sechziger Jahren üblich, Beruf und Karriere zugunsten ihres Mannes aufgegeben hatten.

Stefan Andres' Kurzgeschichte ›Die Verteidigung der Xanthippe‹ von 1960 sieht – überlieferungsgeschichtlich richtig – in Antisthenes, dem »kleinen Proleten und ersten erklärten Zyniker«, den Urheber all der Schauergeschichten über Xanthippe. Eifersucht auf des geliebten Philosophen Gattin habe ihn dazu getrieben, Xanthippe herabzusetzen, um seine Freundschaft zu Sokrates der Nachwelt umso strahlender präsentieren zu können. Andres' Xanthippe durchschaut zwar Antisthenes, den »abgerissenen Kerl«, tischt ihm aber gleichwohl täglich aus Mitleid eine Kohlsuppe auf, um ihn vor dem Verhungern zu bewahren. Ihr Ehemann, ein »großer dummer Junge, der die Athener besser machen wollte«, bietet ihr keine Hilfe. Egoistisch und rechthaberisch verfolgt er nur seine eigenen Interessen und triumphiert noch im Tod als moralinsaurer Tugendheld. Andres, der Verteidiger der Xanthippe, sieht sie als die »von der Philosophie bestohlene Ehefrau«.

Joachim Fernau führte 1984 einen fiktiven Dialog mit Xanthippe über die Frage: »Wie wird man an der Seite eines Sokrates zum bösen Weib?« Schon in seiner galanten griechischen Geschichte ›Rosen für Apoll‹ von 1961 hatte sich Fernau diesem Stoff zugewandt, doch nun besuchte ihn die Philosophenfrau höchstselbst um Mitternacht in seiner verräucherten Schriftstellerklause. Fernau hält sie ihrer Reize halber erst für Aspasia, wird aber gleich eines Besseren belehrt. Charmant plaudert Xanthippe über ihre Zeit, wird aber heftig, als sie auf Sokrates zu sprechen kommen. Die »Frau eines verbummelten Tagediebs« sei sie gewesen, sicher eines Genies, aber »kein Genius hat das Recht, das Leben einer Frau zu zerstören«. Selbstverständlich hatte sie die sokratische Methode durchblickt, ja hat sie sogar mit entwickelt. Sie zeigte Verständnis für Philosophie, aber nicht für den monomanischen und kompromisslosen Weg, den Sokrates eingeschlagen hatte. Denn: »auf seinem Weg zur Tugend verkamen inzwischen seine Frau und seine Kinder!«

Wie bei Zeller, Mauthner, Brecht und Andres ist Xanthippes Haltung zu Sokrates in Fernaus Dialog über jeden Zweifel erhaben. Ihre Liebe war es, die sie zum Schimpfen und Schelten anhielt, allein, um den trotz allem Geliebten zu retten. Doch ein wenig rückt Fernau von Xanthippes bedingungsloser Liebe ab, lässt er sie doch zum Schluss der Unterredung Sätze von nietzscheanischem Ausmaß sprechen: »Sokrates hat meinem schönen Griechenland etwas Schreckliches angetan: Er hat der griechischen Seele die Unschuld genommen, er hat unser Wesen entzaubert!« Denn: »Fing nicht mit Sokrates der Zweifel an, der so unglücklich macht?«

In Friedrich Dürrenmatts skurriler Erzählung ›Der Tod des Sokrates‹, erschienen 1990, dem Todesjahr des Schweizer Autors, fungiert Xanthippe, »eine stattliche Frau mit einer einst blonden Mähne«, als gewiefte Antiquarin, die ihren Mann Sokrates über Wasser hält. Dieser pflegt seinerseits die Antiquitäten bei Gelagen zusammenzuklauen, sobald er alle anderen unter den Tisch getrunken hat. Um die Popularität seiner faden Werke zu erhöhen, kommt nun Platon, ein »introvertierter Intellektueller und Weltverbesserer«, auf den Gedanken, in seinen Dialogen seinen eigenen Namen durch den des stadtbekannten Originals Sokrates zu ersetzen. Zuerst erhöht er durch diesen Trick die Verkaufszahlen. Doch die Schrift ›Der Staat‹ erscheint den Athenern als so demokratiefeindlich, dass sie gegen den Verfasser Anklage erheben. Und Verfasser ist in ihren Augen Sokrates! Und dieser, der alles gleichgültig über sich ergehen lässt, muss nun auf Geheiß Platons und Aristophanes' seine Verteidigungsreden auswendig lernen, verwechselt sie aber und wird zum Tode verurteilt. Um den Nachruhm zu ernten, schmuggelt sich aber Aristophanes ins Gefängnis, leiert Platons Dialog ›Phaidon‹ herunter und leert, auf Platons versprochene Unsterblichkeit vertrauend, den Giftbecher. Währenddessen begibt sich Sokrates, der wirklich von nichts weiß, im Auftrag Platons zum Tyrannen Dionys nach Syrakus, um den Idealstaat zu verwirklichen. Sokrates hingegen bechert nur mit dem Tyrannen, trinkt ihn unter den Tisch und muss doch noch den Schierlingsbecher leeren, weil Dionys geschworen hatte, dass jeder, dem dies gelänge, sterben müsse. Xanthippes Rolle in der Groteske, die offenbar eine Skizze für spätere dramatische Bearbeitung war, ist die der Forschenden, die das ganze Durcheinander kritisch hinterfragt und Recht behält, Sokrates jedoch gegen die Intrigen Platons und Aristophanes' nicht zu retten vermag. Den Schluss der Erzählung nimmt Xanthippes Gedächtnisrede an Sokrates ein, in der sie ihren Stolz auf ihn kundtut. Trotz der burlesken Form, in der Dürrenmatt sie sprechen lässt, gibt Xanthippe dem Leser einen tiefen Eindruck von Sokrates' Weisheit in wenigen eindrucksvollen Worten.[122]

Die Belletristen des 20. Jahrhunderts haben Xanthippes Ehre gerettet und ihre Reputation als Frau, die ihre Familie zu versorgen weiß, wieder hergestellt. Sokrates, ihr Mann, war seinerzeit ein höchst erfolgreicher Philosoph, heute gilt er als der Philosoph schlechthin. Doch ermöglicht wurde ihm sein Denken und Tun erst durch seine treue und niemals verzweifelnde Gattin, allen Prüfungen, Fährnissen und Unglücken des Alltags zum Trotz. Xanthippe repräsentiert somit eine der großen unglücklich Liebenden der Universalgeschichte, sie steht in einer Reihe mit Medea und Penelope, Maria Magdalena, Heloise, Julia, Maria Stuart, der Kameliendame und Anna Karenina.

Anhang

Anmerkungen

[1] Zitat: Beauvoir, Simone de: Le deuxième sexe, Band 2, 1949, S. 1; Das andere Geschlecht. Sitte und Sexus der Frau. Hamburg 1968, S. 265. Zu Gender: Siann, Gerda: Gender, Sex and Sexuality. London 1994: »Sex is defined as the biological differences between males and females and gender is the manner in which culture defines and constrains these differences ...« (S. 3). Allgemein: Lautmann, Rüdiger: Soziologie der Sexualität. Erotischer Körper, intimes Handeln und Sexualkultur. Weinheim, München 2002; Schaufler, Birgit: Schöne Frauen – Starke Männer. Zur Konstruktion von Leib, Körper und Geschlecht. Opladen 2002. Zum Thema existieren drei ausgezeichnete Webseiten: Diotima: Materials for the Study of Women and Gender in the Ancient World. Website mit Bibliographie und zahlreichen Links: www.stoa.org/diotima/; KIRKE: Frauen, Kinder, Homosexualität in der Antike: www.phil.uni-erlangen.de/~p2latein/kirke/gender.html; Stroh, Wilfried: Die erotische Dichtung der Antike. 2000 (umfangreiche Bibliographie zur antiken Erotik und Sexualität) über webpage: www.klassphil.uni-muenchen.de; Feichtinger, Barbara: Gender Studies in den Altertumswissenschaften. Rückblicke. Überblicke, Ausblicke, in: Feichtinger (2002), S. 11–24; MacClure, Laura (Hrsg.), Sexuality and Gender in the Classical World. Oxford 2002; Schmitz (2002), S. 193–213; Schnell (2002), S. 41–89.

[2] Zur Geschichte Athens: Christian Meier (1998); hilfreich immer noch Bengtson, Griechische Geschichte (Neuaufl. 2002); dazu Welwei (1999) und als Kurzdarstellung Funke (1999). Die Schilderung der Ereignisgeschichte stützt sich auf diese Werke; Meier (1998), S. 182–284; Bengtson (2002), S. 151–177; Das Geburtsjahr des Sokrates lässt sich aus Platons ›Apologie‹ (17 d) zurückrechnen. Sokrates nennt sich im Jahre 399 70 Jahre alt.

[3] Eltern und Geburtsort: Gorgias 495 d; Euthydemos 297 e; Laches 180 a, zusammengefasst bei Diogenes Laertios II, 18 ff. Eine kleine Statuenbasis (IG I, 805) trägt den Namen Sophroniskos. Athena: Kasper-Butz (1990); Höcker (2002), S. 152 f. (Abb.) und Die Griechische Klassik (2002), S. 394 f (Abb.). Rede Perikles': Plutarch, Pericles 13.

[4] Theaitetos 149 a, »mannhaft« in der Schleiermacher-Übersetzung, im Original: *blosyros*, bei Homer eine Eigenschaft Hektors im Sinne von heldenhaft, kriegerisch, drohend blickend.

[5] Hellenisches Schulwesen: Bengtson (Anm. 38) S. 131 ff. Sophisten: Taureck, Bernhard: Die Sophisten zur Einführung. Hamburg 1995; Handbuch frühe griechische Philosophie. Von Thales bis zu den Sophisten, hrsg. von A. A. Long. Stuttgart, Weimar 2001. Protagoras: Manuwald (1999).

[6] Platon, Symposion 178; Xenophon hat diesen Text in seinem eigenen ›Gastmahl‹ übel paraphrasiert. Im Folgenden ist deutlich zwischen Platons und Xenophons ›Gastmahl‹ zu unterscheiden, s. Anm. 112. Der Terminus *xenophontisch* geht auf Karl Joel: Der echte und der xenophontische Sokrates. Berlin 1893, zurück.

[7] Platon, Symposion 189–191; vgl. Anm. 72; dazu Föllinger (1996), S. 64 ff.

[8] Xenophon, Symposion 9, 6.

[9] Xenophon, Symposion 8, 16.

[10] Platon, Symposion 181 b.

[11] Hellenische Päderastie: Patzer (1983); Dover (1983); Reinsberg (1989), S. 163–215; Keuls (1985), S. 274–299. Phallisches Ideal: Ebda. S. 67–78 und Zanker wie Anm. 48 S. 35 f. Nach Foucault: Gebrauch der Lüste, S. 237 ff., fand die Knabenliebe Befürwortung als philosophische Lebensweise, weil sie nicht der Reproduktion diente. Dazu die Reden des Pausanias und des Sokrates über den *eros* in Platon: Symposion 180 d ff. und 206 e ff.; Erbse (1966) vergleicht die Knabenliebe im platonischen und xenophontischen Gastmahl und interpretiert als Ziel der sokratisch/platonischen Knabenliebe die rein geistige »Zeugung«. Auf dem Weg dorthin mag es allerdings auch zu »vulgären« körperlichen Vereinigungen kommen, die Sokrates bzw. Platon aber missbilligt. Vgl. Föllinger (1996), S. 67–72; Davidson (1999), S. 192 ff.; Maischberger, Martin: Was sind Männer? Bilder von Mann und Männlichkeit in klassischer Zeit, in: Die Griechische Klassik (2002), S. 271–284 (Abb.); Andreia. Studies in Manliness and Courage in Classical Antiquity, herausgegeben von Ralph M. Rosen. Leiden, Boston 2003. Gute Zusammenfassung: Raimund Wünsche: Schöne Männer, in: aviso. Zeitschrift für Wissenschaft und Kunst 1 (2003), S. 20–25 (Abb.).

[12] Kriton 50 d.

[13] S. Anm. 2. Bürgerrechtsgesetz: Hartmann (2002), S. 45–75. Hauptquelle für die Organisation der athenischen Demokratie ist ›Der Staat der Athener‹ von Aristoteles (hrsg. von Martin Dreher, Stuttgart 1997), dazu Thiem (2000). Moderne Synthesen: Davies (1983); Bleicken (1995); Welwei (1998); Meier (1998), S. 285–353; Bengtson (2002), S. 187–208; Gehrke, Hans-Joachim/Gotter, Ulrich: Revolution des Politischen. Glanz und Elend

der athenischen Demokratie, und dies.: Volksversammlung (Ekklesia), in: Die Griechische Klassik (2002), S. 166–172; 195–198. Pabst (2003). »Reiter« für »Hippeis« (2. Klasse).

[14] Thukydides, II, 65, 9.

[15] Perikles: Zusammenfassung der älteren Forschung: Schubert (1994); immer noch lesenswert: Fritz Schachermeyr: Perikles. Stuttgart 1969 und, etwas populärer, Carl W. Weber: Perikles. Das Goldene Zeitalter von Athen. München, Neuausgabe 1992. Neuere Biographien: Kagan (1992); Will (1995); Meier (1998), S. 435–501; Bengtson (2002), S. 201–208. Handel: Finley (1993); Landmesser (2002). Keramik: John Boardman: Rotfigurige Vasen aus Athen, 2 Bände, Mainz 1994–1996.

[16] Sophokles: Flashar (2000). Euripides: Harder (1993).

[17] Möllendorff: Aristophanes (2002), S. 80–86 (Lysistrate), S. 116–124 (Frauen in der Volksversammlung), S. 143–154 (Frauen am Thesmophorienfest); Halliwell, Stephen: Aristophanic Sex. The Erotics of Shamelessness, in: Nussbaum, Martha C. (Hrsg.) The Sleep of Reason. Erotic Experience and Sexual Ethics in Ancient Greece and Rome. Chicago 2002, S. 120–142.

[18] Begriff der »Klassik«: Die Griechische Klassik ... (2002); Papenfuss (2001). Herodot: Schlögl, Albert: Herodot. Reinbek bei Hamburg 1998; Bichler, Reinhold (Hrsg.): Herodots Welt. Berlin 2001. Phidias: Höcker/Schneider (1993); Die Griechische Klassik (2002), S. 501–515.

[19] Meier: Athen, S. 470.

[20] Sophisten, griechische Aufklärung s. Anm. 6 und Döring, Klaus in: Flashar, Helmut (Hrsg.): Die Philosophie der Antike, 2, 1. Basel 1998 (Sophistik, Sokrates, Sokratik); Rapp, Christof: Vorsokratiker. München 1997.

[21] Parthenon: sehr anschaulich: Höcker (2002), S. 101 f., 115 ff. mit zahlreichen Abb. und Plänen; Bildsprache ebda., S. 138 ff.; Agora: John M. Camp: The Athenian Agora. Excavations in the Heart of Classical Athens. London 1992. Allgemein: John Travlos: Bildlexikon zur Topographie des alten Athen. Tübingen 1988; Heiner Knell: Mythos und Polis. Bildprogramme griechischer Bauskulptur. Darmstadt 1990.

[22] Plutarch, Pericles, 12,6; Bauten, 13. Diogenes Laertios II, 5, 19. Ob Sokrates selbst handwerklich tätig war, diskutiert Thomas Pekary in: Imago res mortua est. Stuttgart 2002, S. 75 ff. (»War Sokrates auch Bildhauer?«).

[23] Essen und Trinken: Davidson (1999), S. 25–94.

[24] Zitat aus Xenophon: Memorabilia I, 1, 10.

[25] Allgemein zu Platons bzw. Sokrates' Philosophie: Döring, Klaus (2001) wie Anm. 28; Zehnpfennig: Platon (2002); dies.: Phaidon (1991) und Symposion (2000), jeweils Einführung.

[26] Zu Sokrates bei Diogenes Laertios: Sonnabend, Holger: Geschichte der antiken Biographie. Stuttgart, Weimar 2002, S. 192 ff.

[27] Alle neuzeitlichen Sokrates-Biographien folgen im Wesentlichen Platon und mit Einschränkung Xenophon. Zusammenfassung des älteren Forschungsstandes in Patzer (1987). Quellenprobleme: Döring, Klaus: »Sokrates«, in: Der Neue Pauly 11 (2001), S. 673–686, hier 675 f. Bei der Durchsicht folgender moderner Werke ergaben sich keine gravierenden Unterschiede im Lebenslauf des Philosophen: Allgemeine Biographien: Martin (1970); Figal (1998); Taylor (1999); Brodersen, Kai: Große Gestalten der griechischen Antike. 58 historische Porträts. München 1999, Kap. »Sokrates«; Kaufmann (2000); differenzierter bei Kessler (Hrsg., 1995, 1997).

[28] Bordellszenerie: S. u. Anm. 78; Reinsberg (1993), S. 86 f., 125 ff.; 140 ff. (Abb.); Davidson (1999), S. 105 ff.; Lewis (2002), S. 98 ff. und 112 ff. (Abb.).

[29] Symposien, Sex, Bilder, Komos, s. Anm. 78 und Dierichs (1993). Reinsberg (1993), S. 91 ff., 135 ff. (Abb.); Davidson (1999), S. 114 ff.; Lewis (2002), S. 98 ff.; 112 ff.; Komos: Rubel (2000), S. 210 f.; Hartmann (2002), S. 194 ff.; Schäfer, Alfred: Alte Werte, neue Bilder: Das Trinkgelage klassischer Zeit in Athen, in: Die Griechische Klassik (2002), S. 285–295 (Abb.).

[30] Theodote: Xenophon: Memorabilia 3,11.

[31] *Gender* und Foucault: Detel, Wolfgang: Macht, Moral, Wissen. Foucault und die klassische Antike. Frankfurt/Main 1998; Neuhaus (2002), S. 35–53; Schmitz (2002), S. 155–174. Zum Begriff des »Diskurses«: Neuhaus, Stefan: Sexualität im Diskurs der Literatur. Tübingen 2002, S. 13–46. Foucault, Michel: Der Gebrauch der Lüste. Frankfurt/Main 2000; »Vorsicht und Sparsamkeit im Gebrauch der sexuellen Lüste«, a. a. O., S. 25, 65 ff., 104 ff., 123 ff.; Schmitz (2002), Michel Foucault und die Diskursanalyse, S. 155–174.

[32] Keuls (1985); Lysistrate, s. Taafe (1993), S. 48–73 und Anm. 18.

[33] *Oikos:* Mac Dowell, D. M.: The *oikos* in Athenian Law, in: Classical Quarterly 39 (1989), S. 10–21; Davidson (1999), S. 216 ff.; Landmesser (2002).

[34] Burckhardt (1996); Franz (2002); Max Weber prägte den Begriff Hoplitendemokratie.

[35] Landmesser (2002), S. 170; Weisser, Bernhard: Münzen und Löhne in Athen, in: Die Griechische Klassik (2002), S. 448–451.

[36] Meier (1998), S. 502 ff.; Bengtson (2002), S. 221–252; Leppin, Hartmut: Thukydides und die Verfassung der Polis. Ein Beitrag zur Ideengeschichte des 5. Jahrhunderts v. Chr. Berlin 1999. Sokrates im Krieg: Platon, Symposion 219 e, 220 d–f, 221 a; Charmides 153 a; Laches 181 a; Diogenes Laertios II, 2, 22; Sokrates selbst: Apologie 28 d–e; vgl. Thukydides IV, 15–22, 29–57. Nike-Tempel: Höcker (2002), S. 166; Rubel (2000), S. 286 f.

[37] Platon: Symposion 220 d–f; Xenophon: Hellenika 1,4, 18 ff. Bengtson, Hermann: Griechische Staatsmänner des 5. und 4. Jahrhunderts v. Chr. München 1983 (Kap. Alkibiades); Meier (1998), S. 603: »... ein geradezu

verruchter Mensch«; Ellis, Walter: Alcibiades. London 1989; Forde, Steven: The Ambition to Rule. Alcibiades and the Politics of Imperialism in Thukydides. Ithaca 1989; Gribble, David: Alcibiades and Athens. Oxford 1999.

[38] Melierdialog: Thukydides V, 85 ff.; Verhalten des Sokrates: Bengtson, Hermann: Griechen und Perser. Die Mittelmeerwelt im Altertum I. (1967), S. 172.

[39] Hermenfrevel: Thukydides VI, 27–29; Plutarch: Alcibiades I, 18 ff. Bengtson, a. a. O., S. 173; eine überraschende Lösung bietet Keuls (1985), S. 385 ff.: Eine Tat der athenischen Frauenwelt!; Graf, Fritz: Der Mysterienprozess, in: Burckhardt (2000), S. 114–127; Rubel (2000), S. 178–229; mögliche Motive ebda., S. 197 ff.

[40] Meier (1998), S. 502–588; Bengtson (2002), S. 261–270. Alkibiades in Sparta: Plutarch: Alcibiades I, 23; Ende des Peloponnesischen Krieges, Zitat: Xenophon: Hellenika II, 2, 23. Herrschaft der 30: Xenophon, Hellenika II, 3, 14; Aristoteles: Der Staat der Athener 35 f. Neuere Darstellung: Bleckmann (1998).

[41] Nachgeschichte: Dreyer, Boris: Untersuchungen zur Geschichte des spätklassischen Athen (322 – ca. 230 v. Chr.). Stuttgart 1999; Meier (1998), S. 589–683; Bengtson (2002), S. 278–286.

[42] Sokrates und Aspasia: S. Anm. 78; Platon: Menexenos 249 d–e, 235 e–236 d. Plutarch: Pericles I, 6; Haase, Fee-Alexandra: Aspasia. Historische Persönlichkeit und *fictio personae*. Schriftliche und bildliche Formen der Überlieferung einer Wissenschaft in Platons Dialog ›Menexenos‹, Raphaels Fresko ›Schule von Athen‹ und in modernen Quellen, in: Philologie im Netz 19/2002 über www.phin.de. Es ist nicht sicher, ob Perikles' Leichenrede: Thukydides 2, 35–46 identisch ist mit der im Dialog ›Menexenos‹ genannten. Diotima: Platon: Symposion 201 d, dazu Zehnpfennig (2000), S. XXIX ff.; vgl. Föllinger (1996), S. 67 ff. und Sier (1997).

[43] Euripides: Diogenes Laertios II, 18.

[44] Lykeion s. Ernst Meyer in: Der kleine Pauly (1979), 3, Sp. 808 f.; Barber, Robin: Athens. London 2002, S. 225.

[45] Phainarete: Theaitetos 149 a (s. Anm. 4); Diogenes Laertios IV, 113.

[46] Sokrates' Physiognomie: Alkibiades in Platon: Symposion 215 a–b; Aristophanes: Wolken 101 ff., 348 ff., 414; Xenophon: Symposion 5; Bildwerke und Stelen s. Martin (1970), S. 16 ff. (Abb.); Krumeich, Ralf: Porträts und Historienbilder der klassischen Zeit, in: Die Griechische Klassik (2002), S. 209–240, 700; Sokrates: S. 234 f. (Abb.); Zanker, Paul: Die Maske des Sokrates. Das Bild des Intellektuellen in der antiken Kunst. München 1998. S. 38 ff., 62 ff. Seltsamerweise tritt Sokrates' skurrile Physiognomie in der attischen Komödie nicht zum Vorschein, obwohl ihre Verspottung hier am ehesten zu erwarten gewesen wäre; vgl. Reinders, Peter: Demos Pyknites.

Untersuchungen zur Darstellung des Demos in der Alten Komödie. Stuttgart 2001; Ercolani (2002); Zitterrochen: Platon: Menon 80.

47 Sokrates' Armut: Apologie 23 b–c; Diogenes Laertios II, 25; Aristophanes: Wolken 103; 363; Schlange-Schöningen, Heinrich: Reiche Sophisten – arme Philosophen. Zur Sozialgeschichte der frühen Gelehrten, in: Goltz, Andreas (Hrsg.), S. 17–39.

48 Über Aristophanes' Wolken: Moellendorff (2002), S. 131–142; Apologie 18 a–e.

49 Erechtheion: Höcker (2002), S. 171; Scholl, Andreas: Die Korenhalle des Erechtheion auf der Akropolis. Frankfurt/Main 1998 (Abb.); Rubel (2000), Kontrapunkt zum Parthenon, S. 271–285.

50 Platons ›Symposion‹: Zehnpfennig (2000), Einführung; Zitat: Ebda., S. 147 (Anm. 63) und Dies.: Platon (2002), S. 148–158.

51 Apologie 18 d; Aristophanes: Thesmophoriacusai 130, 191, 216–248.

52 Arginusen: Xenophon: Hellenika I, 6, 29–38; Bengtson (2002), S. 251; Apologie 32 a–c; Prozess: Xenophon: Hellenika I,7, 3–35; Xenophon: Memorabilia I, 1, 17, IV; Burkhardt, Leonhard A.: Der Arginusenprozess, in: Burkhardt (2000), S. 128–173; Rubel (2000), S. 307–339.

53 Kritias als Schüler Sokrates': vgl. Dialog ›Kritias‹; Xenophon: Memorabilia I, 2, 31–35; Apologie 32 c–d. Charmides: Platonischer Dialog ›Charmides‹ 153 ff.; Herrschaft der 30: Xenophon: Hellenika II, 3 und 4; Aristoteles: Der Staat der Athener 35, 4 (1500 Opfer). Tod des Kritias: Xenophon: Hellenika II, 4, 19; Meier (1998), S. 589 ff.; Malitz in Kessler (1995), S. 11–38. (auch über www.gnomon.ku-eic/sokrates.html)

54 Thukydides II, 45 (Perikles' Leichenrede, dazu Flashar, Helmut: Der Epitaphios des Perikles. Heidelberg 1969) s. oben Anm. 42. Frau in der griechischen Antike: Siehe Internetseiten wie Anm. 1. Aktueller Literaturbericht mit Bibliographie: Scheer (2000); neuere Zusammenfassungen: Schuller (1995); Hartmann (2002); Moraw, Susanne: Was sind Frauen? Bilder bürgerlicher Frauen im klassischen Athen, in: Die Griechische Klassik (2002), S. 300–309 (Abb.).

55 Meyer, Eduard: Einführung in die antike Staatskunde. Darmstadt 1976, S. 69.

56 Xenophon: Oikonomikos 8–10; Schuller (1995), S. 56; Föllinger, Sabine: Frau und *techne*. Xenophons Modell einer geschlechtsspezifischen Arbeitsteilung, in: Feichtinger (2002), S. 49 ff.

57 Vgl. Schuller (1995), S. 45 ff.; Euripides: Heraclidae 376; Lysias 3,6; Aristophanes: Thesmophoriacusae 490.

58 Aristophanes: Thesmophoriacusae 501–516; Hartmann (2002), S. 103.

59 Nur die Ehefrau kann die Ehe brechen: Foucault, Lüste, S. 186 f. Prozess: Lysias or. 1 (Lysias. Drei ausgewählte Reden, herausgegeben von Georg

Wöhrle, Stuttgart 1995, S. 21 ff.); Pomeroy (1985), S. 122 f. (mit Übersetzung des Lysias-Textes), 129 f.; Schnurr-Redford (1996), S. 268 ff.; Manthe, Ulrich: Die Tötung des Ehebrechers, in: Burkhardt (2000), S. 219–233.

60 Amazonen: Keuls (1985), S. 44 ff., 323 ff.; Lefkowitz (1992), S. 17–35; Reeder (1996), S. 373 ff. (Abb.); Iwersen (2002), S. 111 ff. Euripides: Medea 247–250; Ortkemper (2001); Hidalgo (2002); Iwersen (2002), S. 106 ff.

61 Das hippokratische Frauenbild: Quellensammlung: Lefkowitz (1992), S. 230 ff.; Böhme, Christian: Körper und Seele (Antike), in: Dinzelbacher, Peter (Hrsg.), Europäische Mentalitätsgeschichte. Stuttgart 1993, S. 154–159; Föllinger (1996), Teil 1 (S. 23–41); Hanson, Ann E.: The Medical Writer's Woman, in: Halperin (1990), S. 309–338; Sissa, Giulia: Maidenhood without Maidenhead. The Female Body in Ancient Greece, in: Halperin (1990), S. 339–364; Stein, Michael: Die Frau in den gynäkologischen Schriften des Corpus Hippocratum, in: Dettenhofer (1994), S. 69–96; King (1998); Iwersen (2002), S. 53–70; Dierichs (2002), S. 171 ff.

62 Mythologie: Pomeroy (1985), S. 1–24; Reeder (1996), S. 250 ff. (Abb.); Iwersen (2002), S. 71 ff., 84 ff; Diederichs (2002), S. 1–48.

63 So auch Platon: Menexenos 17. Stellung der Frau im privaten und öffentlichen Recht: Quellensammlung: Lefkowitz (1992), S. 58–81; Reinsberg (1993), S. 36 f.; Schuller (1995), S. 60 f.

64 *Gynaiconitis* bei Cornelius Nepos im Vorwort zu den Biographien, vgl. Reinsberg (1993), S. 28–79, bes. 34 f.; Schuller (1995), S. 44 ff.; Archäologisches in: Die Griechische Klassik, S. 412 ff. (Abb.); Schnurr-Redford (1996), S. 13–56, präsentiert einen ausführlichen Literaturbericht über die »orientalische Eingeschlossenheit« der athenischen Ehefrau und diskutiert die so genannte »Segregationsthese« (S. 71–187) unter Einbeziehung des Vergleichs mit rezenten mediterranen Gesellschaften; zu *Gynaikonitis* s. S. 89 f. mit Quellenzitaten. Die These der »Abgeschlossenheit der athenischen Frau« wurde erneut vertreten von Keuls (1985), S. 93 ff., 210 ff. und, weniger fundamentalistisch, von Pomeroy (1985), S. 86–90; 19–138. Pomeroy konstatiert nicht nur strikt getrennte Wohnbereiche, sondern auch »einen emotionalen Abgrund zwischen dem Ehemann und seiner Frau« (S. 119). Als Beispiel gibt sie die »Grobheit, mit der Sokrates seine Frau Xanthippe vor seinem Tod fortschickt« an. Sowohl Schuller wie Schnurr-Redford und Hartmann lehnen die Segregationsthese mit guten Argumenten ab.

65 Sparta: Allgemein: Clauss (1983); Link (1994); Stibbe (1996); Baltrusch (1998); Verhältnis zu Athen: Dreher (2001). Stellung der Frau: Quellensammlung: Lefkowitz (1992), S. 84–88; Dettenhofer, Maria: Die Frauen von Sparta. Ökonomische Kompetenz und politische Relevanz, in: Dettenhofer (1994), S. 15–40; Aktuelle Darstellung: Pomeroy (2002), dort weitere Literatur.

[66] Aristokratische Frauenverehrung: Odyssee nach Voss, 6, 180 f.; Ilias 9, 341; Reinsberg (1993), S. 12–27; Schuller (1995), S. 13–23. Götter und Göttinnen: Iwersen S. 71 ff. *Parthenos*: Keuls (1985), S. 35–42.

[67] *Korai* und *Kouroi*: Pomeroy (1985), S. 70 ff.; Höcker (2002), S. 77–88 (mit Abb.); Karakasi, Katerini: Archaische Koren. München 2001 (Abb.). Penisgrößen: Dierichs (1993), S. 40 ff.

[68] Iwersen (2002), S. 33–52.

[69] Quellensammlung: Lefkowitz (1992), S. 23 ff.; Hesiod, Theogonie 610–612; Werke und Tage 373–375 (in der von-Schirnding-Übersetzung: »... die den Steiß sich schmückt«), 440, 586 f., 702 f.; Schuller (1995), S. 26–43, mit Quellenzitaten und Abb. Pandora: Quellensammlung: Lefkowitz (1992), S. 23 ff.; Lefkowitz (1992), S. 138 ff.; Iwersen (2002), S. 98 ff.

[70] Hesiod (Teiresias): Hans von Geisau in: Der kleine Pauly (1979), 5, Sp. 558; Pomeroy (1985), S. 222 f.; Loraux (1995); Brisson, Luc: Sexual Ambivalence. Androgyny and Hermaphroditism in Greco-Roman Antiquity. New York 2002.

[71] Hesiod: Werke und Tage 440; Lefkowitz (1992), S. 136 ff.; Reinsberg (1993), S. 28 ff.; Zeitlin, Froma: The Economics of Hesiod's Pandora, in: Reeder (1996), S. 49–56. Theognis aus Megara: Rudolf Keydell in: Der kleine Pauly (1979) 5, Sp. 706 f.

[72] Zitate: Aristophanes: Wespen 456 ff., 549 ff., 568 f.; Apologie 34; Aristoteles: Der Staat der Athener 1300 a 6; alle Beispiele bei Schuller (1995), S. 45 ff.; Quellensammlung: Lefkowitz (1992), S. 219 ff. Vasenbilder: Hoff (2001); Schnurr-Redford (1996), S. 213–224; Wagner-Hasel, Beate: Arbeit und Kommunikation, in: Späth (2000), S. 311–334.

[73] Phainarete s. o. Anm. 4 und 45. Hebammen: Dierichs (2002), S. 195 ff. Zitate: Euripides: Fragmente 521; Aristophanes: Thesmophoriacusae 387; Schuller (1995), S. 45 ff.; Schnurr-Redford (1996), S. 119 f., 132 f.; Lewis (2002), S. 83 ff.

[74] Trauer: Quellensammlung: Lefkowitz (1992), S. 273 ff.; Specht (1989), S. 64 ff., 71 f.; Wagner-Hasel, Beate: Die Reglementierung von Traueraufwand und die Tradierung des Nachruhms der Toten in Griechenland, in: Späth (2000), S. 81–101; Iwersen (2002), S. 162–178; Alexiou, Margaret: The Ritual Lament in Greek Tradition. London 2002.

[75] Theater: Lefkowitz (1992), S. 36 f. (Bezug auf Platon: Gorgias 502 d–e); Pomeroy (1985), S. 146 ff.; Schuller (1995), S. 51 f.; Schnurr-Redford (1996), S. 225–240.

[76] Häusliche Tätigkeit: Zitate: Euripides: Melanippe 499 n; Hartmann (2002), S. 118. Quellensammlung: Lefkowitz (1992), S. 166 ff., 215 ff.; s. Davidson (1999), S. 121 ff.; Lewis (2002), S. 59 ff., 135 ff., 172 ff. Lesende Frauen: Schuller (1995), Abb. 20.

[77] *Lebes gamikos*: Reeder (1996), S. 224 ff. (Abb.); Moraw (Anm. 55), S. 301 f. Grabreliefs: Quellensammlung: Lefkowitz (1992), S. 16 ff., 205 ff., 263; Schuller (1995), S. 54; Hartmann (2002), S. 123–130 (Abb.). Euripides s. Harder (1993); Reinsberg (1993), S. 45 f. Münchner Grablief der Mnesarete (Glyptothek 491): Clairmont, Christoph: Classical Attic Tombstones. Kilchberg 1993, Bd. 2, S. 221 ff. datiert es um das Jahr 380. Persephone ist die Göttin der Unterwelt. Die Inschrift: *Mnesarete Sokratos* weist die Verstorbene als Tochter des Sokrates aus. Eine weitere Inschrift deutet darauf hin, dass sie einen Gatten, ein Kind und mehrere Brüder hinterließ. Selbstverständlich dürfte es mehrere Träger des Namens Sokrates gegeben haben, doch diese Stele würde durchaus zu unserem Sokrates passen. War Mnesarete etwa eine Tochter Xanthippes und Sokrates'? Dass in der antiken Literatur nur die Söhne genannt werden, nicht jedoch die Töchter, wäre jedenfalls nichts Außergewöhnliches. Trotz der Bekanntheit der »Münchner Mnesarete« ist dieser Frage aber noch niemand nachgegangen.

[78] Zitate: Corp. Demosth. § 22; Athenaios, Deipnosophistae 13; Besuch von »Schönen« bei zum Tode Verurteilten: Phaidon 116. Hetären: Quellensammlung: Lefkowitz (1992), S. 209 f. Vasenmalerei: Dierichs (1993); Hoff (2001). Reinsberg (1993) mit Abb., S. 80–162, Prostitution S. 86 f., Symposien S. 91 f., Sexuelles S. 98 f., 135 ff., Bordelle S. 125–135, 140–144; Davidson (1999), S. 132–162; Lewis (2002), S. 98 ff., 112 ff., 194 ff. (Abb.); Hartmann (2002), S. 133–211. Athenaios (a. a. O.) behauptet in seinem ›Gelehrtengastmahl‹, Aischines habe von Xanthippe Aufzeichnungen und Material ihres hingerichteten Mannes erhalten. Aus dieser Sentenz hat Roger Scruton 1998 seine fiktiven ›Xanthippic Dialogues‹ konstruiert – ein köstliches Beispiel angelsächsischen Humors und gelehrter Selbstironie.

[79] Quellensammlung: Lefkowitz (1992), S. 178 f.; Plutarch (2001), Band 2, Kap. 24–25, Prozess Kap. 32. Aspasia und Sokrates s. o. Anm. 42; Platon: Menexenos 235 e–236 d; immer noch lesenswert: Kornemann, Aspasia, S. 63–75; Günther, Linda-Marie: Aspasia und Perikles. Rufmord im klassischen Athen, in: Dettenhofer (1994), S. 41–68; Henry (1995); Hartmann (2002), S. 157 ff.

[80] Phryne: Hans Volkmann in: Der kleine Pauly (1979) 4, Sp. 826; Havelock, Christine M.: The Aphrodite of Knidos and her Successors. A Historical Review of the Female Nude in Greek Art. Ann Arbor 1995, S. 25 f., 42 f., 124 f.; Schuller (1995), S. 113; Davidson (1999), S. 157 f.; Hartmann (2002), S. 168 f., 180. Phryne bedeutet »Kröte«. Dieses Tier stand als Sinnbild der Gebärmutter bei allen europäischen Völkern in hohem Ansehen. Neaira: Hans von Geisau in: Der kleine Pauly (1979) 4, Sp. 28. Pomeroy (1985), S. 101 f.; Keuls (1985), S. 156 ff.; Schuller (1995), S. 52 f., 59 f.; Hartmann (2002), S. 184 ff.

[81] Konkubinat und *Pallake:* Keuls (1985), S. 267–273; Hartmann (2002), S. 212–234.

[82] Zitat: Xenophon: Memorabilia 2, 2; Xanthippes aristokratische Herkunft schon bei Wieland (1802), s. Anm. 116.

[83] *Epikleros:* Erich Bernecker in: Der kleine Pauly (1979) 2, Sp. 311; Pomeroy (1985), S. 91 ff.; Schuller (1995), S. 56, 109 f.; Hartmann (2002), S. 71, 110, 203.

[84] Textstellen: Phaidon 60 a, 116 b; Apologie 34 d.

[85] Angaben zur weiblichen Fertilität: Pomeroy (1985), S. 14, 102 ff., 128. Allgemein: King (1998).

[86] Myrto: Zitat: Diogenes Laertios II, 26; ausführlich mit antiken Belegstellen: Hanslik, Rudolf: »Myrto«, in RE 16 (1933), Sp. 1167 ff.; und Dörrie, Heinrich in RE 33 (1967) Sp. 1340 f.; Kinzl, Konrad in: Der Kleine Pauly (1979) 3, Sp. 1527; Döring, Klaus in: Der Neue Pauly 8 (2000), S. 697; Hartmann (2002), S. 214 f. Nach Plutarch: Aristides c. 27, wurden die beiden Töchter des Aristides mit einer staatlichen Mitgift von je 3000 Drachmen ausgestattet. Ob während der Endphase des Peloponnesischen Krieges Bigamie rechtlich gestattet worden sei, um die Geburtenrate zu erhöhen, ist umstritten. Reinsberg (1989), S. 33; Hansen (1995), S. 53; Diskussion bei Hartmann (2002), S. 54 ff. Zu Antisthenes und den Kynikern s. u. Anm. 110.

[87] Quellensammlung: Lefkowitz (1992), S. 187 ff.; Tereus: Fragmente. 1–10 (dazu Lefkowitz, 1992, S. 46 f.). Kindheit: Rühfel (1984); Specht (1989), S. 26 ff., 29 ff.; Lewis (2002), S. 14 ff. (Abb.); Dickmann, Jens-Arne: Bilder vom Kind im klassischen Athen, in: Die Griechische Klassik (2002), S. 310–320 (Abb.).

[88] Sappho: Quellensammlung: Lefkowitz (1992), S. 2 ff. Biographie: Giebel (1984); Pomeroy (1985), S. 79 ff.; Winkler, J. J.: Double Consciousness in Sappho's Lyrics, in: MacClure (2002), S. 39–76; Stroh, Wilfried: Sappho. Eine Einführung (2002): über webpage www.klassphil.uni-muenchen.de. Weibliche Homoerotik: Quellensammlung: Lefkowitz (1992), S. 175 f.; Rabinowitz (2002).

[89] Initiationskulte: Allgemein: Giebel (1993). Athen: Specht (1989), S. 31 ff., 37 ff., 64–71, 117; Reeder (1996), S. 195 ff. (Abb.); Iwersen (2002), S. 116–126.

[90] Zitate: Hesiod: Fragmente 694; Aristophanes: Frieden 1190 ff.; Theokrit: Fragemente 18; Xenophon: Oikonomikos 10, 1–8. Hochzeit: Allgemein: Oakley (1993); Specht (1989), S. 92 ff.; Reinsberg (1993), S. 49–79 (Abb.); Reeder (1996), S. 123 ff. (Abb.), 224 f.; Hartmann (2002), S. 76–97. Eheleben: Lefkowitz (1992), S. 75–96; Schnurr-Redford (1996), S. 261 ff.; Hartmann (2002), S. 97–132; Lewis (2002), S. 172 ff. (Abb.). Foucault zur antiken Ehe: Gebrauch der Lüste, S. 210 ff.; 224 f.

[91] Zitat: Xenophon: Symposion 5, 12 (Akrobatin). Sklaverei in Athen: Finley, Moses I.: Die Sklaverei in der Antike. Geschichte und Probleme. Frankfurt/Main 1987; Flaig, Egon: Wie die Klassik den Untermenschen erfand. Die Sklaverei, in: Die Griechische Klassik (2002), S. 176–179; Bäbler, Balbina: Fleißige Thrakerinnen und wehrhafte Skythen. Nichtgriechen im klassischen Athen. Stuttgart, Leipzig 1998.

[92] Haus und Interieur: Hoepfner, Wolfram/Schwandner, Ernst-Ludwig: Haus und Stadt im klassischen Griechenland. München 1994; Die Griechische Klassik (2002), S. 411–417 (Abb.); Lewis (2002), S. 59 ff., 135 ff. (Abb.). Schriftenverkauf auf der Agora: Apologie 26 d.

[93] Zitate: Xenophon: Memorabilia 2, 2. *Hieros Gamos* in: Ilias 14; Hartmann (2002), 116–130.

[94] Phainarete s. Anm. 30. Begriff der Maeutik: Döring, Klaus: »Sokrates« in: Der Neue Pauly 11 (2001), S. 678 ff. Theodote s. o. Anm. 45.

[95] Sokrates und die Frauen: Erbse (1966); Platon: Symposion 2, 8; Xenophon: Oikonomikos 3,14; Menon 71 f.; Kriton 45; Diotima s. o. Anm. 42. Schuller (1995), S. 107 f.

[96] Platon, Staat 454 f.; Zitat: Staat 424; dazu 449.

[97] Nomoi 721, 773, 775, 836, 839; Lübke, Dieter: Platon über Frauen, Liebe und Ehe, in: Kunze (1988), S. 50–60; Föllinger (1996), S. 56–114; Kochin, Michael S.: Gender and Rhetoric in Plato's Political Thought. Cambridge 2002.

[98] Popper, Karl: Der Zauber Platons (1945). Neuausgabe München 1975; Freilanzer, Gebhart: Karl Poppers Kritik an Platon in der Diskussion. Passau 1985. Dazu: A. Benz, Popper, Platon und das Fundamentalproblem der politischen Theorie, in: Zeitschrift für Politik (1999), S. 95–111.

[99] Platon 7. Brief 7, 325 b; Menon 92 a-b; Anklageschrift: Apologie 24 d; Xenophon: Memorabilia 1,1,1; Weitere Quellen in Stenzel, Julius, »Sokrates«, in: RE 27 (1927) Sp. 811-817.

[100] *Daimon:* Apologie 31 c, 40 a; Phaidros 242 b.

[101] Endurteil: Diogenes Laertios 2, 42. Asebieprozesse: Rubel (1999), S. 49 ff.; Begriff *Asebeia:* ebda S. 85 ff. Zum Prozessverlauf: Hansen (1995); Stone, I. F.: The Trial of Socrates. London 1997; Mosse (1999); Rubel (1999), S. 342–363; Scholz, Peter: Der Prozess gegen Sokrates, in: Burckhardt (2000), S. 157–173; Colaiaco, James A.: Socrates against Athens. Philosophy on Trial. New York 2001; Reeve, C. D.: The Trials of Socrates. Six Classic Texts. Indianapolis 2002; Brickhouse (2002); Gehrke, Hans-Joachim/Gotter, Ulrich: Geschworenengerichte, in: Die Griechische Klassik (2002), S. 204–208. Unmittelbare Vorgeschichte des Prozesses: Malitz (2002) wie Anm. 54.

[102] Barber, Robin: Athens. London 2002, S. 132, 164.

[103] Kriton 53 c; Phaidon 115–118.

[104] Phaidon 60 a; 116 b; Apologie 34 d.

[105] Zitate: Phaidon 116 a–b, 118 a; Patterson, Cynthia: The Polis and the Corpse. The Regulation of Burial in Democratic Athens, in: Cohen, David: Demokratie, Recht und soziale Kontrolle im klassischen Athen. München 2002, S. 93–108.

[106] Zu Platons Leben: Zehnpfennig, Platon (2001), S. 16–27.

[107] Zu Xenophon: Sonnabend, Holger: Geschichte der antiken Biographie. Stuttgart, Weimar 2002, S. 41 ff. und u. Anm. 109.

[108] Rehabilitation: Diogenes Laertios II, 40–44; Krumeich, Ralf: Porträts und Historienbilder der klassischen Zeit, in: Die Griechische Klassik (2002), S. 234 f.; Kiechle, Franz: »Anytos« in: Der Kleine Pauly (1979) 1, 417; Mosse (1999). *Pompeion:* Zanker (1998) wie Anm. 47, S. 65 f.

[109] Zu Xenophon: Pomeroy (1995) und Huß (1999). Textstellen: Xenophon: Memorabilia 2, 2; Xenophon: Symposion 2, 10.

[110] Antisthenes: Nava, Luis E.: Antisthenes of Athens. Setting the World Aright. Westport (CT) 2001; Stenzel, Julius: »Sokrates«, in: RE 27 (1927) Sp. 814; Dörrie, Heinrich: »Xanthippe«, in RE 33 (1967) Sp. 1338 f.

[111] Beispiele mit Quellenbelegen bei Dörrie wie Anm. 113. Wohlhaubter, Gemälde im Kunstmuseum Düsseldorf; Sonnabend (2002), S. 194. Kampf um den Mantel: Diogenes Laertios 2, 37; dazu Sonnabend (Anm. 27), S. 184. Kyniker: Döring, Klaus: Exemplum Socratis. Studien zur Sokratesnachwirkung in der kynisch-stoischen Popularphilosophie der frühen Kaiserzeit und im frühen Christentum. Wiesbaden 1979, S. 43 ff., 55 f. Stoiker: Föllinger (1996), S. 228-284.

[112] Römische Zeit: Allgemein: Schuller, Wolfgang: Frauen in der Römischen Geschichte. Konstanz 1987 und ders. (1995). Zitat: Ulpian D 48,5. Gesetze des Augustus: Quellensammlung: Lefkowitz (1992), S. 103; Schuller (1995), Teil 2, S. 60 ff.; Dierichs (2002), S. 185 ff. Frühes Christentum: Quellensammlung: Lefkowitz (1992), S. 307 ff.; Rousselle, Aline: Porneia. Der Ursprung der Keuscheit. Stuttgart 1989; Brown, Peter L.: Die Keuschheit der Engel. Sexuelle Entsagung, Askese und Körperlichkeit im frühen Christentum. München 1994; Biographisch-Bibliographisches Kirchenlexikon 14 (1998), Lemma »Sokrates« Sp. 1480–1491. www.bbkl.de. Dörrie, Heinrich, in: RE 33 (1967) Sp. 1341. Die Xanthippe des Hyginus wird in der Literatur »Xanthippe II« genannt, s. Radke, Gerhard in: RE wie oben Sp. 1335 und ders. in: Der kleine Pauly (1979) 5, Sp. 1400. Über Athanasios' Vita Antonii s. Sonnabend (Anm. 26), S. 209 ff. Tertullian über Xanthippe und Sokrates: Apologeticum 39. Anleihen christlicher Autoren bei Kynikern und Stoikern: Döring (Anm. 111), S. 143 ff.; Foucault, Gebrauch der Lüste, S. 122, 159 ff., 176. Ders.: Die Sorge um sich. Frankfurt/Main 2000, S. 148 ff., 295, 306 f. Dazu Neuhaus, S. 28 f.

[113] Xanthippe in der Neuzeit: Frenzel, Elisabeth: Stoffe der Weltliteratur. Stuttgart 1998, Eintrag »Sokrates« S. 706 f. Sokrates' Nachwirkung: Döring, Klaus »Sokrates« in: Der Neue Pauly 11 (2001), S. 683 ff. Boccacio s. Schnell (2002), S. 160, 211, 222; Chaucer, Geoffrey: The Wife of Bath's Tale, Preamble (bezogen auf Seneca De const, sap. 17,6); Gower, John: Confessio Amantis, Book 3, 639 ff. Christine de Pizan: Das Buch von der Stadt der Frauen (herausgegeben von Margarete Zimmermann) München 1995, Buch 3, Kap. 21; dazu Schnell (2002), S. 215. Katharina von Bora als Xanthippe der Reformation: www.heiligenlexikon.de/biographien/katharina; Schnell (2002), S. 103, 125, 225, 240, 263 f., 268 f.; Dörfler-Dierken, Angelika: Göttliche Berufung, weltlicher Beruf. Erasmus und Luther über die Ehe, in: Neue Zürcher Zeitung vom 30. 03. 2002 Feuilleton über www.nzz.ch/2002/03/30.

[114] The Taming of the Shrew, Act I, 2. »X wie Xanthippe«: Vgl. auch Jean Paul, Leben Fibels (1811). Kapitel: Gelehrte Streitigkeiten oder antikritische Sitzungen.

[115] Gotthold Ephraim Lessing: Werke. München 1970 Band 1, S. 280–374, Zitate: S. 336, S. 346 f. Auch über www.gutenberg.spiegel.de/lessing/gelehrte/gelehrte/htm. Zedlers Universal-Lexicon (1732 ff.). Eintrag Xantippe (sic), auch über http://mdz.bib-bvb.de/digbib/lexica/zedler.

[116] Zitate aus Einleitungsessay zu: Xenophon, Sokratische Denkwürdigkeiten, in Christoph Martin Wielands Übersetzung. Eingeleitet und mit einem Essay von Jan Philipp Reemtsma, Frankfurt/Main 1998, S. 59 ff.

[117] Hegel, Sokrates-Kapitel in: Vorlesungen über die Geschichte der Philosophie 1805/06, (verlegt 1836); Martin (1970), S. 138 ff.

[118] Über Fritz Mauthner: www.mauthner-gesellschaft.de/. Mauthners »Xanthippe« wurde 1929 als »Mrs. Socrates« ins Amerikanische übersetzt.

[119] Nietzsche-Zitate: Werke in drei Bönden. München 1976, LBand 1: Geburt der Tragödie ..., S. 76; Menschliches-Allzumenschliches, S. 433; Band 2: Zur Genealogie der Moral, S. 849. Zum Verhältnis Nietzsches zu Sokrates/Platon muss hier der Hinweis auf das Nietzsche-Handbuch (hrsg. von Henning Ottmann), Stuttgart, Weimar 2000, S. 374 ff. genügen.

[120] Zeller, Eduard: Philosophie der Griechen II, 1, S. 54 f. Zur Ehrenrettung der Xanthippe: in: Vorträge und Abhandlungen Band 1, Leipzig 1875, S. 51 ff. Dazu Dörrie, Heinrich in RE 33 (1967) Sp. 1342 »... im ganzen verfehlt.« Wilamowitz-Zitat nach Feichtinger (2002), S. 14.

[121] Zitat aus Dörrie wie Anm. 120. Vgl. Henne, Helmut: Historische deutsche Studenten- und Schülersprache. Einführung, Bibliographie und Wortregister. Berlin 1984.

[122] Siehe Quellenverzeichnis 20. Jahrhundert. Zu Brecht: Jürgen Werner: Der Stückeschreiber und der Sohn der Hebamme. Der Fall Sokrates. Stuttgart, Leipzig 1999. Eine neue Generation trivialer Romane stellt Sokrates'

angebliche Homosexualität in den Vordergrund. In Eva Maria Kaisers schmerzensreichem, leider völlig humorlosem Roman ›Xanthippe, schöne Braut des Sokrates‹ (Hamburg 1992) ist sie ganz die Leidende. Amüsanter sind Gerald Messadié ›Ein Mann namens Sokrates‹ (München 2001) und Robert Gordian ›Die Frau des Philosophen‹ (München 2001). Bei Messadié handelt sie selbstständig und klärt gar einen Mord im Athener »Milieu« auf! Robert Gordian lässt Sokrates seine Frau durch eine Wette gewinnen. Allen drei genannten Autoren sei übrigens zugestanden, sich näher mit den historischen Quellen befasst zu haben.

Quellen

Antike

Quellensammlung:

Lefkowitz, Mary R.: Women's Life in Greece and Rome. A Source Book in Translation. Baltimore (Md.) 1992.

Autoren:

Aelianus, Claudius
Bunte Geschichten. Übs. u. Nachw. v. Hadwig Helms. Leipzig 1990.

Aristophanes
Komödien. Nach der Übs. v. Ludwig Seeger. München 1990.
Nephelai. Die Wolken. Komödie. Übs., Nachw. u. Anm. von Otto Seel. Stuttgart 1981.
Lysistrate. Komödie. Übs. v. Ludwig Seeger. Anm. u. Nachw. v. Otto Seel. Stuttgart 1982.

Aristoteles
Der Staat der Athener. Übs. u. hrsg. v. Martin Dreher. Stuttgart 1997.

Athenaios/Athenaeus (Naucratites)
Deipnosophistai. Das Gelehrtenmahl. Übs. u. hrsg. v. Ursula Treu. Leipzig 1985.

Diogenes Laertios
Diogenes Laertius. Leben und Meinungen berühmter Philosophen. Hrsg. u. bearb. von Otto Apelt und Klaus Reich. Hamburg 1998.

Epictetus
Wege zum glücklichen Handeln. Übs. v. Wilhelm Capelle. Nachw. v. Manfred Fuhrmann. Frankfurt/Main, Leipzig 1997.

Euripides
Heraclidae. Die Kinder des Herakles. Übertr. u. erl. v. Ernst Buschor. München 1963.
Medea. Tragödie. Bearb. v. J. J. Christian Donner. Stuttgart 1981.

Gellius, Aulus
Attische Nächte. Hrsg. u. übertr. v. Heinz Berthold. Frankfurt/Main 1998.

Hesiod
Theogonie; Werke und Tage. Griechisch und deutsch. Hrsg. u. eingel. v. Albert von Schirnding. München, Darmstadt 1991.
Theogonie. Griechisch und deutsch. Übs. u. hrsg. v. Otto Schönberger. Stuttgart 1999.

Homer
Ilias. Odyssee. In der Übertragung von Johann Heinrich Voss (1806). München 2002.
Prosaübersetzung von Wolfgang Schadewaldt: Reinbek 1967.

Hyginus Mythographicus
Fabulae – Sagen der Antike. Ausgew. u. übers. v. Franz Peter Waiblinger. München 1996.

Lysias
Der Rächer seiner Ehre. Gerichtsreden. Übs. v. Ursula Treu. Leipzig 1983.
Drei ausgewählte Reden. Übs. u. hrsg. v. Georg Wöhrle. Stuttgart 1995.

Platon
Platon. Werke in acht Bänden. Griechisch und deutsch. Hrsg. v. Gunther Eigler i. d. Übers. Friedrich Schleiermachers. Darmstadt 1990.

Neuere Ausgaben:
Apologie. Griechisch und deutsch. Hrsg. v. Manfred Fuhrmann. Stuttgart 1986.
Apologie und Kriton. Hrsg. v. Kurt Hildebrandt. Stuttgart 1984.
Charmides. Griechisch und deutsch. Übs. u. hrsg. von Ekkehard Martens. Stuttgart 2000.
Laches. Griechisch und deutsch. Neu übs. u. hrsg. v. Rudolf Schrastetter. Hamburg 1970.
Menexenos. Platons Menexenos. Einl., Text u. Kommentar v. Stavros Tsitsiridis. Stuttgart 1998.
Nomoi. Gesetze. Übs. u. komm. v. Klaus Schöpsdau. Göttingen 1994.
Phaidon. Griechisch und deutsch. Hrsg., übs. u. eingel. v. Barbara Zehnpfennig. Hamburg 1991.
Politeia. Der Staat. Übs. u. erl. v. Otto Apelt. Hamburg 1989.
Protagoras. Übs. und Komm. v. Bernd Manuwald. Göttingen 1999.
Symposion. Griechisch und deutsch. Hrsg., übs. u. eingel. v. Barbara Zehnpfennig. Hamburg 2000.

Plutarch
Plutarchus. Vitae Parallelae. Fünf Doppelbiographien. Griechisch und deutsch. Übers. v. Konrat Ziegler. Band 1–2. Zürich, München 2001.

Tertullian
Tertullianus. Apologeticum. Verteidigung des Christentums. Lateinisch und deutsch. Hrsg., übs. und erl. von Carl Becker. München 1992.

Thukydides
Der Peloponnesische Krieg. Hrsg. v. Georg Peter Landmann. Düsseldorf, Zürich 2002.

Xenophon
Hellenika. Griechisch und deutsch. Hrsg. v. Gisela Strasburger. München (u. a.) 1988.
Memorabilia. Erinnerungen an Sokrates. Eingel. u. übs. v. Rudolf Preiswerk. Stuttgart 1980.
Memorabilia. Erinnerungen an Sokrates. Griechisch und deutsch. Hrsg. u. eingel. v. Peter Jaerisch. München 1987.
Oeconomicus. A Social and Historical Commentary. With an English Translation by Sarah B. Pomeroy. Oxford 1995.
Die sokratischen Schriften. Memorabilien, Symposion, Oikonomikos. Übs. v. Ernst Bux. Stuttgart 1956.
Symposion. Das Gastmahl. Griechisch und deutsch. Übs. u. hrsg. v. Ekkehard Stärk. Stuttgart 1986.
Xenophons Symposion: Ein Kommentar. Bernhard Huß. Stuttgart, Leipzig 1999.

Frühe Neuzeit

Boccaccio, Giovanni
Das Dekameron. In der Übertr. von Karl Witte. Durchges. von Karl Bode. Düsseldorf, Zürich 1999.

Chaucer, Geoffrey
Die Canterbury Tales. Übertr. u. hrsg. v. Walter Lehnert. München 1985.
The Tales of the Clerk and the Wife of Bath. Hrsg. v. Marion Wynne-Davies. London 1992

Christine de Pisan (auch »Pizan«)
Le Livre de la Cité des Dames. Das Buch von der Stadt der Frauen. Aus dem Mittelfranzösischen übertr., mit einem Komm. u. e. Einl. vers. v. Margarete Zimmermann. München 1990.

Erasmus Desiderius (von Rotterdam)
Colloquia familiaria. Vertraute Gespräche. Lateinisch und deutsch. Übers. u. hrsg. v. Herbert Rädle. Stuttgart 1997.
Darin: Uxor mempsigamos sive coniugium. Wie ain Weib iren man freundtlich soll machen/gesprech unter Eulalia und Xanthippen.
Vertrauliche Gespräche. Aus dem Lateinischen übs. u. mit e. Vorw. verseh. v. Kurt Steinmann. Zürich 2000.

Gower, John
Confessio Amantis, in: Complete Works of John Gower. Hrsg. v. G.C. Macaulay. Oxford 1901, Buch III, S. 640 ff.

Luther, Martin
Vom ehelichen Leben und andere Schriften über die Ehe. Hrsg. v. Dagmar C. G. Lorenz. Stuttgart 1994.

Shakespeare, William
The Taming of the Shrew. Der Widerspenstigen Zähmung. Zweisprachige Ausgabe. Neu übs. u. mit Anm. verseh. v. Frank Günther und mit einem Essay von Elfi Bettinger. München 1999.

Aufklärung

Lessing, Gotthold Ephraim
Der junge Gelehrte, in: Werke, München 1970, Band 1, S. 280–347. (s. Anm. 115)

Wieland, Christoph Martin
Xenofon. Sokratische Denkwürdigkeiten. Eingel. u. mit e. Essay v. Jan Philipp Reemtsma. Frankfurt/Main 1998.
Aristipp und einige seiner Zeitgenossen. Zürich 1993.
Zedlers Universal Lexicon in 68 Bänden. Reprint 2003. Eintrag Xantippe (sic!). Vgl. Anm. 115.

19. Jahrhundert

Hamerling, Robert
Aspasia. Ein Künstler- und Liebesroman aus Alt-Hellas. Hamburg 1876.

Hegel, Georg Wilhelm Friedrich
Vorlesungen über die Geschichte der Philosophie. Leipzig 1971–1982.

Mauthner, Fritz
Xanthippe, in: Ausgewählte Schriften, Band 2, Neuausg. Stuttgart 1919, S. 17–178.

Nietzsche, Friedrich
Werke in drei Bänden. München 1976. (s. Anm. 119)

Zeller, Eduard
Zur Ehrenrettung der Xanthippe, in: Ders.: Vorträge und Abhandlungen Band 1, Leipzig 1875, S. 51–83. (s. Anm. 120)

20. Jahrhundert

Andres, Stefan
Die Verteidigung der Xanthippe. Zwölf Geschichten. München 1960.

Brecht, Bertold
Der verwundete Sokrates, in: Kalendergeschichten, mit einem Nachwort von Jan Knopf, Frankfurt/Main 2001.

Delphica (Sammelpseudonym für Vera Prill, Margarethe Rudorff u. Erika Slawinski)
Das Gastmahl der Xanthippe. Rastatt 1959, Neuaufl. Zürich 1990.

Dürrenmatt, Friedrich
Der Tod des Sokrates, in: Turmbau. Stoffe, Begegnungen. Zürich 1990, S. 143–156.

Fernau, Joachim
Guten Abend, Herr Fernau. Ich sprach mit Aristides, Nietzsche, Xanthippe (u. a.). München 2002.

Kaiser, Georg
Der gerettete Alkibiades. Potsdam 1920.

Lebeau, Paul
Xanthippe. Ein Roman. Bonn 1955.

Sassmann, Hans
Xanthippe. Die Ehrenrettung einer klassischen Frau. Roman aus dem alten Hellas. Berlin 1944.

Scruton, Roger
Xanthippic Dialogues. Comprising Xanthippe's Republic, Perictione's Parmenides and Xanthippe's Laws. Together with a version, probably spurious, of Phryne's Symposion. South Bend, Ind. 1998. (s. Anm. 78)

Literatur

(Enthält nur Monographien nach 1990. Internet-Webseiten und Beiträge in Zeitschriften sind in den Anmerkungen enthalten.)

Politischer und kulturgeschichtlicher Rahmen

Baltrusch, Ernst: Sparta. Geschichte, Gesellschaft, Kultur. München 1998.

Barber, Robin: Athens. London 2002. (Blue Guide; City Guide)

Bengtson, Hermann: Griechische Geschichte. Von den Anfängen bis in die römische Kaiserzeit. München 1950, 9. Aufl. 2002.

Bleckmann, Bruno (Hrsg.): Athens Weg in die Niederlage. Die letzten Jahre des Peloponnesischen Krieges. Stuttgart 1998.

Burckhardt, Leonhard A.: Bürger und Soldaten. Aspekte der politischen und militärischen Rolle athenischer Bürger im Kriegswesen des 4. Jahrhunderts v. Chr. Stuttgart 1996.

Ders.: Grosse Prozesse im antiken Athen. München 2000.

Davies, John K.: Das klassische Griechenland und die Demokratie. München 1996.

Dreher, Martin: Athen und Sparta. München 2001.

Dreyer, Boris: Untersuchungen zur Geschichte des spätklassischen Athen. Stuttgart 1999.

Ercolani, Andrea (Hrsg.): Spoudaiologon. Form und Funktion der Verspottung in der aristophanischen Komödie. Stuttgart 2002.

Finlay, Moses I.: Die antike Wirtschaft. München 1993.

Flashar, Hellmut: Sophokles. Dichter im demokratischen Athen. München 2000.

Franz, Johann P.: Krieger, Bauern, Bürger. Untersuchungen zu den Hopliten der archaischen und klassischen Zeit. Frankfurt/Main (u. a.) 2002.

Funke, Peter: Athen in klassischer Zeit. München 1999.

Gribble, David: Alcibiades and Athens. A Study in Literary Presentation. Oxford 1999.

Die Griechische Klassik – Idee oder Wirklichkeit, hrsg. v. Wolf-Dieter Heilmeyer. Ausstellung Antikensammlung Berlin 2002. Mainz 2002.

Henry, Madeleine M.: Prisoner of History. Aspasia of Miletus and her Biographical Tradition. New York 1995.

Höcker, Christoph: Phidias. Reinbek 1993.

Höcker, Christoph/Schneider, Lambert: Die Akropolis von Athen. Eine Kunst- und Kulturgeschichte. Darmstadt 2001.

Hoepfner, Wolfram: Haus und Stadt im klassischen Griechenland. München 1994.

Hoff, Ralf von dem: Konstruktionen der Wirklichkeit. Bilder im Griechenland des 5. und 4. Jahrhunderts v. Chr. Stuttgart 2001.

Kagan, Donald: Perikles. Die Geburt der Demokratie. Stuttgart 1992.

Kasper-Butz, Irmgard: Die Göttin Athena im klassischen Athen. Athena als Repräsentantin des demokratischen Staates. Frankfurt/Main (u. a.) 1990.

Kochin, Michael Sh.: Gender and Rhetoric in the Politics of Plato. New York 2002.

Landmesser, Detlev: Wirtschaftsstil und wirtschaftliche Entwicklung im klassischen Athen. Frankfurt/Main (u. a.) 2002.

Link, Stefan: Der Kosmos Sparta. Recht und Sitte in klassischer Zeit. Darmstadt 1994.

Long, Anthony A. (Hrsg.): Handbuch frühe griechische Philosophie. Von Thales bis zu den Sophisten. Stuttgart, Weimar 2001.

Meier, Christian: Athen. Ein Neubeginn der Weltgeschichte. Berlin 1994.

Möllendorff, Peter von: Aristophanes. Einführung. Hildesheim (u. a.) 2002.

Pabst, Angela: Die athenische Demokratie. München 2003.

Papenfuß, Dietrich (Hrsg.): Gab es das Griechische Wunder? Griechenland zwischen dem Ende des 6. und der Mitte des 5. Jahrhunderts v. Chr. Mainz 2001.

Reinders, Peter: Demos Pyknites. Untersuchungen zur Darstellung des Demos in der aristophanischen Komödie. Stuttgart 2001.

Rubel, Alexander: Stadt in Angst. Religion und Politik in Athen während des Peloponnesischen Krieges. Darmstadt 2000.

Schmitz, Thomas: Moderne Literaturtheorie und antike Texte. Eine Einführung. Darmstadt 2002.

Schubert, Charlotte: Perikles. Darmstadt 1994.

Sonnabend, Holger: Geschichte der antiken Biographie von Isokrates bis zur Historia Augusta. Stuttgart 2002.

Stibbe, Conrad: Das andere Sparta. Mainz 1996.

Taureck, Bernhard H.: Die Sophisten zur Einführung. Hamburg 1995.

Thiem, Andrea-Christina: Die Verfassung Athens im 5. Jahrhundert v. Chr. in den staatsphilosophischen Schriften des Aristoteles. Münster 2000.

Welwei, Karl-Wilhelm: Die griechische Polis. Verfassung und Gesellschaft in archaischer und klassischer Zeit. Stuttgart 1998.

Ders.: Das klassische Athen. Demokratie und Machtpolitik im 5. und 4. Jahrhundert. Darmstadt 1999.

Will, Wolfgang: Perikles. Reinbek 1995.

Zehnpfennig, Barbara: Platon zur Einführung. Hamburg 2001.

Sokrates-Biographien

Brickhouse, Thomas G.: The Trial and Execution of Socrates. Sources and Controversies. New York 2002.

Colaiaco, James A.: Socrates against Athens. Philosophy on Trial. New York 2001.

Figal, Günter: Sokrates. München 1998.

Hansen, Mogens H.: The Trial of Sokrates. From the Athenian Point of View. Kopenhagen 1955.

Kaufmann, Eva-Maria: Sokrates. München 2000.

Kessler, Herbert (Hrsg.): Sokrates. Geschichte, Legende, Spiegelungen. Zug (CH) 1995.

Ders.: Sokrates. Bruchstücke zu einem Porträt. Zug (CH) 1997.

Malitz, Jürgen: Sokrates im Athen der Nachkriegszeit, in: Kessler (1995), S. 11–38.

Martin, Gottfried: Sokrates. Reinbek 1970.

Mosse, Claude: Der Prozess des Sokrates. Hintermänner, Motive, Auswirkungen. Freiburg i. Br. (u. a.) 1999.

Patzer, Andreas (Hrsg.): Der historische Sokrates. Darmstadt 1987.

Reeve, C. D. (Hrsg.): The Trials of Socrates. Six Classic Texts. Indianapolis 2002.

Stone, Isidor F.: The Trial of Socrates. London 1997.

Taylor, Christopher C.: Sokrates. Freiburg i. Br. (u. a.) 1999.

Zanker, Paul: Die Maske des Sokrates. Das Bild des Intellektuellen in der antiken Kunst. München 1998.

Eros, Sexualität, gender, Frauen

Brown, Peter: Die Keuschheit der Engel. Sexuelle Entsagung, Askese und Körperlichkeit im frühen Christentum. München 1994.

Davidson, James N.: Kurtisanen und Meeresfrüchte. Die verzehrenden Leidenschaften im klassischen Athen. Darmstadt 1999.

Detel, Wolfgang: Macht, Moral, Wissen. Foucault und die klassische Antike. Frankfurt/Main 1998.

Dettenhofer, Maria (Hrsg.): Reine Männersache? Frauen in Männerdomänen der antiken Welt. München 1996.

Dierichs, Angelika: Erotik in der Kunst Griechenlands. Mainz 1993.

Dies.: Von der Götter Geburt und der Frauen Niederkunft. Mainz 2002.

Dover, Kenneth J.: Homosexualität in der griechischen Antike. München 1983.

Erbse, Hartmut: Sokrates und die Frauen, in: Gymnasium 73 (1966), S. 201–220.

Feichtinger, Barbara (Hrsg.): Gender Studies in den Altertumswissenschaften. Möglichkeiten und Grenzen. Trier 2002.

Föllinger, Sabine: Differenz und Gleichheit. Das Geschlechterverhältnis in der Sicht griechischer Philosophen des 4. bis 1. Jahrhunderts v. Chr. Stuttgart 1996.

Huchthausen, Liselot (Wiss. Bearb.): Die Frau in der Antike. Stendal 1988.

Giebel, Marion: Sappho. Reinbek 1984.

Dies.: Das Geheimnis der Mysterien. Antike Kulte in Griechenland, Rom und Ägypten. München 1993.

Harder, Ruth: Die Frauenrollen bei Euripides. Untersuchungen zu Alkestis, Medeia, Hekabe, Elektra und Iphigeneia. Stuttgart 1993.

Hartmann, Elke: Heirat, Hetärentum und Konkubinat im klassischen Athen. Frankfurt/Main (u. a.) 2002.

Hidalgo, Roxana: Die Medea des Euripides. Zur Psychoanalyse weiblicher Aggression und Autonomie. Gießen 2002.

Iwersen, Julia: Die Frau im Alten Griechenland. Religion, Kultur, Gesellschaft. Düsseldorf 2002.

Keuls, Eva: The Reign of the Phallus. Sexual Politics in Ancient Athens. New York 1985.

King, Helen: Hippocrates' Woman. Reading the Female Body in Ancient Greece. London 1998.

Loraux, Nicole: The Experiences of Tiresias. The Feminine and the Greek Man. Princeton (NJ) 1995.

Lefkowitz, Mary R.: Die Töchter des Zeus. Frauen im alten Griechenland. München 1992.

Lewis, Sian: The Athenian Woman. An Iconographic Handbook. London 2002.

McClure, Laura (Hrsg.): Making Silence Speak. Women's Voices in Greek Literature and Society. Princeton (NJ) 2002.

Dies.: Sexuality and Gender in the Classical World. Oxford 2002.

Neuhaus, Stefan: Sexualität im Diskurs der Literatur. Tübingen (u. a.) 2002.

Oakley, John R.: The Wedding in Ancient Athens. Madison (WI) 1993.

Ortkemper, Hubert: Medea in Athen. Die Uraufführung und ihre Zuschauer. Mit einer Neuübersetzung. Frankfurt/Main 2001.

Patzer, Harald: Die griechische Knabenliebe. Wiesbaden 1982.

Pomeroy, Sarah B.: Frauenleben im klassischen Altertum. Stuttgart 1985.

Rabinowitz, Nancy S.: Among Women. From the Homosocial to the Homoerotic in the Ancient World. Austin (TX) 2002.

Reeder, Ellen D. (Hrsg.): Pandora. Women in Classical Greece. (Exhibition Pandora's Box 1995/1996). Baltimore 1996.

Reinsberg, Carola: Ehe, Hetärentum und Knabenliebe im antiken Griechenland. München 1993.

Rollinger, Robert (Hrsg.): Geschlechterrollen und Frauenbild in der Perspektive antiker Autoren. Innsbruck, München 2000.

Rühfel, Hilde: Kinderleben im klassischen Athen. Bilder auf klassischen Vasen. Mainz 1984.

Scheer, Tanja: Forschungen über die Frau in der Antike. Ziele, Methoden, Perspektiven, in: Gymnasium 107 (2000), S. 143–172.

Schnurr-Redford, Christine: Frauen im klassischen Athen: Sozialer Raum und reale Bewegungsfreiheit. Berlin 1996.

Schuller, Wolfgang: Frauen in der griechischen und römischen Geschichte. Konstanz 1995.

Sier, Kurt (Hrsg.): Die Rede der Diotima. Untersuchungen zum platonischen Symposion. Stuttgart 1997.

Späth, Thomas (Hrsg.): Frauenwelten in der Antike. Geschlechterordnung und weibliche Lebenspraxis. Stuttgart 2000.

Specht, Edith: Schön zu sein und gut zu sein. Mädchenbildung und Frauensozialisation im antiken Griechenland. Wien 1989.

Wohl, Victoria, Love Among the Ruins. The Erotics of Democracy in Classical Athens. Princeton (NJ) 2002.

Für die Überlassung der Abdruckrechte an Bildvorlagen geht unser Dank an bildarchiv preußischer kulturbesitz, Berlin (S. 49); Archiv für Kunst und Geschichte, Berlin (S. 82, 125); Staatliche Antikensammlungen und Glyptothek, München (S. 117); Städtische Kunstsammlungen, Augsburg (S. 188).